薪酬激励量化实操全案

冯涛 ◎ 著

·北京·

内 容 提 要

薪酬体系设计，是每一家企业管理层都很关心的问题，每个企业都知道，拥有一套合理的薪酬体系很重要。但是，笔者根据近20年的管理咨询经验，发现很多企业的薪酬体系都是不合理的，甚至一些企业的薪酬体系只是简单的"走形式""拍脑门"。设计一套合理的薪酬体系，既能保证企业薪酬在市场上有竞争力，又能在企业内部做到公平合理。

本书详细介绍了薪酬激励量化实操的流程、步骤、方法及注意事项，每一章都分别引用了不同的实际案例，并配合薪酬体系设计的实操步骤进行讲解。本书内容通俗易懂，实操性强，特别适合薪酬管理从业人员、人力资源管理实务入门者、企业管理者及各高校人力资源管理专业学生使用。

图书在版编目（CIP）数据

薪酬激励量化实操全案 / 冯涛著. -- 北京：中国水利水电出版社，2023.1

ISBN 978-7-5226-0973-7

Ⅰ.①薪… Ⅱ.①冯… Ⅲ.①企业管理－工资管理 Ⅳ.① F272.923

中国版本图书馆 CIP 数据核字 (2022) 第 206676 号

书　　名	薪酬激励量化实操全案 XINCHOU JILI LIANGHUA SHICAO QUAN'AN
作　　者	冯　涛　著
出版发行	中国水利水电出版社 （北京市海淀区玉渊潭南路 1 号 D 座 100038） 网址：www.waterpub.com.cn E-mail：zhiboshangshu@163.com 电话：（010）62572966-2205/2266/2201（营销中心）
经　　售	北京科水图书销售有限公司 电话：（010）68545874、63202643 全国各地新华书店和相关出版物销售网点
排　　版	北京智博尚书文化传媒有限公司
印　　刷	三河市龙大印装有限公司
规　　格	170mm×240mm　16 开本　18.25 印张　268 千字
版　　次	2023 年 1 月第 1 版　2023 年 1 月第 1 次印刷
印　　数	0001—5000 册
定　　价	88.00 元

凡购买我社图书，如有缺页、倒页、脱页的，本社营销中心负责调换

版权所有·侵权必究

前言
PREFACE

薪酬体系设计一直是企业老板和HR头疼的大问题,处理不好会让企业员工满意度下降,甚至加速企业员工离职。

薪酬体系设计其实很简单,只要做到"外部竞争"和"内部公平"两点即可,即对外要有一定的竞争性,对内要有相对的公平性,薪酬体系就能达到最大的激励效果,从而显著提高员工的积极性。

本书是在笔者的畅销书《全面薪酬体系设计"6+1"》的基础上,结合笔者服务过的多家咨询企业的真实案例重新编写而成的。书中增加了大量的工具、案例,并结合笔者丰富的经验,糅合了心理学理论,重新解释了薪酬体系的设计原则。

全书共分十章,具体内容如下:

第1章对企业进行诊断,也就是了解企业薪酬现状以及产生问题的原因。设计薪酬体系就像给病人治病一样,首先得找到病因,然后针对不同的病因采用不同的治疗手段。

第2章介绍薪酬的基本概念和许多企业都会犯的错误,比如新老员工薪酬错位的问题。

第3章讲解制定薪酬的策略。本章会给大家列举丰富的案例,比如不同的企业要提高效率就要制定不同的薪酬策略。

第4章讲解如何进行岗位价值评估。岗位价值几何是许多企业管理层都感到困惑的问题，本章会通过美世国际职位评估体系教会大家如何评价岗位价值。

第 5 章描画薪酬曲线。岗位价值的点数要转变成薪酬，最有效的方式是描画薪酬曲线。通过工具描画合理的薪酬曲线能为企业的薪酬体系设计提供有效的依据。

第 6 章进行薪酬分级。经常有读者问我，一家企业应该分多少级？每级的薪酬差异是多少？本章就来为读者答疑解惑。

第 7 章讲解薪酬结构的设计。固定工资和变动工资的比例是多少也是大家感到十分困惑的问题。本章会为读者介绍薪酬结构的设计原则。

第 8 章讲解薪酬制度。无论有多好的想法，最后都要落实到薪酬制度中。例如，奖金如何发？应该给哪位员工涨工资？类似这些问题都会在本章为读者介绍。

第 9 章讲解薪酬入级和测算。前面章节讲了岗位价值评估和薪酬制度，本章就来看看员工的薪酬入级，具体到每位员工的入级标准，并会测算企业薪酬体系是否超出了企业的承受能力。

第 10 章介绍与薪酬绩效相关的心理学知识。要想设计好的薪酬体系，还需要了解一些心理学的知识，这样在进行薪酬体系设计时才会事半功倍。

为了让广大读者更好地理解本书的内容以及更好地为企业设计有效、合理的薪酬体系，笔者每年都会定期举办薪酬绩效训练营，手把手教大家设计薪酬体系。欢迎读者扫描封面上的二维码，获得笔者亲自指导。

冯 涛

2022 年 7 月

目录
CONTENTS

绪言 ·· 1

第1章 对企业进行诊断

1.1 企业管理诊断的价值——了解企业问题，提出解决方案 ············· 6
　　1.1.1 设计薪酬绩效考核制度时可以抄别人的吗 ············· 8
　　1.1.2 能不能学华为 ············· 13
　　1.1.3 销售部门和技术部门、生产部门的矛盾 ············· 18
1.2 企业存在的共性管理问题——少走弯路好过波动增长 ············· 21
1.3 共性还是个性——个性问题要具体分析 ············· 23
　　1.3.1 产品质量是核心 ············· 23
　　1.3.2 产品质量和效率不重要 ············· 24
　　1.3.3 案例：如何分析一家企业的问题——诊断错误就无法对症下药 ············· 25

第2章 薪酬的基本常识

2.1 薪酬体系的作用 ············· 28
　　2.1.1 招聘和留住员工 ············· 33
　　2.1.2 调动员工的积极性 ············· 34
　　2.1.3 建立一套规则 ············· 35
2.2 薪酬设计的基本原则 ············· 39
　　2.2.1 案例：企业薪酬存在的问题分析 ············· 42

2.2.2	该高的不高，该低的不低	43
2.2.3	没有激励作用，也没有约束效果	46
2.2.4	有本事的不愿来，没本事的不想走	48
2.2.5	新老员工薪酬错位	49
2.2.6	奖金发放不合理	52
2.2.7	薪酬晋升没有标准	56
2.3	薪酬分位的计算	57
2.4	全面薪酬	59
2.4.1	现金收入	60
2.4.2	某社师徒的恩怨情仇	63

第3章 制定薪酬策略

3.1	制定薪酬策略需要考虑的因素	67
3.2	基于市场的薪酬定位策略	73
3.2.1	领先型策略	74
3.2.2	市场跟随型策略	76
3.2.3	落后型策略	77
3.2.4	混合型策略	78
3.3	基于岗位的薪酬定位策略	80
3.3.1	案例1：如何大幅度提升效率	81
3.3.2	案例2：如何提高人效	84
3.3.3	案例3：合适的人做合适的事情	85
3.4	基于企业地位的薪酬倾向策略	85
3.5	基于企业性质的薪酬策略	89
3.5.1	减员增效	90
3.5.2	持续增长	92
3.5.3	工作外包	92
3.5.4	劳务外包	93

/ 目 录 /

第4章 岗位价值评估

4.1 岗位价值评估的工具 …………………………………… 97
4.1.1 美世国际职位评估体系概述 …………………………… 97
4.1.2 美世国际职位评估体系（第二套） …………………… 98

4.2 岗位价值评估的流程——各家流程可能略有不同 …… 111
4.2.1 选择评估工具 …………………………………………… 111
4.2.2 确定岗位价值评估小组 ………………………………… 115
4.2.3 选择标准岗位 …………………………………………… 117
4.2.4 岗位价值评估 …………………………………………… 119
4.2.5 岗位价值评估之数据处理 ……………………………… 138
4.2.6 岗位价值评估之数据应用 ……………………………… 141

4.3 岗位价值评估的注意事项——细节决定成败 ………… 143
4.3.1 评估原则 ………………………………………………… 143
4.3.2 一人兼多岗如何处理 …………………………………… 146

第5章 薪酬曲线

5.1 画薪酬曲线 ……………………………………………… 151
5.1.1 职级 ……………………………………………………… 151
5.1.2 现有薪酬曲线 …………………………………………… 152

5.2 市场薪酬曲线 …………………………………………… 155
5.2.1 有外部薪酬数据的情况 ………………………………… 155
5.2.2 画薪酬曲线的注意事项 ………………………………… 158

第6章 薪酬分级

6.1 宽带薪酬 ………………………………………………… 163
6.1.1 宽带薪酬管理模式 ……………………………………… 163
6.1.2 上下限的计算 …………………………………………… 165

6.2 如何建立薪酬体系——薪级多少才合理 ……………… 166
6.2.1 标准等额划分法 ………………………………………… 168
6.2.2 非标准等额划分法 ……………………………………… 169

- 6.2.3 等比划分法 ········· 170
- 6.2.4 组合划分法 ········· 170
- 6.2.5 薪级的难题 ········· 171

6.3 跨区域分/子公司的员工如何定薪 ········· 173

- 6.3.1 子公司员工的薪酬设计 ········· 173
- 6.3.2 分企业和办事处员工的薪酬设计 ········· 174
- 6.3.3 城市差异系数 ········· 175
- 6.3.4 案例1：企业家的困惑 ········· 177
- 6.3.5 案例2：同一企业三个地方的员工如何定薪 ········· 178
- 6.3.6 案例3：总部的薪酬系数不是最高时如何给员工定薪 ········· 180

第7章 薪酬结构

7.1 薪酬结构设计的原则 ········· 183

- 7.1.1 薪酬结构越简单越好 ········· 183
- 7.1.2 心理账户 ········· 183
- 7.1.3 简单化 ········· 185
- 7.1.4 福利的必要性 ········· 189

7.2 销售人员的薪酬体系如何设计——激励永远是主旋律 ········· 194

- 7.2.1 按销售额还是按利润设计提成 ········· 196
- 7.2.2 提成和绩效工资本质上是一样的 ········· 199
- 7.2.3 业务员的提成设计原则 ········· 199
- 7.2.4 亏损的业务是否要有提成 ········· 202
- 7.2.5 双任务模式——如何设计合理的双任务 ········· 206

7.3 收入结构 ········· 210

- 7.3.1 固定收入和变动收入的结构问题 ········· 210
- 7.3.2 平时和年终的结构——合理才是硬道理 ········· 212
- 7.3.3 长期激励——国人误用了股权激励 ········· 214

7.4 员工薪酬给付原则 ·············· 215
7.4.1 给付原则 ·············· 215
7.4.2 案例1：根据什么付薪 ·············· 216
7.4.3 案例2：业务不同，薪酬设计原则也不同 ·············· 217
7.4.4 存量分配和增量激励 ·············· 219

第8章 薪酬制度

8.1 薪酬管理制度的内容——10%的差异决定了90%的价值 ·············· 223
8.1.1 确定薪酬调整的范围和标准 ·············· 223
8.1.2 薪酬如何调整 ·············· 227

8.2 年终奖的分配 ·············· 235
8.2.1 如何设计奖金的二次分配 ·············· 235
8.2.2 智猪博弈 ·············· 238
8.2.3 奖金如何分配 ·············· 240
8.2.4 涨工资的比例——工资涨幅的三个可比数据 ·············· 242

第9章 薪酬入级和测算

9.1 员工的薪酬入级——员工薪酬入级不合理，一切都是零 ·············· 247
9.1.1 老员工的入级 ·············· 247
9.1.2 案例：某企业积分制员工评级 ·············· 251
9.1.3 涨薪的技巧——低于薪酬体系员工入级的处理方法 ·············· 253
9.1.4 高于薪酬体系员工入级的三种处理方法 ·············· 256

9.2 薪酬测算 ·············· 258

第10章 薪酬绩效心理学

- 10.1 相对论 ·· 263
- 10.2 免费的魔力 ··································· 267
- 10.3 期望理论 ······································ 269
- 10.4 破窗理论 ······································ 274
- 10.5 幸福和痛苦理论 ······························ 275

附录 ·· 277

绪言
INTRODUCTION

我曾服务过的一家企业，因某年企业效益好，于是决定奖励企业的 5 名高管一人一辆奔驰车（一辆奔驰车的价值约为 50 万元），并且这辆车还只是奖金之外的额外奖励。也就是说，这 5 名高管的奖金不但一分钱不少，还能额外获得一辆奔驰车。这大概就是传说中的别人家的企业。

把车从 4S 店取回来以后，在对奔驰车的一些问题处理上，大家的意见分歧较大。为了解决这些问题，老板让我参加了此次员工沟通洽谈会。问题主要集中在以下几个方面。

1. 车的所有权

车是以奖励的名义发给员工的，那么车的所有权归谁呢？经过沟通，双方一致同意，前三年车的所有权归企业，三年后车的所有权归员工个人。具体到细节，如果员工未干满三年就离开企业的话，车的所有权归谁？我认为如果员工未干满三年就离职，那么车的所有权依然归企业。

但有的高管认为，如果不是因个人原因离职，而是因其他原因离开企业的呢？例如，丧失劳动能力、死亡、被企业解除合同或者开除。我认为即使员工因这些原因离开企业，车的所有权仍然应该归企业。高管们则认为，是企业开除的员工或者是企业单方面解除的劳动合同，责任在企业，所以车的所有权应该归员工。

2. 车补

以前大家都开自己的私家车，企业每月给各位高管发放 2000 元的车补，发了车之后，车补是否应该继续发？尤其是前三年，因为车的所有权归企业。相对来说，老板还是比较大方的，说车补依然照旧，前三年和以后每月依然有 2000 元车补。这样，车补的问题迎刃而解。

3. 汽油费

这个相对简单，因为之前大家用自己私家车的时候，汽油费也是自己负责，所以这个很容易就达成了共识，汽油费依然由个人负责。

4. 保险费

我觉得老板提出的解决方案不错，由于前三年车的所有权归企业，所以车辆的保险费由企业承担，三年之后的车辆保险费则由高管个人承担。但是对这个问题的处理，双方的意见产生了分歧，主要的问题与维修保养费类似。

5. 维修保养费

在维修保养费与保险费上，双方的意见分歧比较大，主要体现在两个问题上：第一个问题是前三年车的所有权属于企业，车的维修保养费和保险费应该由企业承担还是员工个人承担呢？高管认为应该由企业承担，老板则认为车是员工在使用，应该由员工个人承担。第二个问题是即使三年以后费用由个人承担，但由于奔驰车比较贵，维修保养费相对也较高，是否应该由企业承担一部分呢？

经过两个多小时的沟通后，双方的意见也没有达成共识，问题主要集中在两点：一是如果非员工个人原因离开企业的，车的所有权归谁？二是保险费和维修保养费到底应该由谁承担？

老板很委屈，他觉得自己额外给员工发了一辆奔驰车，员工却不领情，还那么斤斤计较。老板甚至生气地说："是不是不发车就没这么多问题了？"

绪 言

这一下，大家都安静了。我开玩笑地说："谁要是觉得奔驰车的保险费和维修保养费贵，我也有一个解决方案，我个人出资给大家更换成一辆帕萨特，奔驰车归我，所有费用都由我来负担。"

最后，员工们看到老板确实很生气，才勉强接受了其解决方案。

给员工发奔驰车，看起来是一件好事，但如果做得不到位，很可能会像这家企业一样，获得不好的结果。

事后我跟老板说，这个问题的关键是低估了人性，犯了一些心理学上的错误，如心理账户、预期理论等，并且没有提前定规则。把车买回来之后，高管在心中就把这当成了既成事实，也就是说，他们心中已经把这辆车看成是自己的了，然后在这个既成事实的基础上做判断，这样多付的保险费及维修保养费对他们个人来说就是损失。

以后再碰到类似情况，正确的解决方案是提前定规则，规则确定后再行动。也就是说，应该在买车之前跟员工把这些细则讨论清楚，那样做起来就相对容易了。因为没看到车，那时候员工们心里想的是：白得一辆车，保险费、维修保养费都是小钱，而车是大收益。所以，哪怕所有的费用都由员工个人承担，哪怕2000元的车补取消了，员工们也是乐意的。

这就是人性。管理不仅要看制度，更要考虑人性。

第 1 章

对企业进行诊断

1.1 企业管理诊断的价值——了解企业问题，提出解决方案

与医生给病人看病，如果不知道病人的病因，就无法对症用药一样，只有明确了企业的真正问题，并找出产生问题的原因，才能有的放矢地解决问题。

我曾看过一个有关八达岭高速公路死亡谷的纪录片。八达岭高速公路于1998年建成并开通，截至2003年5月底，已发生交通事故458起，造成94人死亡。其中，高速公路进京方向51~56公里的路段曾在一天之内连发两起事故，一周之内造成8死多伤，这一路段自开通以来累计发生的事故造成了36人死亡，故被一些司机称为"死亡谷"。

经过问询幸存的司机后交警了解到，在这一路段，刹车装置经常会莫名地失灵。交警与专家们开始寻找原因，毕竟这一路段发生了多起交通事故，是有些蹊跷。专家们认为，超载是造成这一路段频发交通事故的主要原因。

但仔细分析，也会发现问题，那个时期超载是一种普遍现象，超载固然会增加发生交通事故的概率，但为什么这一路段发生事故的概率这么高？所以，超载虽然是这一路段频发交通事故的原因之一，但实际上其主要原因依然没有找到。

专家们继续寻找原因，后来在出事事故的车轮胎上发现了黑色粉末。经分析后发现这些黑色粉末是刹车片高温摩擦掉下的碎屑，这也从科学上证实了司机刹车失灵的说法。

那么刹车装置为什么会在这一路段失灵呢？专家经过多次讨论分析，终于找到了问题的根源。按照道路设计规范，设计时速为60公里/时，坡度为4%时，

第1章 对企业进行诊断

坡长要小于 700 米。而在八达岭高速公路进京路段 51~56 公里的地方，共有 7 个下坡路段，其中第三个下坡路段的坡度达到了 3.99%，但长度超过了要求的一倍。第四～七个下坡路段的平均坡度为 4.094%，总坡长为 1600 米，超出了道路设计规范中"几个连续纵坡的纵坡值均大于 4% 时，连续坡段总长不能超过 1500 米"的要求。

至此，事故频发的主要原因终于找到了：由于这一路段落差大、坡度陡、距离长，司机在经过这一路段时需要连续踩刹车，刹车片在连续摩擦后产生的高温会让刹车装置失灵。

原因找到了，那么该如何解决呢？最有效的方式是重新修一条高速公路，但这是不现实的，至少在短期内是无法重修公路的。专家们经过协商讨论，最终采取了以下防范措施：

（1）治理超限超载。超限超载是引发交通事故的直接原因，超载加重了刹车的负载，所以治理要从超限超载开始。所有大货车在进入八达岭高速公路前都要进行称重，超载的货车一律要求强制卸货。

（2）设置蓄水槽。货车司机在进入此路段前可先通过蓄水槽对刹车片进行降温，以避免刹车片过热造成刹车失灵。

（3）设置限速带。设置标志来提醒司机此路段危险，请小心慢行，并且在沿途设置多处限速带以限制车速。

（4）安装测速监控摄像头和显示屏。一旦发现超速车辆，就及时通过语音、显示屏提示司机减速慢行。

（5）设置 3 处避险车道，供刹车失灵的汽车减速使用。避险车道的长度约有 100 米，且在路面铺上大鹅卵石以增加摩擦力，车道尽头还设置了数排厚厚的旧轮胎以起到撞击减速的效果。

如同上述示例，企业管理就是针对企业的实际问题，先找出问题的根源，再有针对性地提出解决方案，并彻底解决问题。

1.1.1　设计薪酬绩效考核制度时可以抄别人的吗

经常有学员向我要之前给其他企业做的方案，或者询问我给其他企业提取了哪些指标，我一般都会拒绝，原因有两个：

一是我做咨询项目时会跟服务的企业签署保密协议，所以我们出台的方案不能给任何第三方。

二是抄别人的薪酬绩效考核制度没有任何意义。有的企业考核利润，有的企业不考核利润，那你们企业到底应该考核利润还是不考核利润呢？有的企业考核顾客满意度、员工满意度，那你们的企业到底应该考核这些指标还是不考核这些指标呢？其实每家企业的战略是不同的，所以考核的指标也应该不一样。

有一家贸易企业，即 A 企业，他们只做对外贸易，自己不生产产品。企业的营销部门既负责产品的采购又负责产品的销售，所以营销部门的考核指标一直是净利润。另外一家是生产工厂，即 B 企业，负责产品的生产，B 企业既负责原材料的采购，又负责生产，最后还要把产品卖给下游的客户厂家，所以 B 企业总经理的考核指标是利润也没有问题。

后来，这两家企业合并成了一家企业，即 AB 企业，原 A 企业的营销部门只负责销售，不负责产品的采购，原 B 企业只负责生产产品，不负责产品的销售。那么营销部门和生产部门的负责人的考核指标应该是什么呢？

这家企业的做法是，两个部门负责人的考核指标依然是利润。这是错误的。因为对于营销部门的负责人来说，他只能控制产品的销售端指标，不能控制产品的生产成本，所以，对他进行利润考核是错误的。而对于生产部门的负责人来说，他只能控制产品的生产成本，不能控制产品的销售价格，所以对他进行利润考核也是错误的。如果双方都考核利润，二者之间就需要有一个内部交易价格做衔接，所以这两个部门每月至少有两天的时间在讨论内部交易价格定为多少更合适一些。

即使最后双方能达成共识，那也是存在问题的。例如，如果企业决定新

第1章 对企业进行诊断

签约一家很重要的客户，可能需要将产品以很低的价格卖给对方，这样势必会导致这部分产品的销售利润很低甚至亏损。如果考核营销部门利润的话，营销部门就会想尽办法阻挠产品的卖出。假设某一时期产品的原材料价格上涨，如果产品仍按原价销售给下游客户可能会导致企业亏损，但该客户是企业的一个重要客户，又不能不卖出产品。但是如果考核生产部门利润的话，生产部门也会想尽办法不生产产品。这就导致了部门的行动和企业的战略矛盾。

我的建议是双方只考核他们自己可控的部分，营销负责人只考核销售额，生产负责人只考核成本和质量。

总经理不解地问：营销和生产都不考核利润，那谁对企业的利润负责？我的答案是总经理对利润负责。因为总经理管理整个企业，他应该从全局出发，做到长期和短期的平衡，所以他应该对企业的利润负责。

在我接触的企业中，有不少老板都没有想明白企业的利润应该由谁负责，有一些老板把企业的利润指标挂在企业所有员工身上，甚至人力资源、财务、前台、保安等都承担着净利润的指标，这都是错误的。

AB企业的产品属于大宗物料，对于大宗物料来说，产品的价格更多地取决于市场而不是员工，所以我的设想是只考核销售量而不考核利润。

还有一个问题是汇率，因为他们的产品主要用于出口，出口收到的是外汇，而给员工的报酬是人民币，这样就会产生一个汇率差。我认为这个汇率差也不应该用来考核员工，因为这也是员工自己不能控制的部分。如果考核员工汇率的话，假设某个时期汇率对企业有利，员工会多拿提成，但如果某个时期汇率对企业不利的话，少给员工提成，员工会很委屈的。

当时我把这个想法告诉了大家，但发现大家已经适应了企业之前的考核方式，即营销部门和生产部门都分别考核利润。

AB公司的老板对于不考核营销中心和子公司利润有一定的顾虑。有一次我在跟老板沟通的时候，正好碰到市委领导临时到该企业视察，导致沟通中断了。由于第二天上午要跟高管们开会讨论，为了让大家理解我的想法，我就给企业高管们写了一份文件，让他们提前准备，文件中提到的子公司是指生产工厂。

1. 问题

营销中心和子公司都考核净利润，但营销中心和子公司只能对利润的一部分负责，有一些考核项目是他们不能控制的，这种情况下即使考核也只是走形式而已。

这里我们只讨论自营部分，也就是子公司生产出产品，然后"销售"给营销中心，营销中心再销售给客户的情况，其他三种情况这里不讨论（其他三种情况包括：营销中心自己采购自己销售的贸易产品；子公司自己生产自己销售的产品；子公司自己销售的副产品）。

首先来看一个最简单的公式：

$$利润 = 收入 - 成本$$

在这个公式中，营销中心可控的是收入端，子公司可控的是成本端。如果双方都考核利润，对于企业总部来说，无非是左手倒右手，没有实际的意义。

上面的公式也可以转化成如下形式：

$$利润 = 销售单价 \times 容量销量 - (固定成本 + 变动成本)$$

如果营销中心对收入端可控，那么营销中心真正可控的是销量，而对销售价格，尤其是导致销售价格变化的市场因素和汇率因素基本上不可控。目前这种考核方式把这两个因素都考虑了进来，这样的结果就是当价格因素对利润是正向影响时，企业需要按规则办事，也就是按比例发薪酬；但如果价格因素对利润是负向影响时，员工就会提出这不是自己可控的因素，最终的结果依然是企业买单。

同理，如果子公司管理层应该对成本负责，但有些成本是子公司管理层可控的，有些成本是子公司管理层不可控的，如固定成本。在变动成本中，依然有不少因素是管理层不可控的，或者是半可控的，如原材料价格、运输价格等，用这些指标考核管理层，尤其是考核员工，跟汇率是一个道理，即如果对利润是正向影响，企业要买单；如果对利润是负向影响，企业依然要买单。

第1章　对企业进行诊断

所以，目前对营销中心和子公司均考核利润的模式，看起来有效，实际上是走形式，最后肯定是企业买单。

那么从另一个角度思考：

企业利润 = 营销中心利润 + 子公司利润

= （营销中心售价 - 营销中心进价）× 销量 +（子公司售价 - 成本）× 销量

= （营销中心售价 - 营销中心进价 + 子公司售价 - 成本）× 销量

由于营销中心进价 = 子公司售价，所以上述公式变成：

企业利润 = （营销中心售价 - 成本）× 销量

从本质上来说，营销中心和子公司无论谁赚谁赔，对企业来说都没有意义。

考核利润的模式还有一个最大的问题是考核指标可能会违背企业的战略。假设某个阶段，企业生产产品或者销售产品是亏损的情况，但企业基于战略的要求，必须销售该产品。但由于子公司和营销中心考核的指标是利润，如果他们执行命令，最终受损失的是自己，所以他们有足够的动力来保护自己的利益，会想尽各种方法降低销量和产量。

还有一种情况，就是财务上考虑的沉没成本的问题。假设企业每月固定资产折旧是1000万元，每月生产1万吨产品，生产1吨产品的变动成本是2000元，市场售价是2500元。这样工厂生产一个月就会造成亏损，亏损额是500万元（2500×10000-2000×10000-10000000）。如果以这个标准来看，企业不应该生产，子公司从自己的角度思考，也不应该生产，毕竟辛辛苦苦了一个月还要亏损500万元，影响的是自己的绩效收入。但从企业的角度来看，却不是这样的，如果不生产的话，没有收入也没有变动成本，但企业却亏损了1000万元。生产亏损500万元，不生产亏损1000万元，很明显，理性的企业领导应该选择继续生产，这样可以少亏损500万元。尽管理性的企业领导能算明白这笔账，但并不是所有的子公司领导都能算明白这笔账，而如果企业硬性规定子公司进行生产，员工从心理上就不服："明明亏损为什么还要生产？"，其潜台词就是："我们辛苦了一个月还要扣我们的钱。"

2. 解决方案

这里涉及绩效考核的两个原则：

（1）考核自己可控的，不可控的因素不要考核，因为考核了也没用。

（2）考核自己努力后有明显改变的，如果改变程度不大，考核起来效果不明显。

先说子公司，考核子公司的售价没有任何意义，只是增加了工作量和延长了工作流程。子公司不会因为考核销售价格而降低生产成本。至于采购价格、运输价格等，主要影响因素应该是市场，而不是个人的努力程度，个人的努力程度可能会有一定程度的影响，但影响程度微乎其微。这个可以估一个比例，例如，我们企业谈判能力较强的员工，他对价格的影响程度大概有多大，计算公式为"节省后的价格/总采购价"，或者直接统计运输及采购过程中节省的费用。换言之，即使考核这个指标，也不应该用来考核企业的其他员工或者总经理，而是应该考核直接从事该项工作的员工，最多考核到部门经理。

再说营销中心，营销中心不可控的因素主要是采购价格，或者间接地理解成产品成本。产品成本连子公司都很难控制，更何况是营销中心。除了采购价格之外，营销中心不可控的还有汇率、运输成本等，用这些指标来考核营销中心，肯定是有问题的。

所以，我建议对于子公司，可以只考核他们自己可控的成本，暂且称作可控成本。至于哪些是可控成本，需要财务一一梳理。运输成本和采购价格可以考核，但不应该放在子公司层面，而应该放在总部的相关部门进行考核。

我建议，营销中心考核销量或者销售额（销售单价），因为销量更为可控。这种考核方式的缺点是没有考核价格，这样员工可能会从利己的角度出发，低价出售产品，这时可以启动价格控制机制。如果没法设计价格控制机制的话，也可以考核销售额。无论是考核销量还是销售额，都比考核利润更合理，也更有效。

现在只考核一个总利润指标，这属于粗放式管理，而一个企业要做到精细化管理，必须把指标分解到每一个产品，考核要做到抓大放小，抓主要产品、放非主要产品，抓主要工作、放次要工作。

如果只考虑自营产品的话，子公司就是总部的一个制造工厂，企业内部的制造工厂和营销中心之间，其实只是职责划分的不同，制造工厂一般定位为成本中心（考核成本），营销中心一般定位为收入中心（考核收入）或者利润中心（考核利润）。

价格控制机制初步可以这么考虑：

（1）以同一时点、同一地区的销售价格作为参考，在一定范围内上下波动的价格算合理；超出波动范围，就需要具有某个权限的领导审批（市场定价法）。

（2）以贸易采购价格作为参考，折算成同等条件下（或者不折算）的价格，再加上一定的利润，作为销售价格，在一定范围内上下波动的价格算合理；超出波动范围，就需要具有某个权限的领导审批（成本定价法）。

3. 总结

无论哪种考核方式都不能做到完美，也不能做到解决企业的所有问题，关键是看哪种方式能更好地调动员工的积极性，让员工更有干劲。

好的管理者思考问题会从两个角度进行分析，一是从企业角度或者老板角度，二是从员工角度。只有这两个角度都想通了才算是真正有效的管理者。而员工是不会从老板的角度思考问题的，我们也不能要求员工从老板的角度思考问题，这就是管理者的难点。

以上是我给这家企业设计薪酬绩效考核制度前发现的主要问题以及修改建议。请仔细看一下，你们企业能抄袭这家企业的薪酬绩效考核制度吗？好像不能。因为你们企业的情况与这家企业完全不一样。所以薪酬绩效考核制度没法抄袭。

1.1.2 能不能学华为

学员问我最多的一个问题是，我是否知道华为的薪酬绩效体系，能否为他们设计一个类似华为的薪酬绩效体系。我的答案是，全球只有一个华为，那么多学习华为的企业，好像没有听说哪家企业真正学成功的。为什么呢？

许多企业都希望自家员工能像华为的员工一样具有狼性文化，希望自家员工能像华为的员工一样具有艰苦奋斗精神。那你们企业能为员工提供什么？华为员工在2020年的人均年薪就达到了80万元，你们企业的平均年薪只有8万元，凭什么能招聘到华为那样高水准的员工？所以，企业应该根据自己的战略决定招聘什么样的员工，而不是看到别人家的好就盲目地照抄。

但真的有这么一家企业，我认为他就是我服务过的"华为"，也是我见过的最好的企业之一。

这是东北的一家民营企业，其主营业务是为化工企业制造机械设备。员工对企业文化高度认同，工作积极性也高，该企业具有很大的成长空间，2019年该企业的利润增长约为40%，净利润率约为20%；2020年该企业在新冠肺炎疫情的影响下利润依然在增长，员工的整体满意度高达97%，客户的满意度高达100%。

什么样的企业是好企业呢？或者说好企业的标准是什么？

简单梳理了一下，我认为好企业一般都有以下5个特征。

1. 企业的企业文化很重要

一家好企业一定有一种被员工高度认同的企业文化。企业文化没有对错之分，甚至也没有好坏之分，只要大家认同，它就是适合的，如华为的奋斗文化。我服务的这家企业的员工也高度认同企业的企业文化——主动加班。企业实行6天工作制，每天上午8点上班，下午5点下班，但很多员工会主动加班。有些员工加班累了干脆晚上就在企业的员工宿舍休息，第二天继续上班。我在与员工闲聊时，甚至听到两名员工说企业就是自己的家，还有一名员工说企业是自己的孩子。

该企业的厂址以前在南城，后来企业搬迁到了北城。员工坐班车从南城到北城需要一个半小时，大约有20%的员工跟着企业厂址的变化去北城买房。

什么样的员工才会在企业附近买房呢？只有那些想和企业一起成长的员工才会在企业附近买房，一直想着跳槽的员工是不会在企业附近买房的。当然能买房也说明员工的收入还不错。

该企业的企业文化还要求员工高度重视社会责任。首先，企业要求员工要孝顺父母，企业每年还会给员工父母的账户直接打养老费；其次，企业从来不偷税漏税，企业总经理说："税务部门来了，我从来没见过，因为我不怕他们查。"最后，企业从来不给客户送礼，客户的每个订单都是几百万元甚至上千万元的合同额，客户到企业以后总经理只会陪同吃一顿饭，其他的接洽就交给相关责任人了。总经理经常跟员工说："要挣干干净净的钱，要让员工有尊严地挣钱。"

2. 企业的治理结构要合理

企业的治理结构如果有问题的话，那企业的命运就只能靠总经理个人了。万一总经理出事儿，整个企业就完了。这家企业由职业经理人团队进行管理。我前面说的总经理就是单纯的总经理，而不是大股东。这家企业的创始人是个老爷子，以前由于业绩下滑得厉害，所以请了现在的总经理来掌管企业。

目前的情况是，老爷子占大多数股份，职业经理人团队占约 1/4 的股份。老爷子把企业完全交给了职业经理人团队管理，现在整个企业都由职业经理人团队掌管。

企业前几年开展股权激励，激励对象是在企业工作满三年以上的所有员工，包括司机、保洁等。大股东以净资产的价格转让了 10% 左右的股份，然后又以赠予的方式同比例赠送了同样多的股份。也就是说，相当于员工以净资产价格的一半购买了企业的股份，这是相当有吸引力的。

总经理曾跟我说过，无论企业上市与否，他都要按照公众企业的标准来建设，这样才有利于企业的传承和发展。

3. 企业战略要清晰

该企业在几年前也曾走过一段弯路。那时企业的业务相对而言比较多样化，做过多种产品，后来产品的质量出现了问题，客户极其不满。企业几乎天天都能接到客户的投诉电话。现在企业实现了彻底的转型，只保留了化工行业的机械设备智能一体化解决方案，其他的业务精简掉了。目前的情况是，客户对企业产品的满意度高达100%。

该企业最大的客户烟台万华是化工行业一家很牛的企业，2021年营业收入超过1000亿元，利润高达300亿元。我曾对该企业员工说："你们所在的企业是一家伟大的企业，解决了整个行业几十年都没有解决的问题。"

企业高度重视质量和研发。本来我以为，订单这么多，质量也这么高，可以降低点质量来提高产能，但总经理坚决不同意。我一直认为，质量有时候不需要太高，只要能满足客户的正常所需就可以了，现在许多企业的产品的质量是过剩而不是不够。例如，许多电子产品的质量都是按照保用十年的标准来设计的，实际上根本没必要，因为现在绝大多数人使用电子产品的年限只有两三年，两三年以后都换新的了。

所以，我的建议是适当降低质量对企业和客户更有利（当然，这个观念绝大多数人不会同意）。这家企业的总经理不同意，他宁可不接单，也不愿意降低质量，可见这家企业对质量的重视程度（这里面还有一个原因是：我不知道他们企业的质量水平有没有降低的空间）。

一般规模不大的企业很少做研发。我接触的许多销售收入在十多亿元的企业，都很少做研发。尽管大家都知道研发很重要，但生活中真正重视研发的企业并不多。原因也很简单，研发是要投入资金的，投入是确定的，但产出是未知的，能不能出成果谁也不知道。万一投入很大，最后没有出成果，企业的整体业绩都会受影响。

而这家企业是有真正的研发团队的，尽管人数不多，但这些人都是高成本的高端人才，一个是在日本工作近十年的研发人员，一个是当地的一名博士后。他们研发的东西如果成功了，企业的效益会大幅度增长；如果失败了，那些投入的资金肯定就白费了。

4. 企业重视员工利益

该企业对员工极好，给全体员工按全额工资上保险，像这种规模的民营制造企业，给全体员工按全额工资上保险，让我很意外。入职三年以上的员工都有股份，甚至保洁员都持有企业股份，每年都能拿到分红。此外，企业还为员工提供了各种福利待遇，对于部分买房困难的员工，企业能为其提供首付全额无息贷款。

我们访谈了大约四十多名员工。这四十多人中没有一名员工有抱怨、扯皮的现象，也没有任何负面情绪。员工给企业的回报就是努力工作。

该企业有一名部门经理，由于工作压力大，得了抑郁症。这名员工向企业3次提出了辞职，总经理都没有同意。他说，这名员工是在他们企业得的抑郁症，并且是因为工作压力大才患病的，他们不能坐视不管。之后总经理给这个部门经理安排了一个虚职——调试专家。并跟其他人提要求，不能让他感觉到没有工作可做，这样他心里会有被照顾的感觉，也不能给他太高的要求，因为怕他完不成任务抑郁症会加重。就这样，这名经理在企业养了大约一年的时间，抑郁症完全康复了。

该企业招聘生产副总经理和研发经理的过程也挺具有戏剧性的。负责生产的副总经理以前在国企和外企工作过，后来他的一个同事到了这家企业，这个同事就打电话劝他跳槽到这家企业。由于这个副总经理对私企有偏见，又没有听说过这家企业，所以就断然拒绝了。但这个同事却隔三岔五就给他打电话。有一次他同事又打电话跟他说："我们这么久都没见面了，你过来看看我可以吗？"这个副总经理被缠得没了办法，就过来看看自己的朋友。到了企业以后，这个同事又说："我们总经理今天正好在，大家一起吃饭吧。"于是这个副总经理就这样见到了总经理，与之聊了一下午后，就被说服跳槽到了这家企业。

研发经理的招聘过程也与之相似。他本来在日本大企业里工作了好多年，不太想回国，但后来由于一些特殊情况不得不回来。他回来之后先自己创业，创业失败以后，就在网上找工作。后来收到了这家企业的邀请。本来他也是拒绝的，在日本大企业里都能占据一席之地的人，不愿意到这么小的企业来。

但负责招聘的人一直劝他过来看看，于是他就真到企业来看了看。他是某天上午10点到企业的，企业的技术副总经理跟他沟通，一聊就聊了两个多小时，然后中午一起去吃午饭。下午又接着跟总经理聊，并聊到下午5点多。以至于他回家以后父母问他去哪里了，对他去面试的回答一概不信。是啊，谁能相信一个人能面试一整天呢？

5. 知道自己的能力圈

我服务的企业中，这家企业属于规模较小的一家。这么小的企业，一般不会请我们去服务，因为我们的收费对小企业来说性价比不高。但这家企业例外，除了请我去做人力资源咨询之外，还请了几家企业在做其他方面的咨询，如精益生产等。访谈中我们得知，该企业今年培训和咨询的预算是200万元。这种规模的企业做咨询的本来就少，花200万元做咨询的就更少了，提前做预算的更是仅此一家。

因为企业总经理知道自己企业的不足，所以现在希望加大投入来提升员工的能力。他说，这200万元的投入一定能给企业带来更多的回报。在知道自己哪里不足的情况下，有针对性地补短板，能快速地提升企业的竞争力。

最后还要说明一下，尽管这家企业的薪酬比华为少得多，但是员工薪酬明显高于当地平均水平，这是薪酬领先策略。

这就是我服务的"华为"。华为不是不能学，关键是要学会华为的文化、理念，想学习华为的狼性文化，就要先知道狼性文化的本质，而不是只要求员工免费加班。

1.1.3 销售部门和技术部门、生产部门的矛盾

销售部门和技术部门、生产部门的矛盾是很多企业都会碰到的难题，我经常听到老板或者销售人员抱怨，企业好不容易接了一个大单，但由于生产部

第1章 对企业进行诊断

门或者技术部门的不配合，或是企业能力不足，最后导致这个大单没有完成，既得罪了客户，又损失了营业收入和利润。

当咨询生产部门或者技术部门的时候，他们都会感觉对不起企业或者销售部门，毕竟大家都知道，对于企业来说，业绩第一，如果没有营业收入，一切都等于零。有的企业是由于生产技术达不到客户的要求，有的企业是由于产能和精力不足导致订单没有完成，那么如何解决这些问题呢？

我认为这些问题的发生还真不能怪技术部门和生产部门。这些问题一般会出现在产品需要定制化生产的企业中，或者对标准化产品中有额外要求的企业中。

一般来说，企业的产品分为两类：标准化的和定制化的。我们经常碰到的产品大多属于标准化的，如牛奶、手机等，企业根据客户的需求生产标准化的产品。例如 iPhone，一年就出一款产品，全球发布的产品都是一样的。客户如果想提出额外的需求，抱歉，企业做不到。生产这种产品的企业一般很少出现销售部门与技术部门、生产部门扯皮的现象，因为销售部门是根据企业生产的产品进行销售的，销售的产品之间是没有差异的。

定制化的产品则不然。例如冯老师为企业定制的人力资源咨询服务，每家企业的情况不同，那就必须根据企业的实际情况出台有针对性的解决方案，这就是定制化的产品。再如，客户生产过程中需要的设备、流水线，一般要根据其厂房大小、布局、要求等进行定制，每家企业生产的产品可能都不一样。还有家装、配镜、医疗等服务也都属于定制化的产品。

定制化的产品为什么易引起销售部门与技术部门之间的矛盾呢？

我刚从事管理咨询工作的时候，有一次企业的销售人员接到了一笔很大的咨询业务，即为一家国有煤矿企业做安全生产的咨询。领导看我工作能力强，所以希望我带队做这个项目。我一听就吓到了，煤矿的安全生产，我可是一窍不通。我是做企业管理咨询的，主要专注于人力资源咨询，要是让我做战略咨询、文化咨询，或者其他管理类咨询，我也可以接受，毕竟管理是相通的。而安全生产，尤其是煤矿这种企业的安全生产，是需要专业人士根据专业经验和政府监管文件来操作的，一旦做错了，责任重大。所以，我坚决不接受这个项目。企业最后确实也没有找到合适的人选，这个项目就放弃了。事后很久，领导依然对此耿耿于怀，经常埋怨我不帮他的忙。

我是这么跟他解释的，如果我做这个项目，很可能由于我的能力和经验不够，导致项目失败，这样的结果不仅会让客户不满意，尾款收不到，与客户的关系也会变坏，更关键的是企业的声誉、我的声誉甚至我的职业生涯和自由都会断送掉，因为这已经远远地超出了我的能力范畴。所以，这种业务我是万万不能接的。

许多企业，尤其是中小型企业，都属于销售导向，即一切围绕着销售转。这种做法本身是没有问题的，毕竟对于小型企业来说，生存是第一位的。但在接洽这种定制化产品的时候，不能只让销售一个部门做决策，应该让其他相关部门一起参与进来。一般企业的销售人员的个人收入是与销售业绩挂钩的，销售完成得好，个人收入就高；销售完成得不好，个人收入就低。所以，从人性的利己角度，销售人员自然是想完成更多的任务，拿到更高的薪酬。如果不加以限制，销售人员恨不得什么都能卖。

每家企业都有自己的业务范围。例如，做咨询的不会做房地产生意，但是在实际的工作中有许多边界模糊的业务，这些可能是销售掌控不了的。再如，我们是做管理咨询的，那么安全生产管理属不属于管理咨询呢？这个就很难界定。又如，一家生产灌装设备的企业，他们是专门为化工企业生产灌装设备的，那么高度易燃易爆化学用品的灌装设备属不属于他们的业务范围呢？即使属于他们的业务范围，我们现在的技术水平、生产工艺能否达到客户的要求呢？以上这些疑问如果只让销售做决策的话，他们一定认为答案是肯定的，只要销售接到了业务，技术部门就应该想方设法来完成。一旦企业目前的技术水平和生产工艺达不到客户的要求，且工期又比较急，没办法更改，接这种项目的结果就是没有满足客户的要求，从而使相关人员之间产生各种矛盾。

要解决这种情况也很简单，在设计销售流程的时候，让相关部门参与进来，技术部门判断企业的技术水平能否达到客户的要求，生产部门判断企业的生产工艺是否能够满足客户的工期。如果答案是肯定的，那就万事大吉；如果答案是否定的，就再进行分析，并确定我们能否解决。如果答案是肯定的，那这个项目就可以做；如果答案依然是否定的，那这个项目就没有办法做。

所以销售部门和技术部门、生产部门之间的矛盾也没有大家想得那么简单，我们应该系统性地思考解决方案。

总结：

- 想解决问题首先要找到问题的根源。
- 考核就是考查当事人可控的指标。
- 企业文化决定了员工的类型。
- 学华为要学华为的精髓，给员工高工资而不是仅要求员工高付出。
- 销售部门与技术部门、生产部门之间的矛盾主要是企业层面没有处理好三者之间的合作关系，导致销售的产品超出了技术部门和生产部门的能力。

1.2 企业存在的共性管理问题——少走弯路好过波动增长

我在与一个企业老板沟通的时候，聊到了企业增长的话题。他说他们企业的增长速度很快，可以达到50%。我很吃惊，如果能做到长期有50%的增长，那企业应该是行业的NO.1，这是一个了不起的成就。这个老板无奈地说，他们企业大约有10年都能做到50%的增长了，但却总也做不大。

我给他算了一笔账，每年增长50%，10年以后大约是58倍。也就是说，10年前企业的销售额即使只有1000万元，现在也应该有5.8亿元了。这个老板又说，那我们俩说的可能不是一码事，他们企业的增长没有这么多，这10年其实变化不是很明显。58倍是按数学公式计算出来的，这个不会错，错的只能是这个老板的认知。

原来，该企业的业绩并不是每年都能增长50%，他们的业绩经常是大起大落，连续两三年增长50%，然后又大幅下滑50%。我重新给他算了笔账，假设之前的销售额是1000万元，第一年增长50%，销售额达到了1500万元；第二年又增长50%，销售额达到了2250万元；第三年由于管理不善，增长幅度下滑了50%，这样销售额就变成了1250万元，即3年时间，其增长幅度为25%，复合增长率只有7%，这样的增长刚刚能维持与国家GDP接近的增长幅度。按照这样的增长幅度，10年以后的销售额大约是2100万元。2100万元和5.8亿元，整整差了近30倍。这就是持续增长的力量，也就是复利的奇迹。

对于一个想持续发展的企业来说，每年稳步地按中等幅度增长，要远远好于波动的高幅增长。一家企业每年能维持26%的增长幅度，10年就能增长10倍，20年就能增长100倍，30年就能增长1000倍，一家企业即使每年只有15%的增长幅度，10年以后也是4倍的规模，20年增长16倍，30年以后增长64倍，这样都远好于大起大落。

波动会给企业带来难以估量的灾难。试想一下，一家连续两三年能达到50%的高幅增长的企业，管理层势必会对企业的前景更加乐观，对自己更加有信心，这时就会大幅度增加投资额、加大收购，甚至还会进行多元化发展。而紧接着就是业绩大幅下滑，造成产品积压、人员冗余，如果再叠加宏观经济形势变差，银行银根紧缩，企业就会雪上加霜。

我听不少老板说过，自己运气不好，刚加大了投资就赶上了2008年的金融危机，好不容易"活"过来了，有了点起色，又遇上了新冠肺炎疫情，命苦。其实宏观经济有波动是常态，常年保持稳定的增长是不太可能的。纵观国内外历史，美国有1929年的金融大萧条、20世纪70年代的通货膨胀。中国改革开放以来，也经历过多次的经济难关，如2008年的金融危机、2020年的新冠肺炎疫情。还再往前还有两次严重的通货膨胀，即1997年的亚洲金融危机、2000年的互联网泡沫等。如果一家企业能渡过两次的经济难关，甚至还在健康发展的话，这种企业就能获得经济免疫能力，能够越来越好。

持续增长好过大幅波动，少走弯路好过波动增长。更何况，许多企业正在犯的错误是历史上无数企业已经犯过无数遍的错误，既然已经有前车之鉴，我们为什么还非要自己重新尝试一遍呢？

> **总结：**
>
> 最好的方式莫过于从失败中获取经验和教训，如果有比这个更好的方式，那就是从别人的失败中获取经验和教训。

1.3 共性还是个性——个性问题要具体分析

1.3.1 产品质量是核心

山东德胜皮业是我曾服务过的一家企业，该企业位于山东，主营业务是为沙发厂生产牛皮。在诊断过程中，我发现他们企业的管理比较混乱，各方面的指标都不太好：企业效益差，顾客满意度低，员工积极性差、效率低、对企业的满意度低等。

其实，这些问题的根源是企业的产品质量差。由于产品质量差，导致客户不满意，销售、生产、研发等部门互相推诿扯皮，产品经常返工。企业考核质量的指标是"广义不良率"，当时企业的广义不良率是32%，也就是说生产100张牛皮，大约有32张是不合格的。

我认为山东德胜皮业的核心问题是要解决质量问题，只要能把质量问题解决好，企业的各项指标都会有明显的提升。所以，我在诊断报告中明确指出："质量是一切的根源，只要把质量提升了，企业面临的其他问题就会迎刃而解。"只要质量提升了，顾客的满意度就会提升，企业的效益就会增加，员工的积极性也会提升。

经过三个多月的努力，企业的广义不良率从32%降到了8%，一年后又降到了3.75%。伴随着广义不良率的下降，员工的效率得到了明显提升，以前每月的产量只有200万平方英尺（注：1平方英尺≈0.0929平方米），现在的产量达到了350万平方英尺。

山东德胜皮业2020年每月产量见表1-1。我们的咨询项目是从2020年5月开始的，经过近一个月的企业问题诊断之后，6—8月才陆陆续续出台相应的解决方案，9月开始正式实施。从表1-1中可以看出，我们在出台正式方案之前，前6个月的月均产量只有176万平方英尺，正式方案出台以后，9—11月的平均产能提高到了337万平方英尺，正好翻倍。

表 1-1 山东德胜皮业 2020 年每月产量　　　　　　　　　　单位：平方英尺

月份	1	2	3	4	5	6	7	8	9	10	11
产量	177	131	281	195	155	121	249	240	310	356	345
平均	\multicolumn{6}{c}{176}					

（注：表中"平均"行：176对应1—6月，245对应7—8月，337对应9—11月）

一年后，该企业董事长高兴地对我说："冯老师，您重点抓质量的方法是正确的，这属于牵一发而动全身。"

1.3.2　产品质量和效率不重要

我服务的另一家制造企业是北京的一家医疗器械企业，这家企业的产品合格率大约为90%，不算高，但也凑合。这家企业的产品质量达标，所以不作为诊断因素。因为这家企业产品的毛利率达到90%，甚至更高，产品质量的提升或者生产成本的下降，对企业效益的增加微乎其微。给这家企业做咨询的时候，我为他们解决的是销售和研发的问题。

在诊断的时候，我提出的目标是"短期靠销售，长期靠研发"。因为这家企业的研发能力很弱，只有一个高毛利的核心产品，全企业就靠这一款产品支撑。尽管这个产品很挣钱，但进行宏观形势和政策分析后，我们认为未来这款产品不足以支撑企业的长期发展，所以企业必须研发新产品，用多条腿走路。

而从短期来看,还需要靠销售人员把这款产品卖出去,所以才有了前面"短期靠销售,长期靠研发"的目标。于是我们的策略就是怎么样补足销售和研发的短缺人员,怎么样提升销售和研发人员的积极性。至于质量和效率,维持现状即可。

1.3.3 案例:如何分析一家企业的问题——诊断错误就无法对症下药

本节案例是我在为上海的一家企业进行薪酬设计时进行的诊断分析。

从访谈中我发现,员工都在反映工资低,尤其是基层员工的呼声最明显。后来我们通过与市场对标发现了完全不同的结论。

按照不同的级别进行对标,我们发现,高层管理者的薪酬水平略低于市场水平,中层管理者的薪酬水平与市场水平的差异最大,而基层员工的收入却高于市场水平,这也是绝大多数国企存在的普遍问题。市场对标图1如图1-1所示。

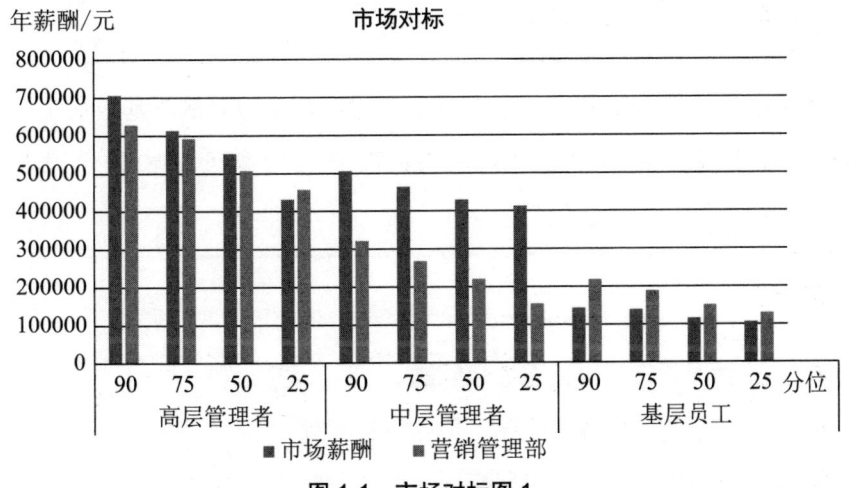

图1-1 市场对标图1

同样的结论也可以从另一张市场对标图中得出。市场对标图2如图1-2所示。

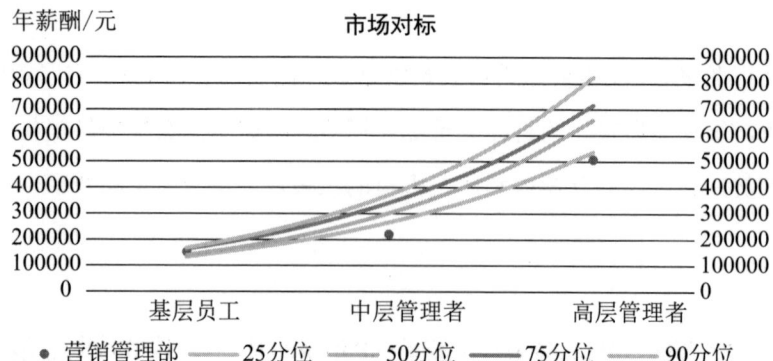

图 1-2　市场对标图 2

我们用企业各层级员工的薪酬数据与市场的数值相比较,基层员工的薪酬已经超过了 90 分位,中层管理者的薪酬低于 25 分位,高层管理者的薪酬介于 25~50 分位之间。各层员工的实际分位值见表 1-2。

表 1-2　各层员工的实际分位值

分位	基层员工	中层管理者	高层管理者
25 分位	106467 元	412207 元	431001 元
50 分位	116041 元	428976 元	552221 元
75 分位	139576 元	464159 元	613680 元
90 分位	143741 元	505948 元	706086 元
企业	151385 元	220400 元	507685 元
实际分位值	超过 90 分位	低于 25 分位	25~50 分位

我给出的最终建议是:如果考虑不同层级员工的薪酬,基层员工的薪酬可以不做调整或者微调,高层管理者的薪酬可以做小幅度的调整,而中层管理者的薪酬应该做较大幅度的调整。

> **总结:**
>
> ■ 企业管理要先解决关键核心问题。
>
> ■ 关键核心问题是性价比高、见效快的问题。
>
> ■ 从战略层面提出方向和目标是一家企业制胜的法宝。
>
> ■ 一家企业从总体上看可能没问题,但分析以后可能会发现局部的问题。

第 2 章

薪酬的基本常识

2.1 薪酬体系的作用

从市场的视角来讲，企业招聘员工也存在着竞争关系，不过那是企业与其他用人企业对所需人才之间的一种竞争。这种人才之间的竞争与企业产品之间的竞争，或者说是业务之间的竞争如出一辙。如果仅考虑用人价格（企业付出的员工薪酬）一个因素，用人价格高（企业付出较高的薪酬），企业可选择的用人范围就大，人才竞争力就强；用人价格低（企业付出较低的薪酬），企业可选择的用人范围就窄，人才竞争力就差。

企业给人才的定价，也就是付出的薪酬。高薪酬固然有助于企业吸引优秀的人才，但对企业来说可能要付出较高的成本；低薪酬对企业来说，用人成本虽然低，但不能吸引来优秀的人才。如何平衡人力成本与人才选择之间的关系是企业必须考虑的一个问题。

合理的薪酬体系，可以让企业付出合理的人力成本，获得最大的企业收益，甚至让企业业绩产生质的变化。

以我曾经服务过的一家企业——海门农商行为例，这家银行在进行薪酬绩效体系改革后只用了7天时间，就把企业的存款余额从70亿元提高到了110亿元，提升速度可谓火箭的速度。

海门农商行

海门农信社是我服务过的第一家银行机构，项目结束的第二年该社进行改制，现在改名为海门农商行。

第2章　薪酬的基本常识

海门市是江苏省南通市下的一个县级市（现在是海门区），全国百强县里排名前30，市内有许多发达的产业，如建筑产业、家纺产业、电动工具产业等，还有巨型的航母级企业，如南通三建、中南建设等，其他的小微企业也非常多。

农信社，全称农村信用合作社，是一种区域性银行，全国各地的农村都有自己的农村信用合作社。

大家不用把银行看得很神秘，银行的业务其实很简单，我们可以把银行简单地看作一家贸易企业，只不过银行买卖的产品比较特殊，是钱。银行就是用很低的价格（这个价格叫作存款利率）买入钱，又用比较高的价格（这个价格叫作贷款利率）卖出钱，简单地说就是低价吸收存款，高价发放贷款。所以，对于银行来说，它有两个关键的绩效指标，一个是存款余额，一个是贷款金额。每年银行的经营都是围绕这两个指标进行的。

发放贷款，银行是不愁的，因为都是企业求着银行发放贷款，所以贷款指标很容易完成，基本上每年年初就能完成一年的指标。银行如果想要更高的利润，就必须发放更多的贷款（对于银行来说，贷款利息就是银行的收入），但贷款的额度受存款余额的影响，所以存款指标就变得很关键了。对所有银行来说，其最核心的指标就是存款余额，银行的存款余额决定了其贷款金额。所以，如果一家银行想发放更多的贷款，就必须吸收更多的存款，从某种意义上讲，银行之间的竞争，主要是吸收存款的竞争。

2009年，我帮助海门农商行进行薪酬绩效体系改革，当年年底（截至2009年12月31日），海门农商行的存款余额是70亿元人民币，经过一番调研后，我把海门农商行2010年存款余额的目标定为100亿元，增长幅度是43%。当时，除董事长和我以外，其他人都认为不可能完成这么高的指标。

我认为有两个原因决定了该银行是能完成100亿元的任务的。一个原因是银行的基数太低，换句话说，就是之前的管理基础太差，所以员工们稍微努力一下，业绩就能突飞猛进，增长幅度之大难以预估。

一家企业管理基础的好坏，不能光自己跟自己比，只看企业内部的表现，不能说企业去年完成了70亿元的存款额度，今年完成了71亿元，就认为企业业绩有了增长，就认为很了不起，我们还要看外部其他信用社的情况。当时，我们对南通市其他县市的几家银行进行了横向比较，海门农商行在当地银行业排名倒数第一，比其他四大行都低，而其他几个县市的农商行则比四大行高，均排名正数第一，这说明海门农商行的管理存在很大的问题。南通市各县市农商行存款余额对比图如图2-1所示。

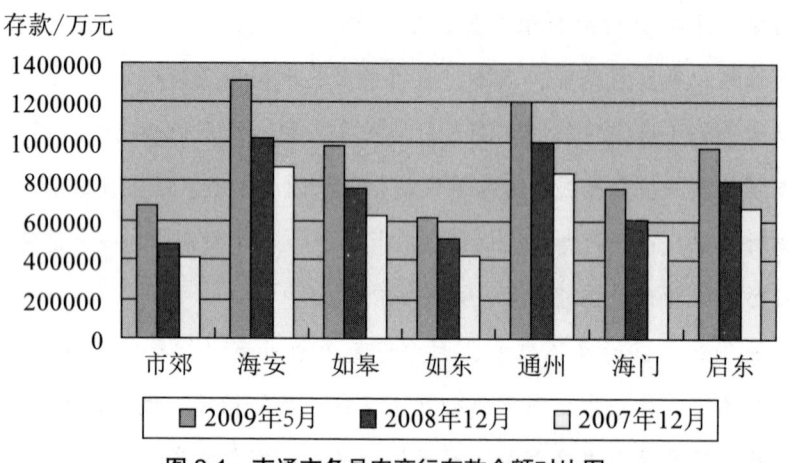

图2-1 南通市各县农商行存款余额对比图

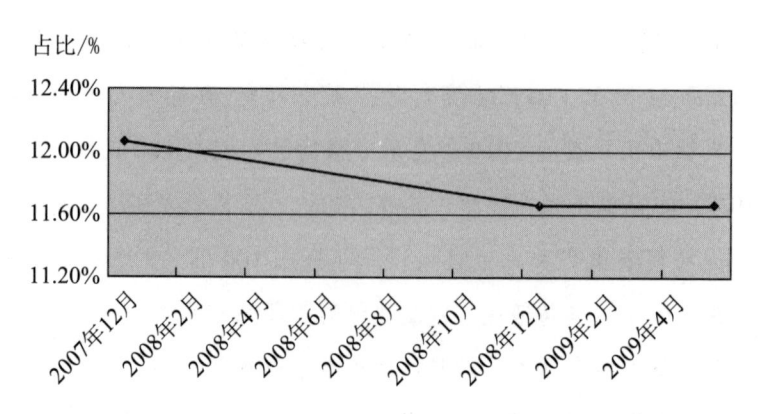

2007年12月底以来，海门农商行存款余额占南通市农商行比重变化趋势图如图2-2所示。从这些年来海门农商行存款余额占南通市7家农商行存款余额的比重中可以看出，海门农商行的业务出现了问题，换句话说，就是管理基础差。

图2-2 海门农商行存款余额占南通市农商行比重变化趋势图

第 2 章 薪酬的基本常识

我认为该银行能完成任务的第二个原因是，海门当地的市场极为庞大，市场容量不可小觑。作为全国百强县排名靠前的县级市，当地的经济非常发达，尤其是家纺产业、建筑产业以及电动工具产业，在全国都享有盛誉。而这些市场，大多数银行还没有真正去开发。

除了这两个原因之外，还有一个原因是我帮海门农商行设计了一套薪酬绩效的管理体系，这个体系所起的作用也是不容忽视的。

在该银行做项目的时候还有个小插曲，因之前农商行的领导对员工承诺的事情没有做到，使得员工对总行不太信任。因此我给农商行的员工讲了一个"商鞅立木建信"的故事。

战国时期，秦孝公即位后决心改革，并重用商鞅进行变法。商鞅怕发布新法令后民众不信任，便在城墙南门放了一根木头，并贴出告示说，如果有人能将这根木头搬到北门就赏十金。所有民众都不信，他们认为这种没有任何意义的事情不会给予这么重的奖赏。商鞅见无人搬运，只好继续加大赏金，直到将赏金提升至五十金时，才有一名壮士将木头搬到了北门，商鞅如约赏给了他五十金。此举取得了民众对商鞅的信任，商鞅随后便公布了变法的法令。

给他们讲这个故事的用意就是要先用一些小的激励树立总行的信誉，以便后面要进行的改革能运行顺畅。所以在正式开始激励考核之前，我们给员工树立了几个小指标，并完全兑现了承诺，获得员工的高度认同，至此真正的"解放战役"正式打响。

银行都喜欢喜庆，故把这一次活动叫作"开门红"。希望此次改革能够最大限度地提高员工的工作积极性，扭转银行的困局。

2010年1月7日，"开门红"在实施了7天后，农商行的董事长就打电话告诉我，他们仅用了7天就超额完成了全年100亿元的目标，成为南通市第一个存款余额突破100亿元的银行。这就是薪酬和绩效改革的力量。

事后，我跟董事长分析效果如此显著的原因，我总结了一下，大致有以下几个原因。

（1）以前的管理基础差、基数低。在海门市范围内，海门农商行的网点最多，但业务总量相对较少，也就是说单点效益差、效率低。这明显是有问题的，但同时也为今后银行业绩的提升带来了很大的空间。

（2）当地的市场容量大。在经济环境向好的情况下，水涨船高，增长速度必然也会快一些。

（3）员工的积极性高。员工积极性高既是主要原因，也是内因。没有员工积极性的提高，外围环境再好、基数再低也没有用。所以，员工积极性的大幅提高是核心因素。

员工还是同样的一批员工，为什么前后差异这么大？下面具体分析员工积极性转变的原因。

第一个因素，员工以前太苦了。我刚去的时候，海门农商行是大锅饭性质的企业，所有的员工，从基层员工到中层员工，每月工资只有2000多元，连维持基本的生活都困难。俗话说，穷则思变。大家都憋着一股劲想多挣钱，但又不知道怎样做才能多挣钱。就像改革开放初期，老百姓穷了几十年，都穷怕了，都想努力表现，但政策不允许。海门农商行的员工也一样，都盼望着能快速改变现状。

第二个因素，政策发挥了大家的主观能动性。当农村联产承包责任制一开始实行时，每个人都有了积极性，因为自己的所得与自己的付出相匹配了，干得越多收获就越大。所以，联产承包责任制实施的当年，多年吃不饱饭的安徽凤阳小岗村就实现了粮食大丰收。海门农商行的员工也是如此，薪酬绩效政策鼓励员工多劳多得，干得越多拿得也越多，大家的积极性自然就提升了。有许多客户经理，在实施新政策的第一个月就拿到了2万多元的提成，这在以前，大家是不敢想象的。从2000元到2万元，中间有着9倍的差距，也就相当于他们给企业带来的效益至少也有9倍的增长。

第三个因素，领导的魄力。任何改革，都必须获得领导的支持，没有领导，尤其是没有一把手的大力支持，改革就很难成功。安徽凤阳小岗村的成功离不开省领导以及中央领导的支持。海门农信社的成功也同样离不开董事长以及诸位行长的大力支持。

改革的关键时期,一定要有一个聪明的、强势的领导,再辅以正确的决策。如果领导犹豫不决,没有主见,稍微碰到一点反对意见就畏手畏脚,那改革必然无法成功。领导之所以还要聪明,是因为在改革的过程中,肯定会出现多种不同的意见,这时候就需要领导有正确的判断力和决策力。

具体来说,合理的薪酬体系至少要有三个作用。

2.1.1 招聘和留住员工

在招聘员工的时候,薪酬是第一要素,任何企业、任何人,都必然要考虑薪酬的问题。

企业和员工之间存在一种等价交换的关系,即员工为企业付出劳动,相应地也从企业那里获得适当的报酬。一旦员工感觉其获得的报酬低于付出的劳动的时候,他就会离职,这是"铁律"。所以,对于企业来说,只有一种方法能招到并留住员工,那就是企业给予员工的报酬要大于等于员工付出的劳动。

对于企业来说,留住员工的薪酬理想值就要等于员工的劳动,因为大于员工的劳动,企业的用人成本就会偏高。所以企业在薪酬上的任务就是先确定员工付出的劳动,然后根据员工付出的劳动给予员工相应的报酬。

在招聘和留住员工的薪酬问题上,还要考虑外部市场环境。因为员工是流动的,所谓"铁打的营盘,流水的兵",当外部给予的薪酬高于企业薪酬的时候,员工就会跳槽到那些企业。所以,如果考虑到薪酬的市场竞争问题,我们给予员工的薪酬就要大于员工所付出的劳动。

检验企业薪酬是否合理的最有效的指标是离职率。所谓离职率,就是员工离职的比率。计算离职率的方法是,用一年离职的员工数量除以当年年初和年末员工数量的平均值。如果一家企业的离职率比较高,大概率是企业给予的薪酬过低。当一家企业招聘员工越来越困难,或者企业员工的离职率越来越高的时候,企业的管理者就有必要重新审视企业的薪酬是否过低。

我曾经跟一个电力系统的朋友聊天。他说,他们企业近些年来薪酬下降得厉害，许多员工都离职了，仅2021年全企业就离职了约40人。我说，你们企业总人数大约是多少？他说，大约是20000人吧。估算一下这家企业的离职率，用40除以20000，离职率大约是0.2%。无论在哪个行业，这种离职率都属于极低的。朋友之所以感觉其企业离职率高，是因为之前他们企业没有太多人离职。

2.1.2 调动员工的积极性

员工积极性的主要来源也是薪酬。

有人对这个问题可能有不同的看法，因为我们可以看到许多薪酬高但员工积极性并不高的案例。不少企业的员工薪酬是比较高的，但是员工的积极性却不高，这两者并不矛盾。因为薪酬总额的高低只能决定能否招到员工和留住员工，而不能决定员工的积极性。

所以我们又能看到另一个现象：尽管有些企业员工的积极性不高，但是这些企业招聘员工还是相对容易的。虽然这些企业员工的积极性不高，但离职率也是相对较低的，这都是因为这些企业的薪酬比较高。由此可见，即使企业的薪酬高，企业员工的积极性也不一定高。

薪酬体系中影响员工积极性的因素有两个：一个是薪酬的结构，另一个是薪酬的公平性。

薪酬的结构指的是员工工资的组成部分，它大体可分为固定收入和变动收入。固定收入占的比重高了，员工的积极性就会受到影响。国企员工积极性不高的主要原因就是固定收入偏高，或者是名义上固定收入不高，但实际上比较高（如福利好、上班时间短等）。这就是我们经常说的"大锅饭"——干好、干坏一个样。这样的企业，给员工再高的工资，也提升不了员工的积极性。

我曾经接触过北京的一家供热企业。该企业的常务副总裁询问我说，员工刚到企业的时候，积极性还是很高的，但过三五个月，积极性就降下来了，这是什么原因呢？原因很简单，员工刚来的时候积极性高，说明企业的薪酬水平相对来说比较高，或者说企业的薪酬水平是合理的，所以员工比较满意。过一段时间积极性明显下降，主要原因在于企业内部，由于这些企业"大锅饭"的性质，导致员工无论干多干少、干好干坏，拿到的收入差异都不大，所以，员工必然会从一个积极性很高的状态转变成一个积极性较低的状态。

要想改变这种情况，最好的方法就是调整薪酬的结构，降低固定工资的比重，提高变动工资的比重，并加强绩效考核，让员工"动"起来。干得好，拿得多；干得差，拿得少，也就是"多劳多得，少劳少得，不劳不得"。只要做到这些，员工的积极性就能被充分调动起来。

薪酬结构的不合理，影响的是全体员工的积极性，而薪酬内部的不公平，则会影响部分员工的积极性。当有员工认为自己的薪酬与别人相比不公平时，积极性就会明显"打折扣"，慢慢变得越来越糟，最后甚至会离职。

假设有两家企业供你选择，这两家企业在其他方面都是一模一样的，唯一不同的是薪酬待遇的差异。甲企业给你的薪酬是每月1万元，但是给同你一样水平的同事薪酬是每月1.2万元；乙企业给你的薪酬是每月9000元，但是给同你一样水平的同事薪酬是每月7000元。请问你会选择哪家企业？

理性的人肯定会选择甲企业，因为甲企业给的报酬高于乙企业。但实际情况是，仍然有一部分人会选择去乙企业。如果选择了甲企业，由于同事的待遇高、自己的待遇低，心里难免会有埋怨，时间一长，可能就会萌生退意，最终会选择去乙企业。去了乙企业以后，看到同事的待遇比自己低，心情立马愉悦了。这就是公平性问题。

2.1.3 建立一套规则

所谓的薪酬管理，不是简单地给员工涨工资，也不是简单地给员工降工资，更多的则是给企业建立一套规则。

企业管理的本质就是定规则。

规则制定好以后，员工根据既定的规则去执行、去努力，企业自然就能达成自己的目标。如果没有规则，企业管理就是随意而为。

一家企业如果薪酬问题比较多，如员工之间的薪酬差距较大，或者员工之间的薪酬差距过小，无论采取哪种措施都很难一次性解决所有的问题，不可能让企业的薪酬体系立马就达到完美的程度。就像一个危重病人，有多种疾病缠身，我们不能指望一次性治疗就能治愈所有的疾病，只能慢慢地、一步一步地治疗。解决薪酬问题也是如此，不要指望一次性把所有的薪酬问题都解决掉，只能先建立制度，再通过制度慢慢地改善企业的状况。

在建立薪酬的体系规则时，不仅要考虑到员工付出的问题，还要考虑到企业内部的公平。要解决企业内部的公平，还需要理解以下内容。

1. 员工的付出

不少企业都存在历史遗留问题，如国企、改制后的企业、度过艰苦创业时期的企业等。这些企业的员工在企业发展壮大的过程中付出了自己的青春和汗水，但现在由于年龄、理念或技能的问题，有些已不适应现代市场化的竞争了，如果完全把他们推到市场中去，他们很难有一展所长之处，对这类员工在进行薪酬体系改革时应该特殊对待。

对这类员工的安排，一般有以下两种方式。

第一种是给予员工一次性补偿，之后员工可进行自主择业。以前的国企改制普遍采取的都是这种做法，如买断工龄，即按照职工在企业中的工作年限发放一定的金额（一般一年数千元不等），此后员工就与企业没有关系了，员工可到市场中自主择业。这种方式能解决国企的冗员问题，但对员工的影响比较大。由于员工在体制内工作的时间过长，观念已跟不上市场的变化，技能也不能适应市场的需求，走进市场以后可能无法适应用人单位的需求，而成为下岗人员，成天无所事事。所以现在这种方式基本上已被取消了。

第二种是给员工安排一份能够胜任的工作，避免造成员工失业。例如，国企改制中采取的员工持股，即对企业资产进行清算，把员工买断的工资折算成企业的股份，让员工成为企业的股东，这样大家在同一家企业继续努力，重新创业。私企也一样,给不能适应企业发展的员工安排一份合适的工作,让他们在自己的岗位上继续发光发热。

第二种方式最大的问题是会影响企业的效益,会给企业带来一定的负担。所以在采取第二种方式的时候也要考虑企业的综合承受能力。毕竟企业的第一责任是盈利,如果企业连盈利都无法实现,长期如此,就更无法承担社会责任。

2. 内部公平

许多企业在内部公平方面存在很大的问题,俗话说"不患寡而患不均",说的就是内部公平。内部公平存在的差异一般有以下三种情况。

(1)高管与基层的差异。我服务过的一家企业,该企业的最大问题是基层员工的收入普遍偏高,大多达到90分位,而中高层的收入普遍偏低,一般为25~50分位(典型的不合理的薪酬体系,这种情况在国企中更明显)。我的解决方案是提高中高层的收入,抑制技术含量低的中低层的收入。但在给中高层提高收入的时候,不可能一次性到位,因为既有工资总额的限制,又要考虑基层员工的感受,所以要通过多次的薪酬调整,慢慢做到合理。

我服务过的另一家企业,该企业的问题与刚才那家恰恰相反,高层收入偏高,而普通员工收入偏低。我的解决方案是抑制高管的收入,并把普通员工的工资涨起来。这种方案要得以实施的最大问题是要征得高管,尤其是负责领导的大力支持。

谷歌的薪酬策略是给予有能力的核心员工的薪酬要远高于市场水平,而给予能力偏低的员工的薪酬要略低于市场水平。这种方式在最大程度上保留住了企业的核心骨干,有效地提升了企业的核心竞争力。

(2)业务之间的差异。部分企业由于业务发展的不均衡,可能会造成业务之间的薪酬差异,或者业务部门与职能部门之间的薪酬差异,这些在薪酬体系设计时都需要进行调节。

我服务的一家企业,因企业战略的改变,拓展了一些新业务。新业务处于战略培养期，目前很难盈利，而原有的业务由于比较成熟，所以盈利性很强。这样，新老业务之间的员工就形成了一种不可调和的矛盾。尤其是该企业的老员工们认为，企业的盈利主要来自老业务，为什么要给新业务的员工高收入呢？

而新业务的员工们也有怨言，如果薪酬水平按照业务盈利能力分配，我们的工资什么时候能有提升？我们为什么要来这家企业而不是选择另外一家类似业务已经开始盈利的企业呢？这种矛盾的调和必须由企业高层出面，向全体员工解释企业的战略，让员工明白企业的战略导向。

（3）个体之间的差异。个体之间的差异相对来说比较容易解决。因其涉及的只是少数人的个别问题，只要具体情况具体对待即可。

在处理个体之间的差异时，只要具体分析当事人的特殊情况，根据特殊情况特例特办即可。

有些企业的管理者在薪酬问题的处理上恰恰把个别员工的问题当成了最困难的问题，这属于丢了西瓜捡了芝麻，没有抓住事物的核心。

总结：

- 企业管理本质上是定规则。
- 薪酬总额的高低决定了企业能否留住员工。薪酬高，容易招到员工；薪酬低，招聘员工就困难。
- 薪酬结构是否合理决定了全体员工的积极性。合理的薪酬结构有助于提升员工的积极性。
- 薪酬内部不公平会降低局部员工的积极性。

2.2 薪酬设计的基本原则

高薪酬固然有助于企业吸引优秀的人才，但对企业来说可能要付出较高的成本；低薪酬对企业来说尽管付出的成本比较低，但不能吸引优秀的人才。如何平衡企业的人力成本与优秀人才的获得是企业必须考虑的一个问题。

所有的企业在制定薪酬策略时，都必须遵循两个原则：一个原则是外部公平性，即企业员工的收入与其他企业相比较的具体情况；另一个原则是内部公平性，即企业内部员工之间的薪酬比例关系。

1. 外部公平性

外部公平性也叫外部竞争性，就是基于行业和地区的薪酬数据库，对薪酬现状进行分析，与市场数据进行比对，以确定当前薪酬水平的市场定位。如果企业的薪酬水平处于较高的市场定位（如75分位、90分位），企业就容易招聘到需要的人才；反之，如果企业的薪酬水平处于较低的市场定位（如25分位、10分位），企业要想招聘到需要的人才就比较困难。

对于外部公平性，有一个问题需要说明一下。我们做薪酬比较的时候，应该比较哪些数据呢？假设有两家企业：A企业和B企业。A企业有30名研发人员，B企业有20名研发人员。一般来说，这些研发人员的收入是不一样的，有的人工资比较高，有的人工资有点低，那么A企业和B企业的研发人员的工资应该怎样比较呢？

某天我与一家企业的老板聊天，这个老板跟我说："他们都说我们企业的工资低，我认为这不对，得看谁跟谁比。我也想给他们高工资，但他们的能力达不到啊，如果他们的能力能达到的话，我肯定会给他们高工资的。若用我们企业拿得最多的业务人员与其他企业拿得较少的业务人员比，那肯定是我们高啊。"我觉着这位老板的说法很不合理。

一般人在比较薪酬的时候，可能会用平均值比较，虽然使用平均值在一一般情况下没有问题，但在特殊情况下，却有被平均的"劣势"。例如，一个团队共有10个人，前9个人的年薪都是10万元，而第10个人的年薪是10亿元，如果按照平均值计算的话，这个团队就是人均年薪1亿多元，但这个平均值是不能代表这10个人的一般情况的。

为了让大家更好地认识平均值的问题，我问大家两个问题：第一个是中世纪时期的英国人人均寿命是多少？第二个是清朝时期的中国人人均寿命是多少？

第一个问题，借用当时医疗生活条件最好的家庭——英格兰爱德华一世一家来举例，爱德华夫妇一共生了16个孩子，孩子们的平均年龄为17.38岁。因为当时有1/4的孩子无法活到成年，一旦得了天花、麻疹、流感等疾病，基本上就等于得了绝症。而一般人活到成年以后，相对的存活年龄也不会太低。

第二个问题，依然用生活、医疗条件最好的皇家来举例。顺治朝，皇女的平均寿命为10.17岁，皇子的平均寿命为25.75岁；康熙朝，皇女的平均寿命为16.75岁，皇子的平均寿命为32.8岁；雍正朝，皇女的平均寿命为7岁，皇子的平均寿命为23.9岁；乾隆朝，皇女的平均寿命为19.8岁，皇子的平均寿命为28.71岁；嘉庆朝，皇女的平均寿命为9.78岁，皇子的平均寿命为38岁；道光朝，皇女的平均寿命为18.8岁，皇子的平均寿命为32.56岁。皇家这种级别的子女的平均寿命都这么低，更何况其他家庭呢。

之所以会出现与人们常识相悖的结论，主要是采用平均值导致的。平均值最大的问题是易受极端数据的影响，如10亿元工资或古代较高的夭折率等。

所以，我们在薪酬的比较上一般用中位值来替代平均值，使用中位值相对来说更合理。

2. 内部公平性

内部公平性主要由以下三个方面构成。

第一个是基于岗位的付薪，即基于岗位价值的评估建立企业的岗位职级序列，不同的岗位职级序列，所得到的薪酬也不同。例如，人力资源经理和人力资源总监，由于两个岗位属于不同的岗位职级序列，所以他们的薪酬也不同。

第二个是基于能力的付薪，也叫基于个人的付薪，即考虑员工的学历、资历、能力和阅历，然后根据每个员工的具体情况进行差别定薪。例如，两个其他条件相同仅学历不同的员工（一个员工是研究生学历，另一个员工是高中生学历），他们俩获得的薪酬是不一样的。又如，一个工作10年的老员工与一个刚参加工作的新员工，他们获得的薪酬也是不一样的。

第三个是基于业绩的付薪，即根据其为企业带来业绩的结果来付薪。业绩薪酬主要由绩效工资、年终奖金、股权激励等方面构成。这就是说，即使员工的其他条件都一样，但由于员工给企业带来的业绩不一样，或者说他们的绩效结果不一样，所以他们的薪酬可能也不同。

就像前面说的，外部公平性解决的是员工的招聘和离职问题，而内部公平性解决的是员工满意度的问题。对内公平合理解决的是内部公平性问题，考虑的是员工的投入和产出。投入，是以员工完成岗位工作所需投入的知识、技能和能力为测量薪酬的依据；产出，是依据员工对企业的贡献和业绩状况支付的薪酬。企业支付的薪酬必须大于等于员工的投入，否则就不容易招到合适的人才，并且离职率会越来越高。

在给企业设计薪酬体系的时候，经常会有人跟我这么讲："不管我挣多少钱，但是他挣的钱不能比我多。"这说的就是内部公平性问题。有的员工，你给他发了1万元，当他知道跟他差不多的同事拿了1.2万元的时候，他就会不满意；而同样是拿1万元的员工，当他知道那个他经常比较的同事只拿了8000元的时候，他就会很高兴。

总结：

- 薪酬设计的两个原则：外部公平性和内部公平性。
- 外部公平性是解决员工的招聘和离职问题，而内部公平性是解决员工的满意度问题。
- 在设计薪酬体系时，一般来说中位值比平均值更有效。

2.2.1 案例：企业薪酬存在的问题分析

我给一家企业做薪酬绩效咨询的时候，碰到一个会计岗位的员工离职，这个会计在企业里干了七八年，是位老员工，工资在企业内部比较高，后来他考取了注册会计师证，这家企业给他的薪酬待遇相对而言就偏低了，所以他选择了离职，去了另一家待遇更好的企业。为了接替他的工作，企业又招了一名会计，这名新来的会计是一名应届生。这家企业的经理说，所谓"同工同酬"，就是干同样的工作拿同样的薪酬，于是让这名新来的会计拿与以前老会计同样的工资，唯一的区别就是工龄工资不一样。

工龄工资，也叫年功工资，就是根据员工工作的年限，每年涨一定的工资。我们都知道，年功工资其实没有多少钱。这个经理忽略了一个问题，就是这名新会计刚从大学毕业，工作时间还不长，无论从经验上来说还是从能力上考虑，他都远不如离职的那位老会计。

这名大学生一到企业就拿了比较高的工资。这样做，对于企业的整体薪酬体系来说，至少有两方面的负面影响：一个负面影响是造成了企业内部员工与员工之间的不平衡，许多员工看到这名刚进企业的大学生拿这么高的薪酬，心里肯定会有想法；另一个负面的影响是，这个大学生的工资一下子提高得太快，把本来可以多次进行激励的薪酬效果一次性用掉了，白白浪费了企业宝贵的薪酬资源。

不合理的薪酬体系大致存在六方面的问题：

（1）该高的不高，该低的不低。

（2）没有激励作用，也没有约束效果。

（3）有本事的不愿来，没本事的不想走。

（4）新老员工薪酬错位。

（5）奖金发放不合理。

（6）薪酬晋升没有标准。

2.2.2 该高的不高，该低的不低

我给某家企业做薪酬体系设计之前，该企业的薪酬曲线如图 2-3 所示，该图的横坐标代表的是职级（也叫职等），这家企业一共有 8 个职级，纵坐标是收入，也就是薪酬总额。图 2-3 中的每个点都代表一个人的薪酬总额，也就是说，一个点代表一个人的工资。请结合前面的知识思考一下，这里的薪酬应该用哪种薪酬？

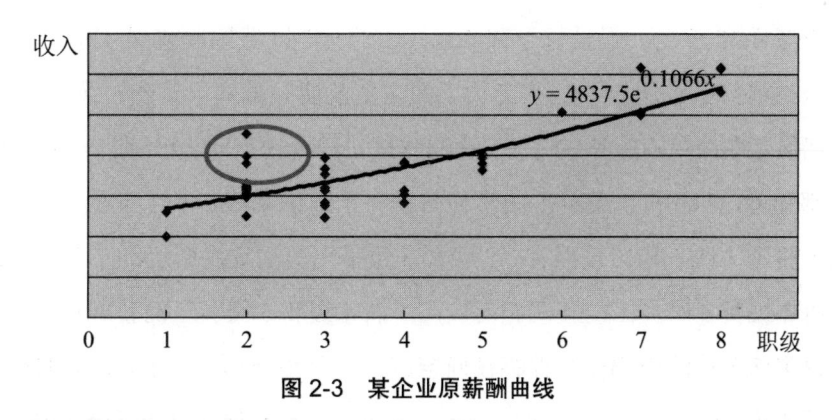

图 2-3 某企业原薪酬曲线

合理的薪酬曲线应该有以下两个特点。

第一个特点是职级越高，薪酬也越高，并且是越来越高，也就是说差异越来越大。这个可以理解，一般的企业，高层人员的薪酬比中层人员的薪酬高，中层人员的薪酬比基层人员的薪酬高。高层人员与高层人员之间薪酬的差异要远远大于基层人员与基层人员之间薪酬的差异。例如，某企业有两个岗位，一个是前台，对应的职级是 1 级，另一个是文员，对应的职级是 2 级。前台月收入 3000 元，文员月收入 3500 元，差异为 500 元，我认为很合理。而另外两个比较高级的岗位，一个是副总经理，对应的职级是 8 级，另一个是总经理，对应的职级是 9 级，副总经理的月收入是 3 万元，总经理的月收入是 4 万元或者 6 万元，我认为也是合理的。如果差异少了，我反倒认为不合理。

第二个特点是所有的薪酬点有规律并且紧密地排列在薪酬曲线周围。从图 2-3 中很容易就能看出，该企业薪酬的问题主要出在第 2 职级，有一部分员工的工资偏高，有些 2 级员工的薪酬显著高于 3~5 级员工的薪酬。这是不合

理的。该企业2级最高的那个薪酬点对应的是两个岗位，一个是司机，一个是出纳。

在我接触的很多企业中，司机和出纳都是收入比较高的岗位，这家企业的出纳甚至比会计的收入还高。之所以会有这种奇怪的现象，主要是因为该企业没有合理的薪酬体系，导致涨工资过于随意了。因为企业没有合理的晋升机制，到年底涨工资的时候多半会采取普涨的方式，而企业里的司机和出纳一般工作的时间都比较长，有的从学校一毕业就在企业工作，一直工作到退休。如果采取普涨的方式，假设每年涨5%，二三十年以后这些老员工的工资就不是一个小数目了。所以，这些老员工的工资就明显偏离了薪酬曲线。

把每个职级所有员工的工资进行平均以后得到的平均值如图2-4所示。从中也能看出，2级和3级员工的平均薪酬高于薪酬曲线，4级和5级员工的薪酬低于薪酬曲线。相比较而言，2级和3级员工的平均薪酬远高于薪酬曲线。这说明2级和3级员工的薪酬相对较高，而4级和5级员工的薪酬相对较低。这就说明该企业的内部公平性存在问题。

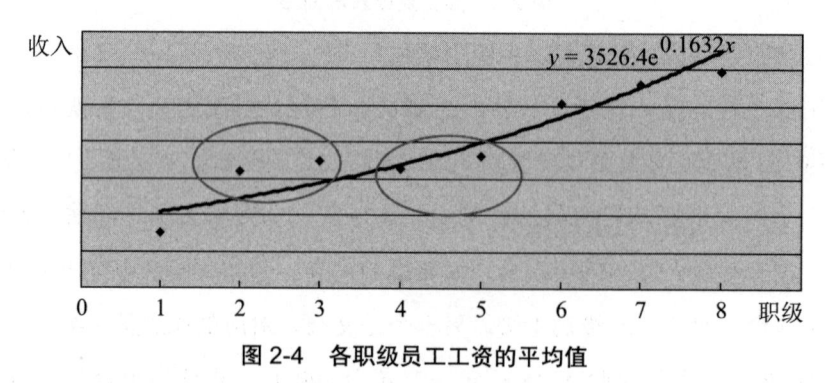

$y = 3526.4e^{0.1632x}$

图2-4　各职级员工工资的平均值

引发上述问题的原因是企业之前没有进行岗位价值评估，没有在员工之间进行职级划分。所有员工都在一个职级里，涨工资采取普涨的方式。这样时间一长，岗位价值较高、能力较强的员工就会选择离职，而岗位价值较低、能力较弱的员工则会留在企业。而员工的工资也取决于员工工龄，久而久之就形成了能力低、职级低的老员工工资高，能力强、职级高的新员工工资低的现象。这也是不合理的。

第 2 章 薪酬的基本常识

员工之间如果不分职级，最后的结果就是员工之间的收入差异都不大。如果员工表现不错，要给员工涨工资怎么办？许多企业采取的措施是升职。员工如果表现好，要给他涨工资，就会把这些表现好的员工晋升为主管；如果主管表现好，就晋升为副经理。如果副经理表现好，再晋升为经理吗？晋升经理的可能性不大，因为一个部门只能有一个经理。

所以不少企业的人员组成是这样的：一个部门共有七个人，一个部门经理、两个副经理、三个主管、一个员工。还有的企业是一个部门，两个正职或者一个正职、一个副职，但副职享受正职待遇。这些问题的出现都是由于没有对职级进行合理的划分。

结合市场绘制模拟的薪酬曲线图如图 2-5 所示，红线是该企业的薪酬曲线图，其他 5 条曲线是市场的薪酬分位曲线，从下至上依次是 10 分位、25 分位、50 分位、75 分位、90 分位。简单地说，10 分位就是比市场上 10% 的企业的薪酬要高；90 分位就是比市场上 90% 的企业的薪酬要高。

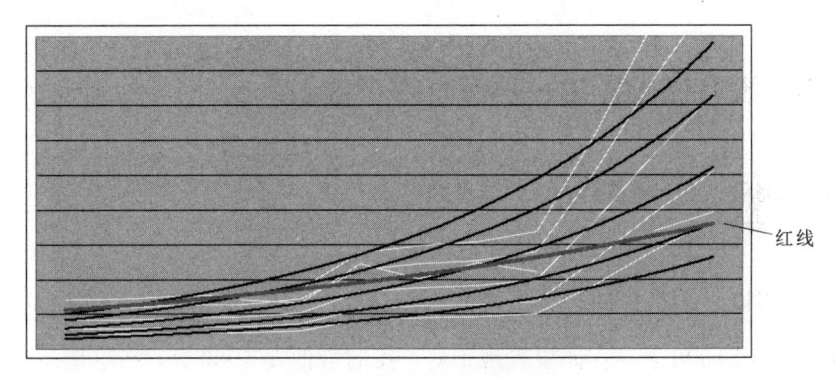

图 2-5 模拟的薪酬曲线图

处于 90 分位薪酬曲线上的企业一般是高科技类企业、外企（最近几年随着国内私企的崛起，外企的工资也不像以前那么有吸引力了），为了能用高收入吸引高能力人才，故而给予员工的薪酬相对较高。大多数垄断性国企的薪酬都处于 75 分位，故而得益于垄断性政策红利，靠政策红利获得较高的收入。完全竞争性市场的企业大多采取 50 分位的薪酬曲线，这样有利于控制企业的人工成本。有些制造类企业，尤其是基层员工采取 25 分位的薪酬曲线，这样可以更好地控制成本。极少的企业采用 10 分位的薪酬曲线。

从图 2-5 中可以看出，该企业基层员工的薪酬大约位于 90 分位，中层员工的薪酬大约位于 50 分位，而高层员工的薪酬大约处于 25 分位。也就是说，与市场上的薪酬相比较，该企业基层的收入相对较高，中层的收入相对适中，高层的收入相对较低。这种薪酬状况常见于国企，薪酬高度平均，高层管理者与基层管理者的差异较小，这会导致企业外部公平性与内部公平性都出现问题。尽管从薪酬的绝对额来看，高层的薪酬收入比基层的薪酬收入要高，但是与外部的薪酬体系相比较，这种比例是不够的（因为不到 50 分位）。

所以，这家企业的薪酬问题是：基层员工会感觉薪酬收入比较高，员工满意度高；中层员工感觉薪酬收入一般，基本上与市场持平；而高层员工则会感觉到薪酬收入较低，员工满意度低。因此，在这家企业里对薪酬不满意的多是中高层员工，实际情况也恰恰是中高层员工离职率高，而基层员工由于相对薪酬较高，即使 10 年不涨工资，他们基本上也不会离职。

2.2.3 没有激励作用，也没有约束效果

我在服务该企业的过程中，得出的所有员工的绩效工资图如图 2-6 所示，其中，每一个柱条都代表一个员工应发的绩效工资与实际发放的绩效工资之间的差异。假设一名员工的绩效工资是 5000 元，如果表现好，我们给他发 6000 元，在这里用 1000 表示；如果表现不好，我们给他发 4000 元，在这里用 -1000 表示。图中显示了 13 个柱条，也就是 13 名员工，实际上这家企业一共有 130 多名员工，那剩余的 120 名员工的绩效工资是多少？0，剩下的 120 名员工的绩效工资差异为 0，或者说，这 120 名员工的绩效得分是满分。

第2章 薪酬的基本常识

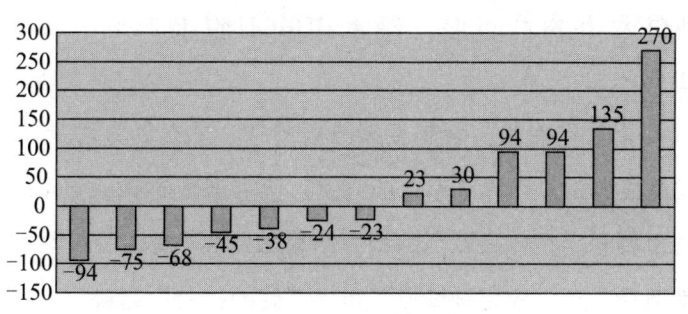

图 2-6　某企业员工的绩效工资图

我们知道，绩效工资代表着对一个员工是否完成目标的奖惩，多达90%的员工没有得到奖惩，干好干坏都一样，这样的绩效考核结果就可想而知了。即使是那些有奖惩的员工，其实差异也不大，大都集中在100元以内，少的只有二三十元。也就是说，如果干得好，经理奖励员工一个盒饭，如果干得不好，经理扣除员工一个盒饭。这是许多企业在绩效管理中都存在的问题。

从图2-6中可以看出两个问题，一是员工奖惩的数量问题，二是员工奖惩的力度问题。图2-6显示全企业受到奖励或者惩罚的员工人数不到全体员工人数的10%，90%的员工干好干坏一个样，这种情况肯定会导致员工工作积极性大幅下降。想要解决这个问题，最好的方法就是强制分布。

所谓强制分布，就是提前设定员工绩效考核得分的各种范围的比重。也就是说，虽然有一部分人得优，有一部分人得差，但要提前定好规则，之后管理层按照事先定好的规则对员工进行奖惩。从我的实际经验来看，强制分布尽管也有些问题，但却是目前最好的。任何制度都有自己的不足，但只要制度适合自己企业的实际情况，能给企业带来更多的益处就是好的制度。

图2-6表现的第二个问题是奖惩力度的问题。要想解决奖惩力度的问题，除了刚才讲的强制分布之外，还有一种方法也能控制力度，那就是薪酬结构的设计，通过加大变动工资的比重来加大奖惩力度。变动工资的比重越高，对员工的奖惩力度就越大；变动工资的比重越低，对员工的奖惩力度就越小。

2.2.4 有本事的不愿来，没本事的不想走

我喜欢从企业实际的薪酬制度来分析问题，主要的方法是问卷调查、员工访谈以及制度分析。还以这家企业为例，问卷调查的第一个问题"您留在该企业工作的主要原因是什么？"的调查结果如图 2-7 所示，从图中可以看到，较多的员工选择"工作稳定有保障"和"良好的福利"选项。

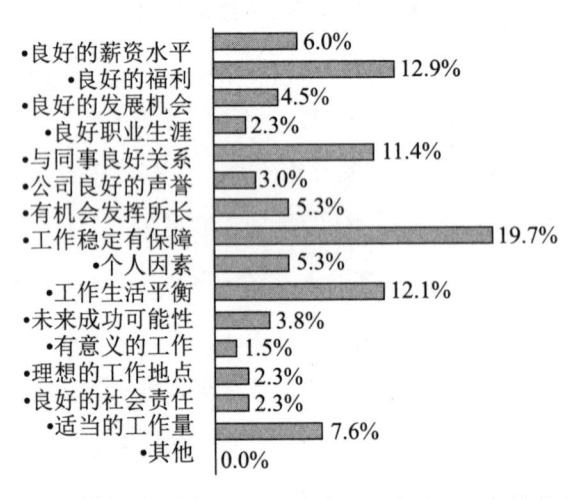

- 良好的薪资水平　6.0%
- 良好的福利　12.9%
- 良好的发展机会　4.5%
- 良好职业生涯　2.3%
- 与同事良好关系　11.4%
- 公司良好的声誉　3.0%
- 有机会发挥所长　5.3%
- 工作稳定有保障　19.7%
- 个人因素　5.3%
- 工作生活平衡　12.1%
- 未来成功可能性　3.8%
- 有意义的工作　1.5%
- 理想的工作地点　2.3%
- 良好的社会责任　2.3%
- 适当的工作量　7.6%
- 其他　0.0%

图 2-7　"您留在该企业工作的主要原因是什么？"的调查结果

调查问卷的第二个问题"您认为其他员工离职的主要原因是什么？"的调查结果如图 2-8 所示，较多的员工选择了"工资福利待遇偏低"和"其他企业有更好的诱惑"选项。这两个选项其实是一个意思，就是说其他企业给的薪酬比我

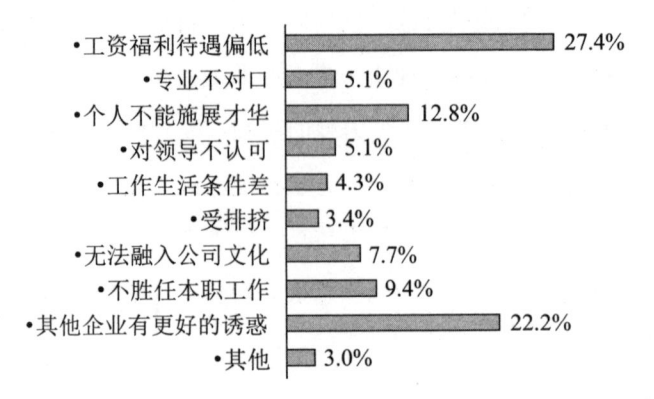

- 工资福利待遇偏低　27.4%
- 专业不对口　5.1%
- 个人不能施展才华　12.8%
- 对领导不认可　5.1%
- 工作生活条件差　4.3%
- 受排挤　3.4%
- 无法融入公司文化　7.7%
- 不胜任本职工作　9.4%
- 其他企业有更好的诱惑　22.2%
- 其他　3.0%

图 2-8　"您认为其他员工离职的主要原因是什么？"的调查结果

们企业给的更高。但这两个问题合起来看就矛盾了，同样都是这些员工，为什么有人认为工资福利待遇好，有人认为工资福利待遇偏低呢？

其实，这并不矛盾。认为工资福利待遇偏低的是那些中高层员工，他们的薪酬处于 50 分位，甚至处于 25 分位，自然会认为工资福利待遇偏低；而认为工资福利待遇好的人是那些职级较低的基层员工，他们的薪酬处于 90 分位，自然会认为企业给予的工资福利待遇好了。

我在给该企业做薪酬体系设计的时候，定了一个政策，导致某些 90 分位的员工 5 年内都没有涨工资，但他们依然没有人离职，这也从另一个侧面证明了他们以前的工资确实偏高。其实，该企业这些员工已经有 11 年没有涨工资了，这在一般企业里是不敢想象的。在其他企业里，11 年不涨工资，基本上所有的员工都会跳槽。但我在这家企业里看到的却是，尽管 11 年没有涨工资，却没有一个基层员工辞职。可见，对于这些基层员工来说，他们的薪酬确实是太高了，甚至有些高得离谱。

后期他们企业工资大幅度下调，下调了 50%。一般来说，工资下调 50%，大部分员工都会辞职的，但在这家企业，尽管工资下调了 50%，但全企业的离职率只有 25%。25% 的离职率在市场上已是很低的水平，但该企业的领导和员工却认为离职率已经很高了。这说明了两个问题，一个是对离职率高低的判断问题，另一个是基层员工之前的工资太高了。

在设计问卷调查题目时有个小技巧，能让我们得到真实的答案，因为问卷调查问的是"您认为其他员工离职的主要原因是什么？"，而不是"如果您会离职，导致您离职的主要原因是什么？"，如果像后者这么提问，基本上不会得到真实的答案，得到的很可能是个人原因、身体原因、家庭原因等。所以，在问卷调查、员工访谈等环节，也需要运用一些小技巧才能得到真实的答案。

2.2.5 新老员工薪酬错位

我在给某家企业做咨询的时候，发现这家企业同一岗位、同样能力的老员工的工资明显低于新员工。其中一个老员工感觉这种方式不公平，于是从企业辞职了。过了一个月，企业老板发现刚来的新员工与离职的老员工的工作差不多（因为他们能力一样），但老员工比较熟练，所以又打电话把老员工叫了回来。

老员工再回来，肯定需要按新员工的待遇给付薪酬。也就是说，这个老员工从企业离职，一个月以后以新员工的名义再入职，工资立马得到了提升。企业其他的老员工看到这个情况也都跟着学，开始陆陆续续地离职。

一家制造企业有两个加工厂，一个是自企业创建起就成立的老厂，一个是刚建设的新厂。老厂的员工都是自家培养起来的，许多管理层是从操作工一步一步提拔上来的，员工的能力得到了提升后，工资也会按照市场行情获得一定程度的增长。事情的转变始于新厂的建立。由于要建立新厂，所以要从市场上招聘一部分管理层，短时间内要招聘到这么多管理层，就需要给付较高的工资，这个工资要明显高于市场薪酬水平，这样就造成了新老员工薪酬的错位。

一开始还好，因为新厂和老厂不在一个厂区，大家很少能碰到一起，也就是每月开例会的时候能碰到，老员工也就一个月不高兴一次。后来老厂拆迁，新厂和老厂合并，大家由分开在两个地方办公变成了在一个地方办公，这下就麻烦了。因为天天见面，所以双方的矛盾越来越突出。

其实许多企业都存在新老员工薪酬错位的问题，即同样岗位、同样能力的新员工的工资却比老员工的工资高，尤其是一些中小企业或快速发展的企业，这种情况更是明显。因为这些企业都有一个共同的问题，就是为了节省成本，平时员工的储备较少，基本上都是一个萝卜一个坑，甚至于一个萝卜几个坑（一个人干几个人的活）。招聘员工主要是因为业务上有需要，而临时招聘的一个最大问题就是时间紧迫，需要员工快速入职。所以，这时候招聘的策略是适当地增加薪酬收入，或者通过某些途径直接挖竞争对手的人才，这样就导致新来的员工的薪酬比较高。

导致新老员工薪酬错位的另一个原因是企业的薪酬涨幅明显低于市场的薪酬涨幅，市场上其他企业的薪酬涨幅高，我们企业的薪酬涨幅低，时间一长，我们企业的薪酬水平就会明显低于市场的薪酬水平。如果用我们企业的薪酬水

第2章 薪酬的基本常识

平去市场上招人，难度肯定很大，所以就只能用市场的薪酬水平去招聘新员工。而我们企业的老员工由于薪酬涨幅小，所以他的薪酬自然会比新员工的薪酬低。

尽管大多数企业都采用了"密薪制"，但很少有能完全保密的薪酬体系，时间一长员工各挣多少钱基本上都清楚了。当老员工知道岗位与自己相同、能力与自己相仿的新员工挣的工资比自己高的时候，他自然不会满意，积极性自然而然就会降低，甚至可能会离职。如果这些员工离职，企业还需要招聘另一个员工来顶替这个老员工，尽管他们能力相仿，但企业却要付出更高的成本。

进一步分析，老员工如果要跳槽，他们会去哪里呢？去竞争对手那里。新员工从哪里来呢？从竞争对手那里来。其实无非是我们跟竞争对手把老员工做了个对调，大家都从老员工变成了新员工，双方的工资都涨了，这世界就公平了。

许多薪酬错位的企业老板虽然知道这种情况不合理，但依然不愿意给老员工涨工资，主要的原因有两个：一是给老员工涨工资，企业的人力成本必然有所提升，二是老板认为尽管老员工的薪酬不合理，但他依然不会离职。

仔细分析会发现，对于老板担心的第一个原因，只要老员工离职，企业势必还要再招聘一个能力一样的新员工，而新员工的薪酬肯定需要按照市场水平给付，这样的话，薪酬成本其实是没有节省的。更何况，对于企业的老员工来说，由于对企业文化的适应，员工间配合默契，效率可能会更高一些。

对于老板担心的第二个原因，认为老员工不会离职。确实，即使老员工知道自己的薪酬比新员工的薪酬低，也不一定会离职，但这只是一个概率问题，不是百分之百的老员工都会离职，也不是百分之百的老员工都不会离职。从概率上来说，总有一部分员工会离职，为了补充这些离职的老员工，企业一定需要用更高的薪酬来招聘新员工。

没有离职的老员工，也可能因为对企业不满，积极性下降，效率也随着下降。更可怕的是，一般来说，离职的都是能力强、干得好的员工，而留下的大多是能力稍差、表现不佳的员工。

要解决上述问题可以实行以下三个措施。

（1）建立一套统一合理的薪酬体系。企业内的所有人，无论是谁，只要进入企业，就必须按照企业的薪酬体系入级，不能搞特殊，这样可以确保所有人的内部公平性。新老员工薪酬错位的情况，更多是出现在小企业，这种情况在制度完善的大企业比较少见。因为大企业一般都有比较完善的薪酬体系，他们会按照既定的薪酬体系给付员工薪酬，所以新老员工薪酬错位的情况比较少。

（2）平时要有一定的人才储备。人才储备的一个好处就是当业务有需求的时候，人手可以马上充足地补上；另一个好处是可以保证整个企业薪酬体系的平稳与公平，不会出现因个别人的问题导致多数人不满意的情况。假设一个岗位，现在在职人员的薪酬是 1 万元，储备人员的薪酬是 8000 元，如果在职人员离职，用储备人员替代离职的人员只要给付 9000 元的薪酬就可以了。对于储备人员来说，薪酬涨了 1000 元，职务也得到了晋升，一举两得，积极性肯定会有所提升。

（3）新老员工的薪酬要相匹配。一旦给予新员工比较高的薪酬，老员工的薪酬也要提上来，至少应该保持与新员工一致的水平，不能出现新员工薪酬高于老员工薪酬的现象。与其等老员工知道实情后离职，还不如直接把老员工的薪酬水平提上来。

2.2.6　奖金发放不合理

奖金发放不合理也是许多企业明显存在的问题。企业如果年终不发奖金，员工会说老板抠门，如果年终奖金发得少，员工也会说老板抠门，即使年终奖金发得足够多，也不能保证所有员工都满意，依然会有一部分员工认为奖金发得不公平、不合理。

我之前给摩托罗拉全国各地经销商的总经理们讲薪酬设计的时候，其中一个总经理曾说，他最怕的就是给员工发奖金，每次发完奖金都会仔仔细细地观察每位员工的脸色，看他们是笑着的，还是哭着的。如果他们是笑着的，

第2章 薪酬的基本常识

他就高兴了；如果他们是哭着的，他就会去安慰他们。那么奖金如何发放才合理呢？下面介绍常见的几种奖金的发放方式。

1. 老板拍脑门

"老板拍脑门"是指老板根据自己的主观判断决定给员工发放多少奖金，这种方式既不科学，也不公平。原因主要在于两个方面：第一个方面是老板的感知不一定是真实的，老板的所见也不一定是事实。有的员工善于表现，老板的感知会好一些；有的员工不善于表现，老板的感知就会差一些。有的员工离老板近，老板给的奖金就会多；有的员工离老板远，老板给的奖金就会少。第二个方面是老板的感知和员工的感知不一致，员工的感知可能会超出老板的感知。当员工的感知超出老板的感知的时候，员工就会感觉不满意。

2. 平均分配

"平均分配"是指大家的奖金差不多。尽管大家都知道这种方式有很大的问题，但由于不知道怎么分配奖金更合理，所以依然有相当多的企业发放奖金时会采取这种方式。这种方式最大的问题是奖励了那些干得不好的员工，变相惩罚了干得好的员工，所以这是最差的奖金分配方式。

3. 跟平时的工资挂钩

"跟平时的工资挂钩"是指年终所有人都发一个月的奖金或者三个月的奖金等。这种方式与第二种分配方式相比，考虑到了每个人的薪酬水平，所以相对合理一点。但这种方式依然有问题。奖金的发放取决于两个要素：一个是员工干得好坏，也就是绩效考核成绩；另一个是员工岗位的差异，这个取决于岗位差异系数。这种分配方式只考虑了岗位的差异，并没有考虑绩效考核成绩，所以也是有问题的。此外，若是员工的工资设计本身就不合理，那这种发放奖金的方式就更有问题了。

4. 规则不透明

不少企业的老板没有制定奖金发放的标准，许多老板都喜欢说"好好干，年底不会亏待大家的"。如果老板是这么说的，一说明老板不职业，二说明老板没有底气，三说明老板没有诚意。因为职业的、有底气的、有诚意的老板肯定不会说这么虚头巴脑、含含糊糊、模棱两可的话，他发奖金时一定是有量化的标准。例如，年底每人至少发5万元的奖金，或者发3个月的工资。"不会亏待大家"是定性的指标，根本没法量化，多少算不亏待？1万元还是1000元？不同的人心中的答案也是不同的。

5. 不按规则执行

不少企业的老板和员工，都是由于年终奖的承诺没有兑现而分道扬镳的。我曾见过不少企业老板到年底都没有兑现关于年终奖的承诺，尤其是对于业务人员的承诺，那么问题出在哪里呢？除了老板的人品问题，其实还有一个原因是大家对业绩的判断以及对员工价值的判断问题。任何一个老板，对自己下属的价值的判断，或多或少都有一杆秤。例如，张三大概值50万元，李四大概值30万元。职能部门相对来说比较容易兑现，如果张三和李四都是职能部门的员工，到年底按照价值分别给付（或者补齐）50万元和30万元的薪酬就可以了，如果张三和李四是业务部门的，那么就可能产生问题。

业务部门的薪酬构成一般是"基本工资+提成"的方式，也就是说，业务部门的员工有保底工资和业绩提成工资，业绩提成工资的多少取决于员工自己的努力程度。年初的时候，一般企业领导和业务人员会对各项业务达成一个共识，如提成比例为10%，上不封顶。在年初的时候，老板是这么想的：你干得好拿得多，我作为老板，挣得会更多，面对这种双赢的结果，何乐而不为呢。等到了年底兑现承诺的时候，就可能出现三种情况。

第一种情况是员工刚好完成业绩。按照完成的业绩算提成，再加上其他各项收入，员工的收入正好等于老板对于这个员工的价值判断。例如，张三拿到50万元，李四拿到30万元，老板满意，张三和李四也满意，双方皆大欢喜。

第2章 薪酬的基本常识

第二种情况是员工没有完成业绩。这样到年底一结算工资，张三的工资不到50万元，但由于有言在先，他即使拿不到50万元，也只能埋怨自己。因为没有完成任务，少拿工资很正常，所以员工尽管不高兴，但也无话可说。这时候，如果老板比较心软，看在员工比较努力的情况下，也可能会多发一点奖金，毕竟员工也付出了不少努力，照顾一下也是应该的。

第三种情况是员工超额完成了业绩。当员工超额完成业绩的时候，如果按照规章制度执行，张三的工资会远远超出50万元，假设是100万元。这时老板的做法可能就分成了两种，一种是比较通情达理的老板，他们会按照规章制度发放奖金，毕竟老板挣得会更多。但还有一种老板，这时他对员工的价值定位就该"出场"了，因为在他的心目中，张三的价值就是50万元，而现在他拿100万元就远远超出了老板对员工的价值认可度，所以老板可能心里会不平衡。

这时老板可能会找一些对自己有利的理由：张三的业绩不全是他自己努力的结果，某某业务我作为老板也出面了，所以不能全算他的业绩；某某客户不是冲着他来的，而是冲着企业知名度来的；企业今年为了提升业绩，也做了不少广告；我们企业有这么多业务，你这个业务是挣钱了，但还有不挣钱的业务，你拿100万元，看着兄弟姐妹们吃不饱饭，于心何忍；去年你没有完成业绩，按规章制度执行的话，你只能拿30万元，最终我给你补到了40万元，今年你业绩好了，拿这么多是不是也说不过去，等等。

总之，老板会有一大堆说辞，与员工晓之以理，动之以情。这些说辞看起来虽有一点道理，但多少有些牵强，难免会让员工心里不舒服。归根结底就是在老板的心目中，张三的价值就是50万元，如果多给是不合适的。

老板提前给每个员工做一个价值预判无可厚非，员工其实也会在心中给自己做价值预判，只要这两个价值预判基本一致就可以了。关键是在进行薪酬设计时应该提前做好规划，应该按照对员工的价值预判提前设定提成比例，或者采取一些特殊的手段来处理，只要大家认同，还是可以做到双赢的结果的。

合理的奖金发放，首先应该充分考虑到岗位之间的差异，也应该考虑到员工的表现，只有两个方面都考虑到了，才能做到公平合理。其次需要提前定好发放规则，把规则提前公布给所有员工，这样任何员工都知道自己应该往哪个方向努力，知道自己要做到什么样的程度，才能拿到什么样的奖金，这样才是合理的。也就是说，应该提前定规则，而不是事后定规则。

2.2.7　薪酬晋升没有标准

薪酬晋升没有标准也是许多企业在薪酬方面存在的最大问题。我所见过的企业薪酬调整大致有以下几种方式。

1. 普涨

普涨，也就是人们常说的普调工资。其方式有两种：一种是普涨一定的额度，另一种是普涨一定的比例。这两种方式比较起来，普涨一定的额度肯定比普涨一定的比例更差。因为普涨一定的额度没有考虑不同岗位、不同员工之间的价值差异。大家都普涨一定的额度，时间一长，大家的工资基本上就趋同一致了，这肯定有问题。普涨一定的比例不会产生薪酬趋同一致的问题，但由于薪酬涨幅没有体现员工的表现，只体现了工作年限，这样不管员工表现得好坏，老员工的工资都会越来越高，这也是不合理的。

其实普涨是最差的一种涨薪方式。

2. 根据员工的提议涨薪

仅在员工跟领导提出涨薪要求时，领导才做出涨薪或者不涨的决定。这种方式存在的问题至少有三个。

第一，当员工主动提出涨薪的要求时，其实员工已经很不满意了，即使最后给员工涨了薪酬，也属于一种事后弥补，没有主动给员工涨薪的效果好。

第二，有的员工善于表达，有的员工不善于表达。有的员工感到不满意就会找企业沟通，但也有部分员工即使感觉薪酬不合理也不会找企业沟通。如果不找企业沟通，要么委曲求全，拿着自己认为不合理的工资；要么沮丧地辞职走人。所以这种方式只能解决那些善于表达的员工的问题，也就是俗话说的"会哭的孩子有糖吃"。

第三，长此以往，企业将会形成一个谈判工资的企业文化，慢慢大家都会掌握企业领导的处事原则，去跟领导谈才能涨薪，不谈就不能涨薪，所以员工们会时不时地、习惯性地跟企业领导谈涨薪。

涨薪，跟发奖金一样，也应该提前定规则，告知员工要做到什么样的程度才可以涨薪。另外，涨薪的幅度等标准也必须明确规定。这样员工就会知道应该怎么做才能涨薪，到了年底的时候，员工们都会知道自己能不能涨薪，以及涨多少。企业的薪酬执行也会变得简单，按照既定的规则执行就可以了。

该高的不高，该低的不低；没有激励作用，也没有约束效果；有本事的不愿来，没本事的不想走；新老员工薪酬错位；奖金发放不合理；薪酬晋升没有标准，等等，是许多企业都存在的共性问题。

> **总结：**
> - 有些人的工资可以足够高，有些人的工资可以足够低。
> - 同样能力的老员工的工资不应该比新员工的工资低。
> - 薪酬晋升和奖金发放应该提前定规则。

2.3 薪酬分位的计算

有些企业会通过自己的渠道获得相关的薪酬数据，然后根据自己获得的数据，计算薪酬的相关分位。

如果获得的数据较多，计算分位就相对容易一些。例如，若获得100个薪酬数据，就可以把这100个数据从低到高依次排序，并近似地认为，第10个数据就是10分位，第25个数据是25分位，第50个数据是50分位，以此类推。

但通常情况下，大多数企业是无法获得这么多的薪酬数据的，他只能获得比较少的薪酬数据，如只获得8个薪酬数据，那又该如何计算分位值呢？

计算分位值主要有以下两种方法。

第一种，详细的计算方法。

具体的计算步骤如下：

第一步，把所有数据从低到高依次排序，见表2-1。

表2-1 薪酬数据

序号	1	2	3	4	5	6	7	8
工资/元	1500	2000	2300	2500	3000	3500	5000	6000

第二步，计算间隔。N个数值有$N-1$个间隔，这里有8个数值，也就等于有7个间隔。1500和2000之间有1个间隔，2000和2300之间也有1个间隔……这样一共就有7个间隔。

第三步，计算分位间。这里直接把间隔分成100份，即可得出分位间，即7/100=0.07。

第四步，计算分位值。需要计算哪个分位值，就直接用分位间乘以想要计算的这个分位。例如，计算25分位的分位值，就是0.07×25=1.75。

这个1.75要分成两部分，一部分是整数位，一部分是小数位。整数位代表间隔的数量，就是一个间隔，也就是1500和2000之间的间隔。小数位代表该间隔后面两个数之间的百分比，0.75就代表第二个数值2000和第三个数值2300之间的75%。于是25分位最终的结果是2000+(2300-2000)×0.75=2225。

第五步，计算企业具体数据的分位值。因为企业现有的薪酬数据是已知的，如果想了解企业现有数据的分位值也是可以进行计算的。例如，企业现在的薪酬数据是4000。4000处于第6个数值3500和第7个数值5000之间，(4000-3500)/(5000-3500)=0.3333，也就是说，4000大约处于第6个数值和第7个数值之间0.3333的位置，也可以看成33%的位置。第6个数值前面一共有5个间隔，

所以 (5+0.3333)/7×100=76.19，大约是 76 分位。

下面再试着算一下 76.19 分位（之所以这么精确，是为了验证第五步的结果），用 100 分位间 0.07 乘以 76.19 得到 5.3333。把 5.3333 分成两部分，整数位为 5，小数位为 0.3333，5 意味着 5 个间隔，0.3333 意味着第 6 个数值 3500 和第 7 个数值 5000 之间的分位比例，所以最后 76.19 分位的数值是：3500+(5000-3500)×0.3333=3999.95。这个数值与 4000 比较接近，中间的差异是在计算时进行四舍五入导致的。

第二种，使用计算机进行计算。

如果要快速地计算分位值，可以使用 Excel 中的 PERCENTILE 函数。在 Excel 中，列出 PERCENTILE(array,k) 的计算公式，可以用多次更换 k 的数值的方法，来获得与企业薪酬数值相同的数，这个 k 值就是我们所要的分位值。

2.4 全面薪酬

员工是如何比较薪酬的呢？第一种情况，是员工用薪酬与自己的劳动付出进行比较；第二种情况，是员工与外部企业的薪酬状况进行比较，这两种比较决定了企业能否招聘到合适的员工，以及能否留住员工；第三种情况，是员工用薪酬与企业内部其他员工的薪酬进行比较，这种比较决定了个别员工的积极性。

这里有个问题是，员工比较的薪酬属于哪一部分？大家都知道，员工在月底拿到工资条的时候，工资条上一般会列出基本工资、岗位工资、职务补贴、绩效工资、加班费、奖金等多项内容，此外员工还要缴纳五险一金，不同企业给员工缴纳五险一金的额度也不一样。有的企业福利待遇好些，如有班车或宿舍；有的基本工资高但总收入低；有的基本工资不高，但福利和奖金高。那么员工在进行薪酬比较的时候，是用什么标准比较的呢？是比较基本工资还是比较总收入？是比较税前收入还是比较税后收入？

正确的答案是比较全面薪酬，也就是员工得到的所有现金收入及非现金收入的总额。

在学习薪酬之前，有必要了解以下几个基本概念。

全面薪酬是指员工从企业那里获得的所有收入，这些收入既包括员工所看到的现金收入，也包括非现金性的物质收入，如班车、过节礼物等，还包括学习与发展的机会，以及工作环境等，甚至企业的知名度也是全面薪酬的一部分。

全面薪酬包括内在报酬和外在报酬两个部分。所谓内在报酬就是员工发自内心地对这件事情感兴趣、有信心，如晋升的机会、更多的技能、闲暇的时间以及企业在社会上的知名度和美誉度等。外在报酬是指内心之外的东西，主要是指那些最"俗"的东西——钱，以及其他物质的报酬。

有的职业基本工资可能不高，甚至年收入也不高，但全面薪酬比较高。

2.4.1 现金收入

我们把所有以现金形式或者类现金形式发放的收入叫作现金收入，如超市购物卡，还有某些企业会以报销的方式给员工发放一些现金，这些都叫作现金收入。

非现金收入一般包括那些以非货币形成支付的福利、保险、工作餐等，还包括休息日、宿舍、病事假、带薪休假等福利待遇，以及许多国企职工都有的专车待遇、过节福利等。

一切以货币形式发放的薪酬都属于现金收入，而以非货币形式发放的则属于非现金收入。例如，有些企业会给高管配专车、司机等，这些属于非现金收入，在统计货币性收入的时候，就无法计入这些非现金收入。这些收入尽管也算全面薪酬的一部分，但是由于无法精确衡量，所以无法计入现金总收入。如果企业取消了专车，然后给员工发放车补，这个车补就应该计入现金收入。

例如，某企业给员工发月饼作为中秋节福利。一盒月饼在网上卖 200 元，该企业因为人多，故购买月饼时享受了团购的优惠价 100 元/盒，那么员工会

第2章 薪酬的基本常识

认为这盒月饼价值多少呢？

A员工刚交往了一个女朋友，中秋节要到女朋友家过节。第一次去女朋友家不能两手空空，总要带点礼物去。这个员工正好在网上看到了这盒月饼，正要购买的时候，同事跟他说企业要发中秋福利了，礼物正好是与这一模一样的月饼，那么这盒月饼对A员工来说其价值大概是200元。

B员工喜欢吃月饼，每年中秋节都会买一些月饼给自己及家人享用。B员工在网上给自己及家人挑了几块散装月饼，这几块月饼跟企业发放的月饼一模一样，但由于没有包装盒，所以只要100元。那么这盒月饼对B员工来说，他认可的价值大概是100元。

C员工来自外地，是位刚毕业的大学生，在工作的城市中没有任何亲戚朋友。C员工还挑食，从小不爱吃月饼，每年中秋节也从来不吃月饼。那么这盒月饼对这个员工来说，可能是一文不值。

同样的一盒月饼，对于A员工来说价值200元，对于B员工来说价值100元，对于C员工来说一文不值。如果把这盒月饼也算成员工的薪酬，应该按多少钱来计算？无论是200元、100元还是0元，都有问题，所以对于像班车、实物等非现金收入和福利，我们一般是不计入员工薪酬的。

所以我们在设计薪酬体系的时候，一般采用的概念是现金收入，因为现金收入具有可比性，非现金收入的可比性相对较差。如果发年终奖的时候，某个企业老板给每个员工发了两箱辣条，并说辣条是食品中的"劳斯莱斯"，那么这两箱辣条应该折算成多少钱呢？这个是没法准确计算出来的。对于老板来说，他的付出是购买的成本，对于某些员工来说，可能是员工购买辣条的成本，但对于更多的员工来说，这两箱辣条的价值等于零，因为很少有人能吃两箱辣条。

某年我在给一家企业做薪酬绩效咨询项目时，这家企业的员工跟我反映工资很低，因为他们的参照企业是华为。这家企业的IT人员的年薪大约是15万元，如果去华为的话，华为大约能给他们30万元的年薪。我问他们，华为给的工资这么高，你们为什么不去华为呢？有一部分员工说，去不了，能力不够。

如果能力不够，就没有可比性，能力达不到，华为这种企业根本不会要他们。当然也有一部分员工的能力是能达到华为的要求的，也确实能拿到 30 万元的年薪，但是到底哪家企业的薪酬高，我们还是需要算一下的。

这家企业是国企，上班时间是朝九晚五，中午休息 1.5 小时，一周工作 5 天，由于考勤管理比较宽松，许多员工 9∶30 才到企业，按这样计算，员工一天的工作时间只有 6 小时，一周工作约 30 小时。华为员工的工作时间相对于这个企业来说更长一些。到底哪家企业的员工工资高呢？如果按工资总额来算，肯定是华为的员工工资高，如果按单位报酬来算，那还是这家企业的员工工资更有竞争力一些。

这两种工资的发放方式尽管各有千秋，但对不同人员的吸引力是不一样的。如果是刚毕业的大学生，身体好，家里经济条件差，他们希望能多付出一点，多拿一点收入，这种员工一般会去华为。而一些岁数稍大点的员工，有一定的经济基础，身体条件也不是很好，需要有更多的时间照顾家庭，这种员工一般会选择这家国企。

当年我在给 A 企业做咨询项目的时候，有个员工嫌这家企业的工资低，于是跳槽到了华为。第二年我给 A 企业的兄弟单位 B 企业做咨询项目的时候，发现这名员工又从华为跳槽到了 A 企业的兄弟单位 B 企业。A 企业和 B 企业的薪酬水平基本一样，他为什么要从 A 企业跳槽到华为，最终又跳槽到 A 企业的兄弟单位 B 企业呢？因为对他来说，尽管 A、B 两个企业的薪酬总额与华为比不是最高的，但他们的全面薪酬是相对合理的。

所以在衡量收入时，不能简简单单地只看某一项的收入。比较收入高低的时候，最有效的指标是全面薪酬，而不仅仅是现金总收入。

我在给某家企业服务的时候，企业董事长问过我两个问题。一个问题是员工的孩子要上学，他帮忙联系当地最好的中学，这个能算在全面薪酬里吗？这个对员工来说有没有价值？另一个问题是一个员工要买房子，他托关系找到了这个楼盘的开发商，开发商给这个员工打了 95 折，这个能算在全面薪酬里吗？这个对员工来说有没有价值？很明显，这些都属于全面薪酬，都有价值。

但这里的问题是，并不是每个员工都能获得这些全面薪酬，并不是每个员工的孩子都正好要上学，也不是每个员工都要买房。

当我们用全面薪酬思考问题的时候，许多问题都能得到合理的解决。

现在有许多老旧楼房需要装电梯，楼层共6层，每层各有两户业主，一部电梯需要60万元，请问这12户业主该如何分摊60万元的电梯安装费呢？原则上是楼层越高的业主，交的安装费应该越多；楼层越低的业主，交的安装费应该越少。住在一层的业主，不仅不应该交安装费，还应该获得一部分补偿金，因为一层业主不需要乘坐电梯，而安装新电梯占用了大家的公摊面积，并且增加了物业管理的成本。

这里面还有一个问题，如果低楼层或者高楼层有一家业主是年轻人，他们要是感觉电梯安装费太高的话，这事儿就比较难办。毕竟装电梯这件事情对身体强壮的年轻人来说，效用没有那么大，如果他们认为成本（安装费）大于效用（坐电梯的方便性），他们可能会反对安装电梯。

2.4.2　某社师徒的恩怨情仇

有段时间，A经理和他的徒弟们因为薪酬待遇问题闹得沸沸扬扬，这是因为他们没有站在全面薪酬的角度去思考问题。

下面试着回顾一下某社师徒之间的恩怨。

2000年前后，A经理的名气还没有现在这么大，B员工喜欢相声，且他又敬仰A经理的艺术修为，这时候A经理应该给B员工发多少工资呢？我认为B员工是拜师学艺，A经理可以给他发工资，也可以不给他发工资，甚至于不仅不给工资，向他收学费也是可以的。事实上也确实如此，B员工在博客中谈到，他和C员工在开始时给A经理交了3000元的拜师费，并且每年还要给A经理交大约8000元的学费。

这时候有没有问题？我认为没有问题，这时候B员工和C员工是向A经理拜师学艺，交学费是理所应当的，至于有没有工资，两者皆可，即使有工资，工资也不会很多。在这一阶段，双方都不会有怨言。对于 B 员工来说，能跟师傅学到一门手艺，就是正向的全面薪酬。

慢慢地，B 员工学业有成，在舞台上也有了自己的一席之地，这时候还应不应该交学费呢？能不能有工资呢？我认为，徒弟出师了，这时候就可以不交学费了。A 经理不仅不应该收取他的学费，还应该发一点工资给他。B 员工说，他在 2007 年和 2008 年拍摄了两部电视剧，但 A 经理一分钱也没给过他。这就是 A 经理做得不对了。

员工的薪酬应该与员工的能力相匹配。员工的能力增长了，员工的薪酬也应该得到相应的体现。如果员工获得的薪酬低于自己应得的报酬，员工就会抱怨，甚至怨恨，双方最后反目成仇。这里 A 经理也犯了这样的错误。许多老板也是这么想的：你之所以能有今天，主要是靠我的培养，没有我，你就没有今天，所以你要报恩。

从某种意义上说，B 员工、C 员工确实是这样的，他们是 A 经理培养出来的。但与此同时，他们的能力提升了，名气也有了，之后他们如果离开某社，挣到的钱会更多，所以他们就有了跳槽的动力。

有人可能会疑惑，他们不需要报恩吗？A 经理认为：他们给师傅再多干几年就是报恩。B 员工则认为：我已经为师傅免费（或低价）服务了这么多年，已经报过恩了，以后就应该给我合理的薪酬，或者说给略低点的薪酬我也能满意。这就是两人对同一件事情的不同理解。

后来，B 员工名气越来越大，甚至成了某社的顶梁柱，这时候薪酬应该怎么定呢？拿 B 员工来说，他一个月演出了 32 场，到手的薪酬只有 4000 多元。有一次他们在某市演出，一晚上的演出门票费有十几万元，自己却只能拿到 500 元。这就非常不合理了。A 经理给他们的报酬应该与他们的价值相当，否则他们就会心生不满。

B 员工在博客中还说了一段话，对老板们也有启发。他说："我想不明白，我又不是投资人，为什么要与你们担卖片子的风险？我在你那里，连合作都谈不上，就是一个雇佣关系，为什么我演了戏，付出时间，付出劳动，连养活自己的工资都没有呢？"这就是典型的员工心态，也是员工真实的心理写照，当然，他说的话也是合情合理的。

每一个员工都会这么想：我到你这里看大门，你就得给我看大门的工资，我到你这里当出纳，你就得给我出纳的工资，至于企业今年是否赔钱了，那与我无关。许多老板恰恰会想：我都赔钱了，为什么要给你更高的薪酬？所以最后双方一拍两散。话说回来，如果企业挣钱了，会不会给员工们多发工资？许多老板是做不到的。即使老板们能做到，也是有问题的。因为对于员工来说，企业效益好员工收入高的时候，员工固然满意，但当企业效益不好员工收入低的时候，他们也会不满意，也会跳槽。这就是人性。

所以，A经理和徒弟们之间的恩怨情仇不怨别人，怨只怨A经理这个老板没有掌握好薪酬的理念，没有随着员工的能力增长发给员工相应的报酬。可喜的是，"吃一堑长一智"，A经理后来改革了某社的薪酬体系，发给后来的徒弟的报酬就使用了正确的薪酬体系，大家又成了"命运的共同体"。

历史上还有许多团队，都是由于领导人没有做好薪酬的分配，使得师徒之间反目成仇，如青春美少女组合，创始人前后共成立了三个美少女组合，一开始美少女们都说，报酬无所谓。后来"火了"以后都因为收入分配问题与创始人有了矛盾。

这些反目成仇的事例都是因为没有掌握薪酬的奥秘所致。我相信在薪酬分配上出现问题的绝对不会只有某社，以后依然还会发生类似的事情。

总结：

- 员工是否选择一家企业，比较的是全面薪酬，而不仅仅是现金总收入。
- 设计薪酬体系的时候，设计的是现金总收入。
- 每个人对同样的非现金收入感知的价值是不一样的。
- 员工的想法是不一样的，老板应该考虑得更全面。
- 给付员工的薪酬应该与员工的能力相匹配。

第 3 章

制定薪酬策略

第3章 制定薪酬策略

薪酬策略也称作薪酬定位，是指在薪酬体系设计过程中，确定企业的薪酬水平在劳动力市场中的相对位置，它直接决定了薪酬水平在劳动力市场中竞争能力的强弱程度。薪酬定位是薪酬管理的关键环节，是确定薪酬体系中的薪酬曲线的基础。

薪酬策略如果合理，既能节省企业的人力成本，又能招聘到合适的人才；薪酬策略如果不合理，要么会浪费企业的人力成本，要么招聘时很难招到合适的员工。所以，制定薪酬策略至关重要。

3.1 制定薪酬策略需要考虑的因素

许多因素都能影响薪酬策略的制定，在诸多因素中，大家考虑最多的是收入和利润，相当多的人认为企业的薪酬总额应该跟收入和利润成正比例关系。

先来分析利润，如果企业的工资总额和利润成正比例关系，即企业的工资总额和利润是同向成正比例变化的。一般来说，一家企业利润的变化幅度会比较大。例如，当年的利润跟上一年相比，可能增长了50%，甚至增长了100%，如果利润和工资总额成正比例的关系，是不是企业的工资总额也应该增长50%，甚至增长100%？如果当年利润与上一年同比降低了50%，甚至降低了90%，是不是企业的工资总额也应该降低50%，甚至降低90%？

更极端的情况是，企业有可能出现亏损的情况，如果企业出现了亏损，是不是员工应该给企业倒贴钱？这些肯定都不是。所以，工资总额与企业利润不应该成正比例的关系。

收入也是如此，尽管企业不可能出现收入为负的情况，但收入一般也会出现大幅度的波动，而员工的薪酬不可能出现大幅度的波动，一般来说，员工的薪酬是缓慢增长的。所以，缓慢增长的薪酬和大幅度变化的收入及利润不应该成正比例的关系。

我服务的一家企业地处深圳、成都、广州、海口的 4 家子公司的工资总额占收入和利润的比例如图 3-1 所示，浅灰色图块是工资总额占收入的比例，深灰色图块是工资总额占利润的比例。这 4 家子公司的业务和人员构成完全一样，唯一不同的就是地区的差异。从图中可以看到，工资总额占利润的比例，深圳子公司只有 29.55%，而广州子公司的比例是 475%，二者相差 15 倍。如果深圳子公司的比例是合理的，则广州子公司的工资需要下降 15 倍；如果广州子公司的比例是合理的，则深圳子公司的工资需要上涨 15 倍。很明显，这样的变化肯定都不合理。

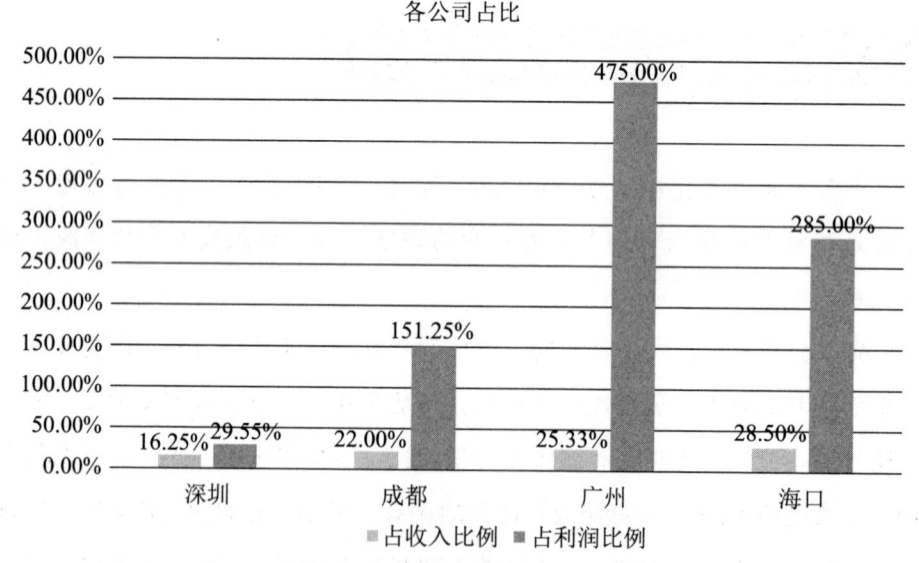

各公司占比

图 3-1 四家子公司工资总额占收入和利润的比例

如果看工资总额占收入的比例，占比最低的深圳和占比最高的海口，差异约为 12%，对于深圳来说，12% 的增幅也相当于增长了 75%，增幅也是相当惊人。

格力电器 2011—2015 年工资总额与利润和收入之间的关系柱状图如图 3-2

所示，其原始数据见表 3-1。从工资占利润比例来看，差异很明显。2011—2015 年，工资总额占利润比例最高为 72%，最低为 40%；而工资总额占收入的比例比较有规律，一般为 5%~7%。

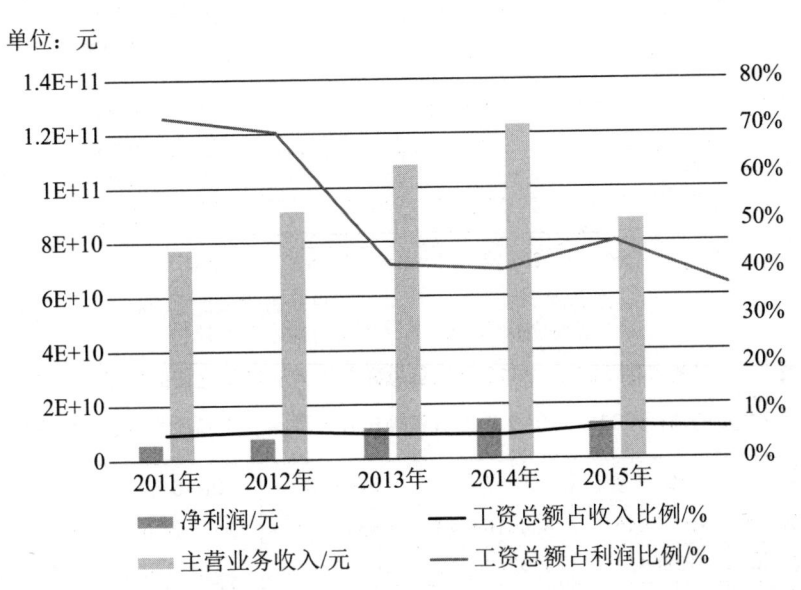

图 3-2 格力电器 2011—2015 年工资总额与利润和收入之间的关系柱状图

表 3-1 格力电器 2011—2015 年工资总额与利润和收入之间的关系的原始数据

类别	2011 年	2012 年	2013 年	2014 年	2015 年
工资总额/元	3802264240	5114605758	5246434294	5640580229	5737298829
净利润/元	5297340543	7445927983	10935755177	142529954812	12623732620
主营业务收入/元	76754746051	91248254916	1.08053E+11	1.22745E+11	87930981568
工资总额占收入比例/%	5%	6%	5%	5%	7%
工资总额占利润比例/%	72%	69%	41%	40%	45%

美的集团 2012—2016 年工资总额与收入和利润之间的关系柱状图如图 3-3 所示，其原始数据见表 3-2。与格力电器类似，工资总额占利润的比例差异比较大，从最低的 77% 到最高的 107%，但工资总额占收入比例的差异比较小，

一般为 6%~9%。从表 3-1 和表 3-2 的数据来看，工资总额和利润之间没有明显的关系，但它和收入之间确实有一定的比例关系。

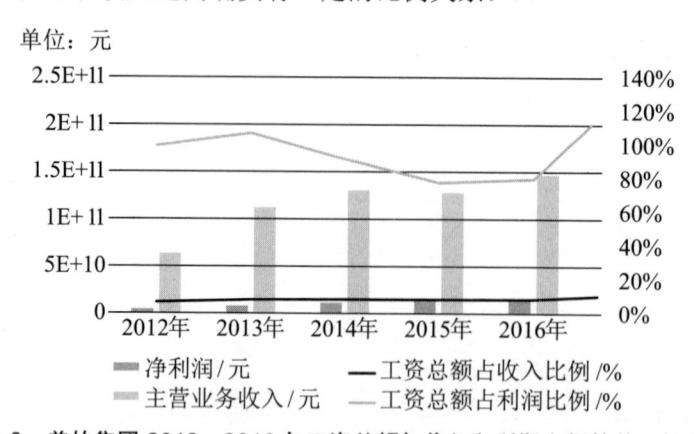

图 3-3　美的集团 2012—2016 年工资总额与收入和利润之间的关系柱状图

表 3-2　美的集团 2012—2016 年工资总额与收入和利润之间的关系的原始数据

类别	2012 年	2013 年	2014 年	2015 年	2016 年
工资总额/元	4092394640	8846169440	10657320240	10523137000	12577795000
净利润/元	4128845230	8297496430	11646328660	13624655000	15861912000
主营业务收入/元	63628983800	1.12397E+11	1.31062E+11	1.28565E+11	1.47174E+11
工资总额占收入比例/%	6%	8%	8%	8%	9%
工资总额占利润比例/%	99%	107%	92%	77%	79%

"白电三强"（即格力电器、美的集团、青岛海尔）2011—2017 年的工资总额占收入比例的比较柱状图如图 3-4 所示，其原始数据见表 3-3。

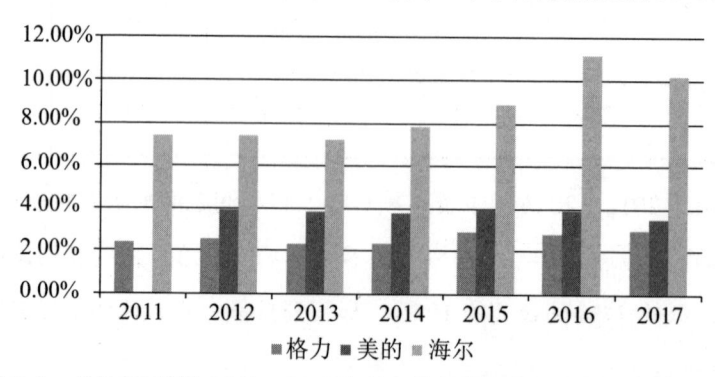

图 3-4　"白电三强" 2011—2017 年的工资总额占收入比例的比较柱状图

表 3-3 "白电三强" 2011—2017 年的工资总额占收入比例的原始数据

企业名称	2011 年	2012 年	2013 年	2014 年	2015 年	2016 年	2017 年
格力	2.40%	2.57%	2.34%	2.35%	2.92%	2.81%	3.02%
美的	—	3.91%	3.83%	3.79%	4.05%	3.94%	3.53%
海尔	7.42%	7.25%	7.24%	7.81%	8.88%	11.17%	10.22%

下面再来看看同为"白电三强"的青岛海尔的情况。青岛海尔工资总额占收入的变化也比较大，为 7%~11%。

青岛海尔 2012—2017 年工资增幅与收入增幅关系柱状图如图 3-5 所示，其原始数据见表 3-4。如果从增幅来看，青岛海尔工资总额和收入的增幅之间确实有一定的关系，但一定不是正比例的关系，而是正相关的关系。

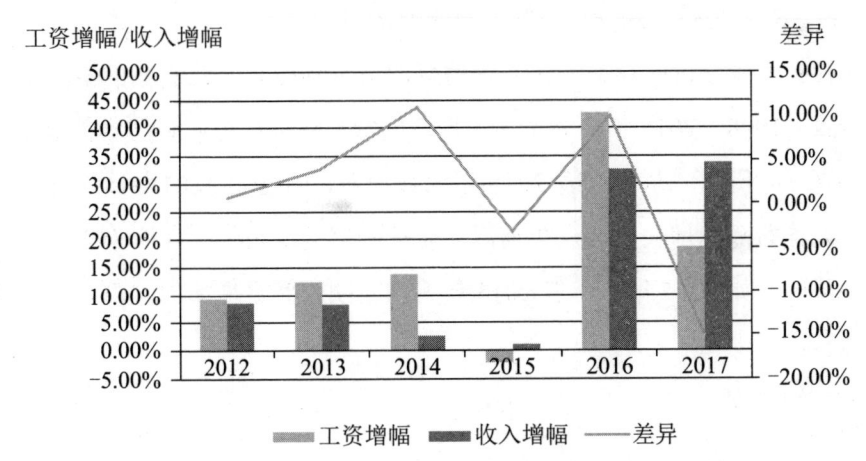

图 3-5 青岛海尔 2012—2017 年工资增幅与收入增幅关系柱状图

表 3-4 青岛海尔 2012—2017 年工资增幅与收入增幅的原始数据

类别	2012 年	2013 年	2014 年	2015 年	2016 年	2017 年
工资增幅	9.22%	12.44%	13.76%	-2.19%	42.80%	18.61%
收入增幅	8.41%	8.30%	2.65%	1.10%	32.67%	33.75%
差异	0.81%	4.14%	11.11%	-3.29%	10.13%	-15.14%

简单分析一下，一家企业收入的变化取决于销售价格和销量两方面的变化，销量的变化一般意味着产量的变化。销量和产量的变化，一般需要人力成本的变化（不考虑技术进步或者自动化设备替代人工的情况）。产量增加，人工成本也会随着增加；产量降低，人工成本也会随着减少。但由于规模经济、

边际效益等的变化，人工成本与产量不一定成正比例的关系。例如，去年一台空调卖2000元，今年卖2200元，这个价格的变化基本上不会显著地增加人工成本，但销售价格的变化会引起销售收入的变化。

从格力电器和美的集团的情况来看，两家企业工资总额与自身的收入相比，基本上稳定在一定的比例，波动不大，但对青岛海尔来说又不太实用。所以，工资总额可能和收入有一定的关系，但一般认为是正相关的关系，而不是正比例的关系。另外，这种关系一般是大企业的关联度高于小企业的关联度，因为小企业收入和利润的波动更大。

除了收入（或者产值）外，制定薪酬策略的时候还需要考虑企业战略、市场状况、行业地位、企业性质等方面的因素。

从社会整体分析的结果看，人均薪酬的增长幅度和企业利润的增长幅度并不一致。1998—2015年社会整体人均薪酬增长幅度和企业利润增长幅度的关系如图3-6所示。从1998—2015年的数据看，企业利润的增长幅度要远远高于人均薪酬的增长幅度。更何况，企业利润的增长幅度在个别年份还可能是下降的（如2015年），但2015年人均薪酬依然是增加的，没有受企业薪酬的影响。

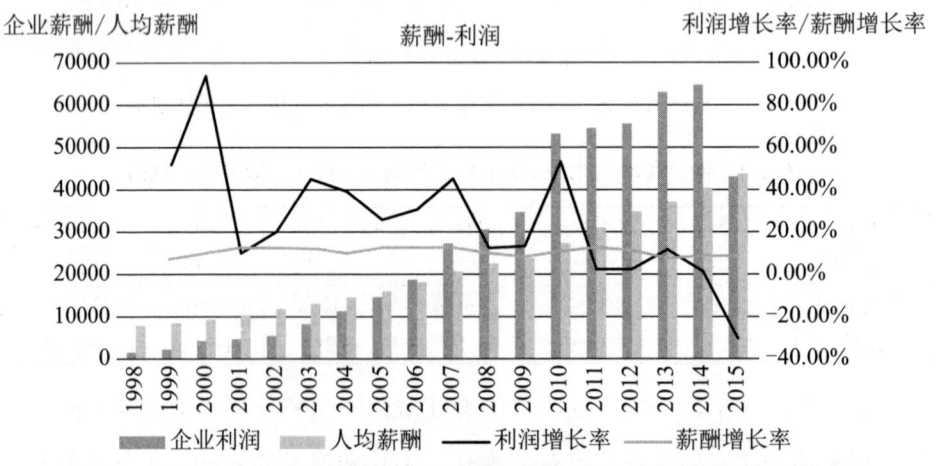

图3-6 1998—2015年社会整体人均薪酬增长幅度和企业利润增长幅度关系图

2019年，我在给某家房地产企业做咨询项目时，为了分析这家企业的薪酬水平，特意调研了市场上其他房地产企业的薪酬状况，如图3-7所示。我发现不同企业的薪酬占利润的比例差异比较大，占比较低的只有 10% 左右，占比较高的可以达到 20%~30%，最高的是河北的华夏幸福，比例接近 80%。这家企业采取高工资的挖人方式，再叠加激进的扩张策略，使企业的现金流绷得特别紧。2021 年，华夏幸福由于现金流问题导致了企业危机。

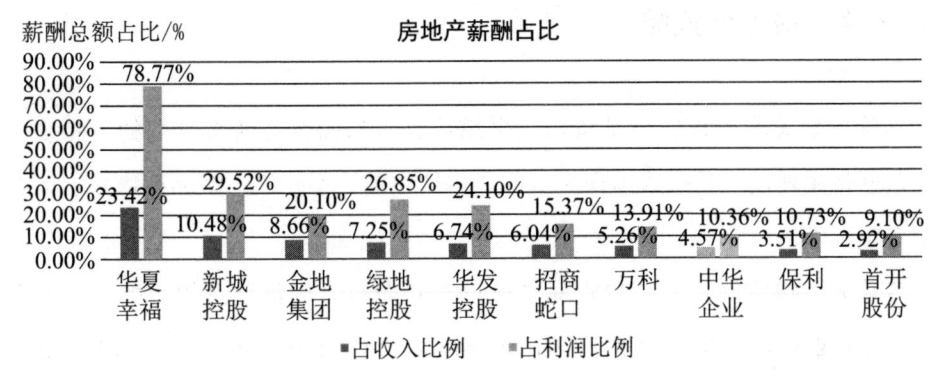

房地产薪酬占比

企业	占收入比例	占利润比例
华夏幸福	23.42%	78.77%
新城控股	10.48%	29.52%
金地集团	8.66%	20.10%
绿地控股	7.25%	26.85%
华发控股	6.74%	24.10%
招商蛇口	6.04%	15.37%
万科	5.26%	13.91%
中华企业	4.57%	10.36%
保利	3.51%	10.73%
首开股份	2.92%	9.10%

图 3-7 房地产企业的薪酬状况

总结：

- 工资总额与利润的关系不是正比例关系，甚至可以说是没有关系。
- 工资总额与收入的关系一般可以看作正相关的关系，但是对一部分大型企业来说，可以趋向于相对稳定的比例关系。

3.2 基于市场的薪酬定位策略

基于市场的薪酬定位策略，就是根据市场的薪酬水平来确定企业的薪酬水平，是将薪酬水平定位在高于市场平均薪酬水平之上，还是将其定位在与市场平均薪酬一致，抑或是稍低一些的水平上。将企业的薪酬水平定位在高于市场水平这样一种位置上，其好处是能够吸引并留住一流的高素质人才，进而确保企业能够有一支高效率和高生产率的劳动力队伍。当然，这种薪酬策略也有缺点，很明显的缺点是它带来了成本的增加。而将企业的薪酬定位在稍低于市场水平的位置上时，招聘人才会有点难度，但好处是人工成本不高，所以许多企业在制定薪酬策略时都会为难。接下来通过介绍以下4种常见的市场薪酬水平定位策略来分析各个策略的优劣。

3.2.1 领先型策略

领先型策略也称领导型策略，采用这种策略的企业通常具有如下特征：投资回报率较高，薪酬成本在企业收入中所占的比率较低，产品在市场上的竞争者较少。

首先，投资回报率高的企业之所以能够向员工提供较高的薪酬，一方面在于他们往往具有雄厚的资金和相应的实力，因而不会因为员工薪酬水平高而造成周转资金的不足；另一方面，这种做法能够提高组织吸引力和保留高质量劳动力的能力，同时还可以利用较高的薪酬水平来抵消工作本身所具有的种种不利特征，如工作压力大或者工作条件差等特征。

其次，当薪酬成本在企业收入中所占的比率较低时，薪酬支出实际上只是企业成本支出中一个相对次要的项目。在这种情况下，企业会很乐意通过提供高水平的薪酬来规避各种相关劳动问题，从而把更多的精力投入到那些比薪酬成本控制更为重要和更有价值的事情中去。

最后，产品市场上的竞争者少，一般意味着企业面临的产品或服务需求曲线弹性较小，甚至是无弹性的，企业可以提高产品价格，而不用担心消费者会减少对自己的产品或者服务的消费。

在现实生活中，微软、IBM等大型跨国企业都采用了领先型策略。在我国，华为也采用了领先型的薪酬策略。实践证明，高薪政策帮助华为获得了大量的创造性人才，从而为企业在产品市场上与同类外资企业抗衡起到了重要的作用。我曾服务过一家IT企业，当提到以华为作为市场薪酬数据比对时，其高管说："华为就不用说了，我们跟它没法比，华为的工资是我们的好几倍。"后来，该IT企业的许多员工都被华为以翻倍的薪酬待遇挖走了。

第3章 制定薪酬策略

领先型薪酬还可能给企业带来意想不到的回报。好市多，是北美的一家折扣零售店，是股神巴菲特的合作伙伴——伯克希尔·哈撒韦企业的副董事长芒格长期投资的一家企业。好市多企业挑战传统的零售模式，给付员工的工资远超其竞争对手。

当美国全国平均零售业工资不到每小时12美元的时候，好市多企业的平均雇员工资超过了每小时20美元。企业还为近90%的雇员提供医疗保障。外界投资人多次要求其降低薪酬，但企业依然我行我素，即使在2009年金融危机期间，该企业依然连续三年提高了工资。这一慷慨举动的回报是企业的雇员在职时间更长，这样就节约了培训费用。在企业入职超过一年的员工离职率只有5%。

当然，采用领先型薪酬策略的企业往往都期望从自己的高人力成本付出中获得相应的高收益，他们采取这种高薪酬策略往往基于以下几个目的。

（1）高水平的薪酬往往能很快为企业吸引来大批可供选择的求职者。因此，高薪一方面有利于企业在较短时间内获得大量需要的人才，解决比较紧急的人员需求；另一方面还使得企业可以提高他们的招募标准，从而提高自己所能够招募到和雇用到的员工的质量。

（2）高薪还能减少企业在员工甄选方面所支出的费用，这是因为求职者通常清楚，较高的薪水往往意味着企业对员工的能力有较高要求，或者是入职后的工作压力比较大（如华为）。因此，那些低素质的和达不到任职资格要求的求职者往往会通过自我选择，避免应聘这种支付较高薪酬的企业。这样，企业在甄选方面所需要花费的人力和物力就可以相应减少，当然这种节省也很有限。

（3）较高的薪酬水平提高了员工离职的机会成本，从而降低了员工的离职率，以及减少了对员工的工作过程进行监督而产生的费用。

（4）较高的薪酬有利于减少因为薪酬问题引起的劳动纠纷，从而提高企业的形象和知名度。

不过，采用领先型薪酬策略的企业员工也面临着另一个问题，就是压力过大，高收入必然面对着高负荷。曾经有一年，深圳一名华为的员工被发现猝死在企业租住的酒店马桶上面，当日凌晨 1 点他还发出了最后一封工作邮件，平日也经常加班到凌晨五六点钟。华为的员工加班都是常事，所以，许多华为的员工也会因承受不了企业高负荷的工作，选择跳槽到其他工资略低的企业。我上面提到的 IT 企业，其实也招到过一些华为的员工，尽管数量很少。因为不同的人看重的方面不一样，有些人会看重高额薪酬，有些人讨厌加班，想要更多的空闲时间，还有些人会更看重企业的工作氛围。

目前许多企业的毛利率在进一步地下降，有些缺乏技术含量的加工类企业和贸易企业，其毛利率只有 10% 或 8%，甚至更低，他们要想提高人力成本，难度更大，甚至可能危及企业的生存。

3.2.2　市场跟随型策略

市场跟随型策略也称趋中策略，实际上就是根据市场平均水平确定本企业的薪酬定位的一种常用做法，一般是指采取 50 分位左右的策略，换句话说，就是跟市场上中间水平差不多的程度。事实上，这是一种最为常用的薪酬策略，也是许多中小型企业普遍采用的策略。

实施这种薪酬策略的企业一般是希望自己的薪酬水平与市场平均水平接轨，既不希望承担更多的人力成本，又想招聘到合适的员工，市场跟随型策略就是一种折中的方案。

事实上，许多企业也确实采取了趋中策略，尤其是那些产品竞争力一般、利润率不高的企业，如果其采用领先型策略的话，可能需要承担更大的风险，因此可以采取市场跟随型策略。

尽管市场跟随型策略应用的范围非常广泛，但也有自身的问题，其最大的问题就是企业无法获得更高水平的人才，中流的价格肯定只能获得中流的人才，所以这些企业一般不是创新型企业，也不是拓展型企业，只能是那些平平庸庸的企业，获得一个市场平均水平的利润率。企业的增长速度也只能与行业的增长速度持平，当行业景气时，企业的发展就顺利一些；当行业困难时，企业的发展也同样不利。这种企业还有一个更大的风险是，如果竞争对手采取强硬的手段进行薪酬竞争的话，企业会面临更大的困境，很可能会因竞争对手的强势进攻而失败。

所以，市场跟随型策略适合经济快速增长或者平稳的时期，当经济增长出现下滑或者不利的情况时，市场跟随型策略可能会给企业带来不利的影响。

3.2.3　落后型策略

采用落后型策略的企业，大多是竞争性的产品市场，产品毛利率比较低，成本承受能力很弱。受产品市场上较低的利润率限制，没有能力为员工提供高水平的薪酬，是企业实施落后型策略的一个主要原因。当然，有些时候，落后型策略的实施者并非真的没有支付能力，而是没有支付意愿。

显然，落后型策略对于企业吸引高质量员工来说是非常不利的，而且在实施这种策略的企业中，员工的流失率往往也比较高。这是因为，较低的工资水平在短期内可能会由于信息不对称或信息流动速度慢等而不为员工知晓，但时间一长，员工迟早会掌握这种信息。此外，员工由于存在获取收入的紧急需要，可能会临时性地接受一些比市场水平低的薪酬，但是一旦他们的这种需要没有那么迫切，他们就会试图寻找薪酬更高的企业。

我服务过的企业中，有个别企业采取了这种落后型策略。一般采取落后型策略的企业是那些生产技术含量低、产品附加值低的企业，这些企业的员工可替代性强。带来的后果就是，离职率也高，许多员工离职甚至都不会跟企业管理层打招呼。

采取落后型策略的企业，其增长速度一般会显著落后于行业增长的平均水平，如果长期采取这种策略，企业必定会被淘汰。

有一次，我跟河北廊坊一家企业的老板一起吃饭。在饭桌上他跟我说："20年前，我们企业是廊坊做得最好的企业，当时新奥和华夏幸福基业（注：新奥集团是廊坊最大的能源企业；华夏幸福基业是当地最大的房地产企业，现在正面临危机）跟我们比，差得远，现在我们跟他们比，差得远。"

后来我了解到，他的企业在2011—2017年销售额每年都在1亿元左右，但到2017年以后销售额开始连续下滑，主业亏损严重。这家企业给员工定的薪酬就采用了落后型策略，许多员工在这家企业都是临时性的应急，只要有合适的机会，就会跳槽到其他竞争对手那里，所以这样的企业很难有良好的发展。

落后型策略也不是不能采用，但采用该策略有个原则，必须是短期的行为，不可以长期采用。所以采用落后型策略一般是在企业遇到障碍，如在创业初期、在遇到资金问题时、在市场大幅萎缩时，或者整个行业发展严重缓慢时临时采用，一旦企业的发展步入正轨，就要摒弃原来的落后型策略，采取市场跟随型策略或者领先型策略，以保障企业的发展。

如果企业是在创业初期采取落后型策略以降低企业财务风险，则必须以提高未来收益作为补偿，也就是用期权或者未来的报酬补偿的方式弥补现在的低收入。最著名的是马云创建阿里巴巴的时候，跟随他的17名高管每人每月只有500元的收入，但大家是基于未来的目标和预期收益来作为回报的，再加上马云的个人魅力，所以大家的忠诚度也很高。

3.2.4 混合型策略

混合型策略，是指企业在确定薪酬水平时，根据职位的不同或者员工的差异分别制定不同的薪酬水平策略，而不是对所有的职位和员工均采用相同的薪酬水平定位。例如，有些企业针对不同的职位使用不同的薪酬策略，对核心职位实行领先型薪酬策略，而对其他职位实行市场跟随型策略或落后型策略。

或者说，对企业里的关键人员，如高级管理人员、技术人员，提供高于市场水平的薪酬；对普通员工实行市场跟随型的薪酬策略；对那些在劳动力市场上随时可以找到替代者的员工实行低于市场价格的薪酬策略。有些企业还在

第3章 制定薪酬策略

不同的薪酬构成部分实行不同的薪酬策略。例如，谷歌就是采取的这种方式。

混合型策略最大的优点就是其灵活性和针对性，对于劳动力市场上的稀缺人才以及企业希望长期保留的关键职位上的人采取领先型策略，对于劳动力市场上的富余劳动力以及鼓励流动的低级职位上的员工采取市场跟随型策略甚至落后型策略，既有利于企业保持自己在劳动力市场上的竞争力，同时又有利于合理控制企业的薪酬成本开支。

此外，通过对企业薪酬构成中的不同组成部分采取不同的市场定位战略，还有利于企业传递自己的价值观及实现企业的经营目标。

第2章提到的那家深圳的国有企业，其高层员工处于25分位的落后型策略，中层员工处于50分位的市场跟随型策略，而基层员工则处于90分位的领先型策略。需要说明的是，这不是设计出来的结果，这是国有企业薪酬在多年的发展中逐渐积累下的结果，这种结果是不科学的、是没有道理的。

该企业在2011年和2015年两次请我为其调整、设计薪酬体系，我采用的就是混合型策略。也就是说，对于该企业的核心技术骨干实行领先型策略，对于中高层、基层员工实行趋中策略。当然，这是一个循序渐进的调整过程，不能一蹴而就。冰冻三尺非一日之寒，企业几十年来形成的"大锅饭"体制，不能立时改变。一下子矫枉过正，可能会引起员工的极度不满，加上现在社会提倡和谐稳定，所以需要以时间换取空间。一开始实施变革的时候，差距不宜过大，可以适当拉开，经过一段时间以后，差距再适当放大，避免不必要的波动。这样三五年以后，企业的薪酬体系在没有大的波动的情况下，就能和市场接轨了。

有些人可能会说，三五年时间太长了，市场变化这么快，我们等不了那么久。从设计的层面来看，三五年时间可能是有些长，但从实施的角度来看，三五年时间很快就过去了。许多企业，三五年时间过去了，薪酬改革方面却没有任何进展，更多时间是在观望，光是观望的时间就远不止三五年。所以，如果用三五年的时间能够理顺一家企业的薪酬体系，我认为是值得的。

在2011年，山东也有一家企业找我谈薪酬改革的事情，当时我直接从深圳飞到山东济南，跟这家企业的老板沟通之后，这家企业的老板认为三年的时间太长了，无法接受，然后就一直在观望。巧的是，当 2015 年我为深圳这家企业第二次设计薪酬体系的时候，山东这家企业的老板又给我打电话，说还是想做薪酬体系的设计，还是希望能一次性解决问题，不希望等待。

我跟他解释说，深圳这家企业当初是和你们同时找的我，人家已实施改革 4 年了，迈过了第一个台阶，正在向下一个过程转型，而你们这 4 年的时间一直在讨论之中，嘴上说着急，但 4 年过去了，还是嘴上说说。到 2018 年，山东这家企业的老板又特意跑到了北京找我谈薪酬改革的事情，这时候企业已经走下坡路了，主业随时都有倒闭的可能。

当然，对于大多数私企来说，薪酬改革用不了这么长时间，民营企业薪酬体系的灵活性决定了其在薪酬改革过程中，可以采取"快刀斩乱麻"的方式一次性搞定。合理的薪酬体系改革，可以最大限度地留住企业想留住的员工，有选择性地流失（逼走）企业不想留住的员工，这对企业来说是莫大的利好。

> **总结：**
> - 4 种策略没有优劣势之分，只有适合与不适合的区别。
> - 在具体操作时，一般采取循序渐进的方式，很少能一步到位的。

3.3 基于岗位的薪酬定位策略

所谓基于岗位的薪酬定位策略，就是根据企业中各岗位对企业价值贡献的不同，采取差异化的薪酬策略。岗位价值大，岗位的薪酬就高；岗位价值小，岗位的薪酬就低。例如，人力资源总监和人力资源经理相比，人力资源总监对企业的价值更高，所以人力资源总监的薪酬就会比人力资源经理的薪酬高些。

现在大多数企业在设计薪酬体系时，都会基于岗位价值确定岗位的薪酬，绝大多数薪酬评估工具也都是基于岗位价值评估的。

基于岗位设计薪酬体系,不仅能有效地解决企业的内部公平性问题,还能为企业节省不少费用。

3.3.1 案例1:如何大幅度提升效率

我服务过一家专门做企业培训的企业,这家企业之前的培训业务非常多,每年的销售收入不少,但由于人工成本高,所以企业的净利润其实没有多少。

我经过访谈诊断后发现,传统的培训企业是项目负责制,也就是一个人负责从寻找客户到谈判成交再到售后服务的全流程,这就需要项目经理具备很高的综合能力,这个人必须是综合性的复合人才,需要有敏锐的市场嗅觉、较高的情商、良好的谈判沟通能力、领悟客户真实意图的能力以及优秀的服务意识等,所以这个人的薪酬待遇比较高。

这家企业一共有50个销售人员,这些人员都属于全能型的人才,薪酬收入比较高,平均每月基本工资大约是7000元,企业每月工资总额约为35万元。进一步分析后,我认为企业培训的整个销售流程可以分解成如图3-8所示的八步(其实不仅仅是培训企业,其他企业的销售业务基本上也可以分成以下八步)。企业的每一个销售人员都必须熟悉从第一步到第八步的整个流程,所以培养一个优秀的销售人员需要很长的时间,需要销售人员有较高的悟性,当然这些销售人员成长以后同样也会给予较高的薪酬,这就是一个全能型的人才,这个人的薪酬必然很高,换句话说,就是企业的销售费用比较高。

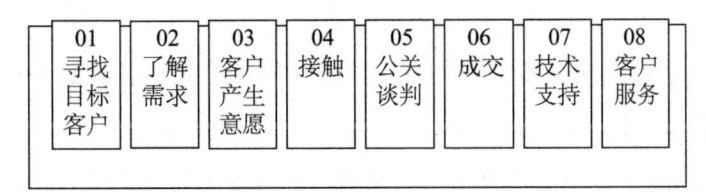

01 寻找目标客户	02 了解需求	03 客户产生意愿	04 接触	05 公关谈判	06 成交	07 技术支持	08 客户服务

图3-8 销售业务八步流程

经过分析后,我把上面的流程分解成三大步骤,每个步骤交给一个人去做,如图3-9所示。

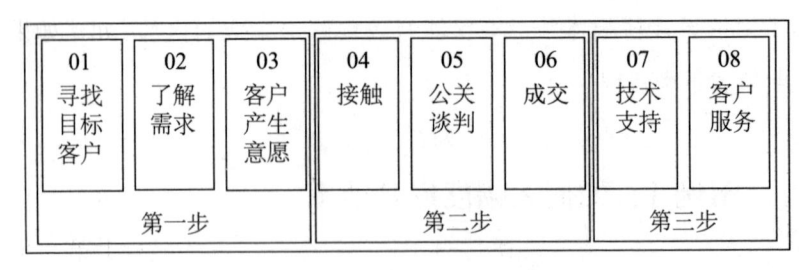

01 寻找目标客户	02 了解需求	03 客户产生意愿	04 接触	05 公关谈判	06 成交	07 技术支持	08 客户服务
第一步			第二步			第三步	

图3-9 销售业务三大步骤

这样，以前的一个人负责全流程的工作就可以分成三个人分别负责不同的部分，第一个人负责第一步，寻找客户并了解客户需求，第二个人负责公关谈判，第三个人负责售后服务。第一个人的工作由于要求较低，他只需要找到客户，并了解到客户需求就可以了，所以对这个人的能力要求不需要太高，其薪酬收入也会相对较低；第三个人主要负责售后服务，需要的能力也不高，只要有良好的服务意识就可以了，至于技术支持，因为培训的技术支持主要是授课老师和顾问，所以该员工在技术支持方面其实也就是把客户的问题传达给老师，然后把老师的解决方案提交给客户，起到一个沟通的桥梁作用；关键是第二个人，这个人需要有较高的把握客户需求、引导客户需求、促成交易的能力，所以对这个人的要求较高，必须给予他较高的薪酬。

这样重新规划以后，根据工作量对每个岗位重新定编：第一个岗位需要较多的人员，共24人，基本工资相应调整为4000元；第二个岗位6人，基本工资增加到10000元；第三个岗位8人，基本工资调整为5000元。所有员工基本工资的总额是19.6万元，比以前的工资总额降低了15.4万元，节约工资44%。

这样基于岗位调整后的薪酬定位策略，与以前的一揽子包干的薪酬定位策略相比有4个优势。

（1）因为实行了工作分工，大家的工作效率明显得到了提升，所以节省了一部分人员，以前50个人的工作量，现在只需要38人就能完成。

（2）每人仅负责自己那一部分工作，由于分工后，售前寻找目标客户和售后服务这两类工作对员工的能力要求不是很高，所以可以给予较低的薪酬，从而节省了工资总额，工资总额从原来的 35 万元降到了 19.6 万元，如果按照企业付出的人工成本计算的话，会节省得更多。

（3）以前培养人才需要耗费较大的精力与时间，员工成长以后，又会面临其跳槽的风险。有了新的分工模式以后，企业只要把更多的精力与费用用在第二步的人员（即负责公关谈判的人员）身上就可以了，对于第一步和第三步的人员，由于具有很大的替代性，所以可以减少关注程度，相应地节约资源。

（4）以前的分工模式还有一个最大的风险就是所有的客户资源都掌握在业务员手里，由于业务员与客户的紧密接触，每个业务员跳槽都将带走一大部分客户，所以造成了企业怕业务员的尴尬局面。而新的分工模式采取分步拓展以后，每个业务员与客户的关系都属于部分的业务关系，所以任何一个业务员的离开对企业的影响都不是很大，因为客户需要的服务不是一个业务员能单独提供的，而是需要企业完整的供应链服务，所以客户跟着业务员走的情况基本上不会出现了。

把一项工作拆分成若干环节，每个环节都交给一个人或者一组人去完成，可以提高工作效率，这就是社会分工。泰勒所倡导的社会分工无疑是管理学上的一大进步，让我们的工作效率得到了质的飞跃。社会分工不仅仅在生产企业中可以实现，在服务企业中也可以实现，不仅在生产工序上可以分工，有些企业甚至在人力资源管理上也采取了社会分工的方式。

我曾经接触过一家代加工的企业，这家企业光从事人力资源工作的人员就有 300 多人，这 300 多人的分工也极其细致，有人专门负责考勤，有人专门负责计算加班工资，可想而知，该企业人力资源的工作效率非常高。但这种模式也存在问题，有些负责计算加班工资的员工，工作了六七年以后，还是只会计算加班工资。这样的工作，对于员工来说是极大的伤害，先不说员工收入增长的空间有限，就是个人的能力也无法得到有效的提升。最重要的是，一个人多年来只从事大量的简单的操作工作（计算加班工资），他就会对工作产生极大的厌倦感，甚至到崩溃的地步。

所以，企业进行社会分工是可以的，但要有预防措施，具体的预防措施如下。

（1）为每一个岗位设计职业晋升通道，给员工足够的晋升空间，当某些员工完全胜任本职工作，能力又达到的时候，应该给予晋升。全球大型餐饮集团——百胜餐饮集团，旗下拥有着名的肯德基、必胜客等餐饮连锁企业，其肯德基的中国区总裁曾经就是一名基层的服务员。肯德基以及必胜客的许多高层领导尤其是店长，都是从服务员这一岗位提拔上来的。这样，员工在企业内工作，会有足够的动力，也会有美好的期望。

（2）即使没有晋升空间，也应该经常进行轮岗，让员工从事不同的工作，替代原来的工作，这样可以避免简单重复劳动导致的精神压力。尽管轮岗初期会降低工作效率，但对员工来说，换一项工作所带来的新鲜感，可以激发员工的工作热忱，从而增加与企业的亲密关系。

3.3.2 案例2：如何提高人效

我服务的另一家企业是做房屋质量检测鉴定的，其业务流程主要分为三步：第一步，现场作业，研究房屋的架构、材料等；第二步，写鉴定报告；第三步，把报告的相关内容输入电脑。前两个步骤不仅需要相关专业的知识，还需要行业经验与自身知识的结合；最后一个步骤则是简单的体力劳动，不需要任何经验，只要懂电脑、会打字即可。以前这三个步骤都让工程师操作，企业招聘工程师时一般需要其获得建筑相关专业的研究生学历，且还需要有一定的行业经验，当然工程师的薪酬也很高。

我的策略是前两个步骤让工程师做，第三个步骤让能力差一些的人去做。我一开始设想的是招聘一些大专毕业的员工来做，后来考虑到这个工作其实不需要及时输入，只要在一定的时间内输入即可，那么这份工作就可以定期招聘一些大学实习生来做，这样能最大限度地节省人力成本。

3.3.3 案例3：合适的人做合适的事情

还有一家企业业务部门的工作职责是负责业务招投标管理，其员工的工资也比较高。尽管员工工资高，但这个部门的员工招聘难度也比较大，一个原因是需要招投标行业经验，另一个原因是他们的工作量较大，所以员工离职率很高。深入了解以后，我发现他们工作量大的主要原因是有许多琐碎的事情需要做，如填写统计报表、建立并维护经销商档案、开发票、产品出入库管理、数据对账等。这些工作量约占所有工作时间的1/3。这么多价值含量低的工作，让高收入的员工进行操作也是一种浪费。

所以，我的策略是把这些价值含量低的工作集中起来，招聘若干业务内勤专门负责这些价值含量低的工作，让高薪酬的人员去做价值含量较高的工作。这样，内勤岗位的员工招聘相对容易，工资也低，高薪酬人员专门做他们擅长的事情，最大限度地提高了效率，并且显著降低了人工成本。

许多企业在这方面都犯了类似的错误，让高级别的员工同时兼职干低级别岗位的工作就是一种严重的浪费。

> **总结：**
> - 如果企业规模小，岗位可以合起来。
> - 如果企业规模大，可以考虑把流程拆分，专业分工效率更高。
> - 不要让高薪酬人员做价值含量低的工作。

3.4 基于企业地位的薪酬倾向策略

企业在制定薪酬策略时，还应该考虑到自身的行业地位，行业地位的差异同样对薪酬策略的选择有重大的影响，如果选择错误，同样可能带来严重的后果。

传统型企业的薪酬政策应力求平稳，尽可能保守，薪酬方案要尽可能向本行业本地区主流的模式看齐，不要去做太多的创新，因为创新意味着冒险。因为传统型企业的薪酬水平应适中，不能过高，也不能过低，所以传统型企业可以采用跟随型策略，也就是别人给什么样的薪酬，我们就给什么样的薪酬，这种薪酬水平如果运用得当，同样也会给企业带来很有效的业绩。

领先型企业对人的素质要求比较高，经营的利润率也比较高，成长性也比较快。所以往往倾向于采用创新性的薪酬策略，往往也会构成这个阶段薪酬市场的标杆，因而可能适用较高水平的薪酬定位。

新兴型企业是刚刚冒出来的新生事物，其薪酬策略可能会带来一种独创性，但并不代表主流的模式，也不意味着现在已经形成广泛的、有影响的模式，所以没有必要去研究他们的薪酬策略。

行业地位对企业薪酬水平的定位往往也具有决定性的影响，总体原则就是：企业的薪酬水平要和自身的市场地位相匹配。

在行业中居于第一、第二的领导型企业，其薪酬水平不需要太高，往往倾向于中等偏上水平。因为从全面薪酬的概念看，薪酬既包括工资、奖金、福利这些外在的报酬，又包括职业发展、工作兴趣、社会地位等这些内在的报酬。越是领导型的企业，它越是靠企业的品牌、领导地位、良好声誉，以及能给员工提供系列的发展机会等来赢得和保留那些优秀的员工。

因为员工在这样的企业里工作，他看得到自己职业发展的前景，他能够享受到因为在这样一个声誉卓著的企业工作，而获得的个人的信誉和品牌，以及由此而来的社会认同感和自豪感，以及个人快速成长的预期，所以员工对薪酬的期望值就会比较理性，即使不是最高也能吸引相当多的人才。另外，领导型企业往往在管理方面比较有优势，更注重建立一个能力素质互补的团队而不是单独地依靠个人来开展工作、实现目标，团队成员之间能力素质有强烈的互补性，每个人都不是完人，所以往往不需要支付最高的薪酬水准。

在行业中居于第三、第四的企业倾向于制定较高的薪酬水平。这些企业往往希望能从一流企业或者行业第一、第二的领导型企业中挖人，去挖那些非

第3章 制定薪酬策略

常出色的优秀人才来帮助自己提升，所以就更有可能给出更高的薪酬。

行业中的三流企业、四流企业或者说是小企业，往往缺乏实力或能力，就不应该跟那些一流企业或二流企业相比，而是应该侧重于寻找适合自己企业要求的员工，更不应该靠较高的工资、奖金、福利等吸引和保留人才，其薪酬往往居于市场平均水平，甚至是偏低的水平。

有些企业喜欢从大企业中挖人，认为在大企业工作过的人有能力、有经验，可以独当一面，希望从大企业挖来的高管带领企业快速发展。但从我多年的经验来看，许多中小企业从大企业挖高管的策略基本都是以失败收场的。这种失败，不是说挖不来人，而是挖来了人，经过一段时间的磨合以后，这些大企业过来的"有能力的人"最后也没有体现出自己的价值，没有达到预定的效果。在大企业职位越高、业绩越突出的人，到中小企业以后所做出的业绩甚至可能越差，那些有着优越背景、优秀资源、良好业绩的"海龟"甚至还不如本土的小主管业绩好。

究其原因，是因为不同规模的企业对员工所需要的能力不同，大企业的成功是企业制度的成功，他们的成功不是靠一两个人的核心能力，而是靠企业多年来形成的良好体系、制度。一个领导者的个人能力再大，但与制度比起来也不是很明显。换句话说，就是一个领导者能力再强，企业也不会有质的飞跃；一个领导者能力再差，企业也不会有很坏的结果。

而中小企业恰恰相反，中小企业的制度不健全、不完善，更多的是靠领导者的个人能力、个人魅力、个人魄力以及每个员工自身的能力。企业领导者的个人能力强，企业的发展就快；企业领导者的个人能力弱，企业的发展就会受到影响。所以，当一个靠制度取胜、中规中矩的大企业的成功人士跳槽到中小企业的时候，首先看到的是中小企业的各种问题。最大的问题就是没有一套大家都遵照执行的合理制度，所以必然会先从制度入手，建立各种规章制度。按理说，这种思路是对的，方法也是正确的。但问题是，这些大企业的成功人士在制定规章制度和流程时，不会考虑大企业和中小企业之间的差异，大多是照搬大企业的规章制度。殊不知，规章制度是有使用范围的，由于企业之间的文化不同，员工能力与素质不同，对规章制度的执行情况也必然会有差异，所以照搬肯定不行。即使是重新设计体系，由于这些成功人士往往会高估中小企业人员的能力，所以设计出来的制度最终也无法执行，最后必然会流产。

大企业的高管到中小企业很难成功的另一个原因就是他们不能融入新的企业文化中去，他们经常会用其在原有企业的标准去要求中小企业，其口头禅是"要是在我原来的企业怎么怎么样"。就像再婚的两口子，如果嘴边经常挂着，我原来的老公（媳妇）怎么怎么样，这样的两口子肯定是不能长远的。

有一年我还在一家咨询企业上班的时候，有幸碰到这么一位高管，他之前是一家国际跨国企业亚太区的副总裁，被我们企业的老板高薪挖了过来。有一次我们几个咨询顾问跟他一起去一家知名保险集团谈业务，这家保险集团的负责人当时问了一个不利于我们企业的问题，言外之意就是说我们的观念是错误的，我们的回答也没有令他满意，当我们都寄希望于这位高管的时候，这位高管说了一句令我大跌眼镜、终生难忘的话，他说："我刚到这家企业不久，至于他们怎么做的我也不清楚，反正我原来的企业不会这么做。"

在从事咨询的工作过程中，我也见到许多企业外聘高管的情况，但大多是以失败告终的。企业之间的差异越大，失败得也越严重。我见过的一家企业，在一次全体中高层年会上，某外聘的高管由于业绩不好，被老板问急了，说了一句"橘生淮南则为橘，生于淮北则为枳"，然后扔下满面通红的、尴尬的老板，摔门而出。

企业的高层最好是由企业内部培养，而不是外聘，因为外聘的人大多数会"水土不服"的。内部培养的最大问题是，许多老板认为现有员工的能力有问题，其实不是员工的能力有问题，而是老板的思维有问题。许多老板都喜欢用对自己的要求来要求员工，如果员工真有这个能力，那他就是老板了。如果用员工所在职位的要求来评价，他可能就可以胜任了，即使他目前可能与任职标准还有一定的差距，但只要给他一点时间，并且有意识地加以培养，他肯定是可以胜任的。

所以，高层员工最好是自己培养。自己培养员工还有一个最大的好处就

第 3 章 制定薪酬策略

是成本低廉，不仅仅是磨合成本低，即使计算薪酬成本的话，对于自己培养的员工，所需要付出的薪酬也远远低于外聘的员工。

> **总结：**
>
> - 领导型企业的薪酬不一定最高，实际上大多数情况下龙头企业的薪酬不是最高的。
> - 自己培养的高层比外部挖来的高层更能适应企业的发展。

3.5 基于企业性质的薪酬策略

私企和国企在制定薪酬策略的时候有很大的区别，主要原因在于私企可以按照企业的战略与发展规划制定符合企业发展的薪酬策略，但国企却由于直接或者间接受到国务院国有资产监督管理委员会（以下简称"国资委"）的限制，薪酬策略必须在国资委制定的框架内来设计。也就是说，国企的薪酬是国资委给设定好的。所以，国企可以不考虑薪酬策略的问题。

有一次，一家国企想设计企业的薪酬体系，约我沟通。当谈到薪酬问题的时候，对方的人力资源总监感叹道："冯老师，以前我们的工资比较高，薪酬策略定位在75分位，由于企业业绩下滑，现在已经是50分位了，我们的计划还是要做到75分位。"我说："我认为，贵企业可以不考虑薪酬策略的问题。"对方非常诧异，因为他之前沟通的所有薪酬专家都告诉他，设计薪酬体系首先必须确定薪酬策略，薪酬策略不确定的话，如何设计薪酬体系呢？

国企，不管是直接还是间接受国资委管辖，不管是受国务院国资委还是地方国资委管辖，国资委在薪酬上都会控制国企的两个指标：人工总成本和工资总额。也就是国资委不管企业每个人的工资如何发放，但会通过总量控制国有企业的工资总额，所以，国企的工资发放标准不是取决于自己，而是取决于国资委。

既然国企工资受国资委控制，那么工资总额就不能超过限制，这是刚性要求。既然不能超过限制，那可不可以降低标准，少发一部分工资呢？例如，国资委给的工资总额限制是1亿元，那企业可不可以少发呢？这个是可以的，国资委的政策是只要不超过工资总额和人工总成本的限制就可以了。

但是，从实际出发，任何一家国企的高管不会，也没有意愿主动少发工资，所以发放工资低于国资委规定的总额的情况是不会出现的。基本上所有的国企在薪酬发放上都存在这个情况，如果国资委给定的工资标准总额是1亿元，最后可能实际发放的额度也是1亿元，这就是中国特色的薪酬策略。

我一直认为，国企可以不设计薪酬策略，因为设计了也没有用，但可以在其他事情做完后，反推自己的薪酬策略。也就是说，待薪酬体系设计好以后，看看自己的薪酬在什么水平，这只能是参考，不能设计。

如果这样的话，国企的员工如果要涨工资，怎么办呢？或者说，国企怎么通过增加薪酬来提升员工的积极性呢？

首先来看一个公式：

$$人均工资 = 工资总额 / 总人数$$

这个公式虽然简单，但是可以给我们提供许多思路。如果想提高人均工资，有两个大的方向，一是扩大分子，想办法增加工资总额；二是降低分母，想办法降低总人数。当然，还可以在降低总人数的同时扩大工资总额，这样提升的速度会更快。按照这种思路，国有企业要想增加人均收入至少有4种方法。

3.5.1 减员增效

有一年，我给贵州一家国企集团做咨询，当时这家集团下面有一家子公司——印刷厂，这家印刷厂主要是给自己集团内其他子公司服务，由于生产效率低，所以在市场上没有什么竞争力。由于印刷行业属于完全竞争的行业，并且竞争比较激烈，所以这家印刷厂的效益不好，他们的职工在淡季，没有工作只能拿低保，每个月200元。为了改善这种窘况，这家印刷厂的厂长通过各种关系、渠道，去揽一些市场上的业务以贴补企业的收入。

当时，这个厂长找到了当地效益最好的茅台集团，茅台集团也给了他们一些业务，让他们生产一些高档酒的包装盒。这是一件好事情，大家可以有更多的收入来源。当这家印刷厂做了一段时间以后，发现员工的效率极其低下，由于只能纯手工操作，他们一个人做一个盒子大约需要3天的时间，这些包装盒的收入光发员工的工资都不够。后来迫不得已之下，该厂招聘了当地一些农民工，这些农民工在摸索了一段时间以后，自己进行了岗位协调分工，并且自行研发了一些简单但高效的工具，他们只用了短时间的摸索，就能做到一人一天做3个包装盒，效率是原企业员工的9倍。

通过这个事例我发现，某些企业员工的效率低不是员工的能力差，而是企业体制和机制的问题，这样就必须通过企业内部有效的激励机制来实现效率的提高，具体的方法就是通过竞争，淘汰一部分效率低下的员工，只保留那些效率高的员工，这样就可以提高员工的收入了。

也就是说，在工资总额不变的情况下，让更少的人来完成任务，每个员工都拿更高的工资，这个在管理上有个更形象的说法是：3个人干5个人的活，拿4个人的工资（即"三四五原则"）。这样企业老板多拿一个人工资的利润，每个员工多拿30%的工资，双方皆大欢喜。这就是减员增效的好处。

假设一家企业有5个人，每个人的工资收入是3000元，所以该企业的工资总额是15000元，如果能在保证工作量的情况下，把人数删减到3个人，工资总额维持不变，企业的工资总额会全部发放，所以每人拿到的工资收入就是5000元，工资增加了67%。如果是私企，私企的老板一般不会把这15000元都作为工资发放，但至少也会发放4个人的工资，也就是3个人会拿到12000元，这样每个员工可以拿到4000元的工资，即使这样，每人的工资也会增长33%，而企业会降低3000元的人工成本，可谓一举多得。

3.5.2 持续增长

国资委给国企定的工资总额和人工总成本,也不是一成不变的,工资总额是与企业的销售收入和净利润紧密联系的,也就是说,当销售收入和净利润增长的时候,工资总额和人工总成本也会出现一定比例的增长。所以,国企员工人均工资要想增长的话,努力实现企业销售收入和净利润的增长,也是一种非常有效的方法。当企业的收入增长了,利润增长了,员工数量不变的情况下,自然也实现了人均工资的增长。并且这种增长是做大整个蛋糕的方法,没有裁员,更是皆大欢喜。

我曾经服务过一家国有企业,其员工每年都能涨工资,因为国资委给其定的标准是只要净利润增长 15% 以上,工资总额和人工总成本就能按一定的比例增加,所以这家企业每年的销售收入和净利润都能做到 15% 的增长,其员工也就能够年年涨工资了。

3.5.3 工作外包

前面分析过,某些企业由于体制的问题,效率普遍低下,所以,想实现收入和利润的增长,可以采用工作外包的方式,就是把业务外包给外面的私营企业来完成,只要这些企业的报价低于自己运营的成本,这种方式就可以采用。这样,从大的方面来说,这家企业有了利润,其他企业也有了利润,还扩大了社会就业,一举三得;从小的方面来说,这家企业增加了收入和利润,员工工资也实现了增长,也是一举多得的事情。

我在给江苏的一家石化企业做咨询时,就碰到过这种情况。当时这家企业下属有一家子公司,专门负责通过京杭大运河给集团运输石油。该企业的员工收入较高,但工作效率低,偷油跑油的问题比较严重,所以,该子公司年年亏损。我们进驻该企业以后,发现该企业员工的收入偏高,明显高于市场薪酬,当时这家企业船员的平均收入在 3500 元左右,而市场上同样工种的私企船员的收入只有800元。

那些拿800元收入的职工，在同样的条件下运输的石油，损耗率低，速度快，国企完全没有竞争力。但由于企业性质的问题，该集团所有的运输业务全交给了该子公司，自家消化。后来，我提出建议，可以把这项业务外包给市场上的私有企业，以实现价值最大化。但当时为了企业稳定与和谐，该企业的管理层怕造成太大的动荡而没有采用。

后来我又提出通过竞标引入竞争的模式，得到了企业管理层的一致认同。以至于该企业原有的一些员工，自发地成立了一家股份制企业，通过竞标获取了集团一部分业务。经过一段时间的操作以后，我们发现，所有通过投标的企业，包括集团内的子公司、内部员工新成立的企业以及外部市场中的竞标企业，给集团的报价明显低于以前集团的运营成本。通过外包，成本得到了降低，效率有了明显提高，集团子公司的利润也有了很大的提升，最后员工的工资也有了一定的提升。

3.5.4　劳务外包

几乎所有的国有企业都存在劳务外包的现象，所谓的劳务外包，就是通过第三方劳务派遣企业招聘一些员工，这些员工不与该国企签合同，而是与劳务派遣企业签合同。或者说，这些员工尽管在该国企工作，但不属于该国企的编制内员工。编制外员工的收入明显低于国有企业正式编制的员工，所以劳务外包可以有效地降低成本。

但后来国家出台了《中华人民共和国劳动法》，规定了同工必须同酬，所以这些编制外的员工可以拿到与编制内员工一样的收入。这样从国企的付出成本来看，成本包括员工的工资、劳务派遣企业的税收、管理费（或利润），实际上，国企付出的成本更多了。但由于这些成本不计入工资总额和人工总成本（一般财务上计入技术服务费），可以有效地规避国资委对工资总额和人工总成本的管控，让员工拿到更高的收入，所以这种方式在国有企业中被普遍采用了。

从这里可以看到，由于中国国有企业的特有问题，短期内还无法解决企业的机制问题，所以，效率低、工作外包、劳务外包等情况在一定时期内还将继续存在。但从正能量的角度，我们也可以看到解决方案，就是通过减员增效、提高效率、提升企业的营业收入和利润，来实现薪酬的上涨。

所以，通过减员增效、提高效率、提高收入和利润来提高人均收入的方法是正道，是国有企业真正提升员工收入的有质量的方法；而通过工作外包和劳务外包的方式来增加人均工资的方式尽管对该企业是有利的，但对于社会的整体效率提升来说，是不值得提倡的。由于工作外包和劳务外包是当前市场经济下的产物，所以这两种模式也将长期存在，对于一些国有企业来说，依然会采取这两种模式来增加员工的薪酬收入，这两种模式将在今后一个较长的时期内作为一个过渡会"合法合理"地存在。

一家国企，如果能充分地理解国资委制定的企业工资总额的政策，也可以有效地提升企业员工的收入。

尽管我们一直说的是工资总额，但国资委在给企业制定薪酬策略的时候，有时候是工资总额固定，有时候是人均工资固定。所以如果能增加企业的人员编制，工资总额也是可以按比例增加的。

2011年我给一家IT行业的央企子公司做薪酬咨询。这家企业当年的销售收入大约是800万元，企业正式编制的员工只有35人，人均年薪是8万元，一年的工资总额是280万元。当我给这家企业做完薪酬绩效咨询之后，企业的业务得到了明显提升。截至2016年底，企业的人员规模将近200人，人均年薪提升到了12万元，工资总额2400万元，销售收入也达到了5000多万元。薪酬改革之后，企业得到了快速的发展，员工的收入也得到了很大程度的提升，双方皆大欢喜。

2016年我给这家企业的兄弟单位做薪酬绩效方面的咨询。我发现这家企业2011年也是30多人，但到2016年依然是30多人，基本上没有大的变化。因为这家企业领导理解的政策是企业的工资总额不变，为了大家拿更多的工资，所以一直没有增加人员编制。当这家企业的领导理解了正确的薪酬策略之后，他们也开始尝试着把市场做大，增加人员编制。

当时这家企业的人均年薪是 11 万元，由于要做大市场，所以跟集团额外申请了 15 人的团队，并且集团给这个团队的标准是人均年薪 15 万元，也就是额外增加了 225 万元的工资总额。当我第二次去这家企业的时候，发现他们招聘了不少基层的操作人员，如司机、保洁等。

这是国企薪酬改革过程中的一个阶段性问题，现在新的政策是"增人不增工资总额，减人不减工资总额"。即使按新项目对待可以增加工资总额，国资委也会查企业新进员工的名单和实际发放的工资，如果不匹配，差额的工资也有可能会收回。另外，如果今年企业没有按要求招聘，明年肯定不会增加新的名额了。最为关键的是，如果招聘的人员能力不够，集团安排的项目任务怎么完成呢？

所以，我们还是要从正面的、积极的角度去理解和领会国资委的薪酬策略，不能走弯路。

总结：

"三四五"原则是提升企业薪酬的有效手段。

第 4 章

岗位价值评估

4.1 岗位价值评估的工具

4.1.1 美世国际职位评估体系概述

目前市场上使用最多的标准因素计分法是美世国际职位评估体系,该体系是世界上最大的人力资源咨询企业美世人力资源咨询集团开发的。美世国际职位评估体系一共有三套,第一套体系因为发布得太早,目前基本上已经被淘汰了;第二套体系在市场上用的时间比较长,反响也不错;第三套体系在2000年推出,美世做岗位价值评估时就一直用的第三套体系。

美世的第二套评估体系简称为"七因素十六维度",就是从七个大的因素以及十六个小的维度来评判一个岗位。第三套评估体系进行了精简,简称为"四因素十维度",就是把第二套的十六个维度浓缩成了十个维度。从我个人对美世第二套和第三套体系的使用效果来看,我认为第三套体系更适合超大型的企业,尤其是跨国企业的岗位价值评估,而对于规模稍小的企业来说,第二套体系其实更实用,所以本节主要介绍第二套评估体系。

我们在实际操作的过程中,可依据这十六个维度对岗位进行评判、打分和汇总。看起来很神秘,但实际操作起来却非常简单。

标准因素计分法,除了美世国际职位评估体系,还有一个工具也需要介绍一下,那就是海氏管理咨询有限企业开发的"海氏三要素评估法",其原理与美世国际职位评估体系是一致的。

4.1.2 美世国际职位评估体系（第二套）

1. 岗位评估要素（七因素十六维度）

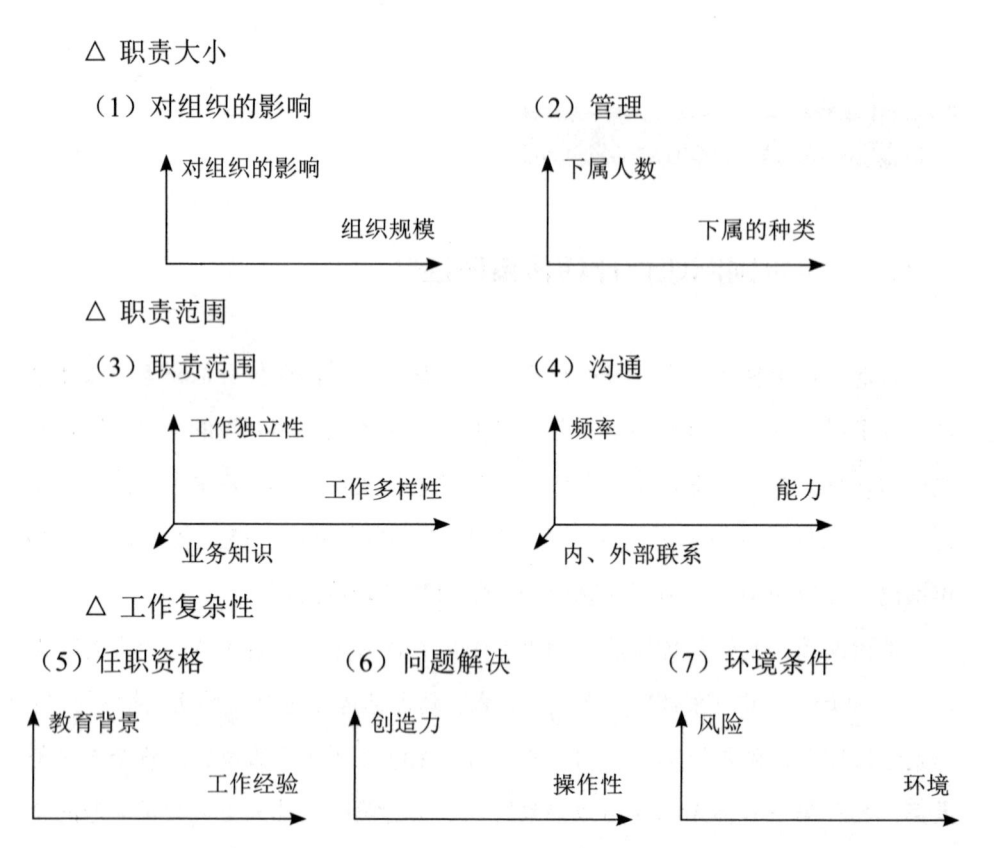

△ 职责大小

（1）对组织的影响　　　　　　（2）管理

对组织的影响　　　　　　　　下属人数
组织规模　　　　　　　　　　下属的种类

△ 职责范围

（3）职责范围　　　　　　　　（4）沟通

工作独立性　　　　　　　　　频率
工作多样性　　　　　　　　　能力
业务知识　　　　　　　　　　内、外部联系

△ 工作复杂性

（5）任职资格　　（6）问题解决　　（7）环境条件

教育背景　　　　创造力　　　　　风险
工作经验　　　　操作性　　　　　环境

下面给出几个表格的模板，简单了解一下岗位评估的十六维度。具体的应用则会在"4.2.4 岗位价值评估"一节中结合具体实例进行一一讲解。

第4章 岗位价值评估

岗位评估要素：组织规模表

单位：百万元人民币

程度	表A 销售/生产（高附加值的）销售额	表B 销售/特殊服务/装配加工（中附加值的）销售额	表C 销售或贸易（低附加值的）销售额	表D 资产管理企业 总资产	表E 保险企业 保费收入	表F 组织员工总数
1	18	45	72	358	45	10
2	36	90	143	717	90	25
3	72	179	287	1433	179	50
4	143	358	573	2866	358	100
5	287	717	1147	5733	717	200
6	573	1433	2293	11465	1433	400
7	1147	2866	4586	22930	2866	800
8	2006	5016	8026	40128	5016	1400
9	3511	8778	14045	70224	8778	2500
10	6145	15362	24578	122892	15362	4000
11	10753	26883	43012	215061	26883	7000
12	18818	47045	75272	376358	47045	12000
13	28227	70567	112907	564536	70567	18000
14	42340	105851	169361	846805	105851	27000
15	63510	158776	254041	1270207	158776	40000
16	95266	238164	381062	1905310	238164	60000
17	142898	357246	571593	2857965	357246	100000
18	214347	535869	857390	4286948	535869	150000
19	321521	803803	286084	6430422	803803	225000
20						

99

岗位评估要素：组织规模核对表

根据组织规模表F（组织员工总数）→

根据表A~E得到的组织规模 ↓

	1	2	3	4	5	6	7	8	9	10	11	12	13	14	15	16	17	18	19	20
1	1	1	2	2	3	3	-	-	-	-	-	-	-	-	-	-	-	-	-	-
2	2	2	2	3	3	4	-	-	-	-	-	-	-	-	-	-	-	-	-	-
3	2	3	3	3	4	4	5	-	-	-	-	-	-	-	-	-	-	-	-	-
4	3	3	3	4	4	5	5	6	-	-	-	-	-	-	-	-	-	-	-	-
5	3	4	4	4	5	5	6	6	7	7	-	-	-	-	-	-	-	-	-	-
6	4	4	5	5	6	6	7	7	8	8	-	-	-	-	-	-	-	-	-	-
7	4	5	5	6	6	7	7	8	8	9	9	-	-	-	-	-	-	-	-	-
8	5	5	6	6	7	7	8	8	9	9	10	11	-	-	-	-	-	-	-	-
9	5	6	6	7	7	8	8	9	9	10	11	12	13	-	-	-	-	-	-	-
10	6	6	7	7	8	8	9	9	10	10	11	12	13	14	-	-	-	-	-	-
11	6	7	7	8	8	9	10	10	11	11	12	13	14	14	15	16	-	-	-	-
12	7	7	8	8	9	9	10	10	11	12	12	13	14	15	16	16	17	-	-	-
13	7	8	8	9	9	10	10	11	12	12	13	14	15	15	16	17	17	18	-	-
14	8	8	9	9	10	10	11	12	13	13	14	14	15	16	17	17	18	19	-	16
15	8	9	9	10	10	11	12	12	13	14	14	15	16	17	18	18	19	19	15	16
16	9	9	10	10	11	12	12	13	14	14	15	16	16	17	18	19	19	18	17	16
17	9	10	10	11	11	12	13	13	14	15	16	16	17	18	18	19	18	17	16	17
18	10	10	11	11	12	12	13	14	14	15	16	17	18	18	19	18	18	18	18	18
19	10	11	11	12	12	13	14	15	15	16	17	17	18	19	18	19	19	19	20	19
20	11	11	12	12	13	13	14	15	16	16	18	18	19	19	20	-	-	-	20	20

第4章 岗位价值评估

岗位评估要素：对组织的影响（1）

程度	组织的首脑（A级岗位）	对整个组织有影响（B级岗位）	对职能部门/业务单位有影响（C级岗位）	对工作领域有影响（D级岗位及以下）	专家影响
1	-	-	-	极小的可以忽略的影响	-
2	-	-	-	小（边缘/边界）影响	-
3	-	-	-	有限影响	-
4	-	-	-	一些影响	对某一领域有一些影响
5	-	-	-	重要影响	对某一领域有重要影响
6	-	-	有限影响	主要影响	对某一领域有主要影响
7	-	-	一些影响		对某一职能部门/业务单位有一些影响
8	-	-	重要影响		对某一职能部门/业务单位有重要影响
9	-	有限影响	主要影响		对某一职能部门/业务单位有主要影响
10	-	一些影响	-		对组织的业绩有一些影响
11	-	重要影响	-		对组织的业绩有重要/主要影响
12	受其他组织强烈影响的组织首脑	主要影响或担任组织副首脑	-		-
13	受其他组织部分影响的组织首脑	-	-		-
14	组织首脑	-	-		-
15	组织首脑及董事会主席	-	-		-

注：
影响力：
有限影响：主要是协调性质。
一些影响：通常是对非首接业绩的达成有一定的贡献。
重要影响：较显著，常具有一线或主导性质。
主要影响：对完成主要业绩起到重要/显著作用。

对组织的贡献
小于 10%
10%~20%
20%~30%
大于 30%

101

岗位评估要素：对组织的影响（2）

程度		
1. 执岗人从事的工作被主管仔细和持续地控制（极小影响）	6. 执岗人对职能部门/业务单位的业绩有有限影响（执岗人对组织业绩有重要影响）	11. 执岗人对组织业绩有重要影响的职能部门/业务单位负责，或执岗人是一个对组织业绩有重要影响的专家
2. 执岗人在事先清楚规设定的工作框架内活动，工作被主管仔细但非持续控制（小影响）	7. 执岗人对职能部门/业务单位的业绩有一些影响	12. 在一个大企业里担任组织首脑，受总部和其他组织的强烈影响（如具体的政策、财务战略、市场战略等），或执岗位对组织业绩（这里组织首脑位于程度13或14）有主要影响的职能部门/业务单位副首脑或担任组织首脑（参见那些处于程度14有组织首脑的组织）
3. 执岗人对只关注主要结果而非细节的工作领域负责（对工作领域有限影响）	8. 执岗人担任对职能部门/业务单位的业绩至少对组织业绩有影响（该职能部门/业务单位的业绩）	13. 在一个企业里担任组织首脑，该组织业绩受总部和其他组织首脑的部分影响
4. 执岗人担任对工作领域有一些影响工作，或执岗人对工作领域有重要影响的专业工作（对工作领域有些影响）	9. 执岗人对组织业绩负责，或执岗人影响的活动对组织业绩有重要影响部门/业务单位至少对组织业绩有重要影响	14. 组织首脑（组织位于集团企业中，通过董事会战略研讨和泛影响的政策说明的政策途径，组织业绩会受到影响。组织也可能接受集团企业的一些服务，如财务、人事政策等，但不对组织产生影响）
5. 执岗人担任协调、控制或发展的工作（对工作领域有重要影响）	10. 执岗人对组织业绩有一些影响的职能部门/业务单位的活动负责	15. 组织首脑及董事会主席

岗位评估要素：对组织的影响（3）

岗位评估要素：组织规模（见岗位评估表）

程度\规模影响力 程度	1	2	3	4	5	6	7	8	9	10	11	12	13	14	15	16	17	18	19	20
1	5	5	5	5	5	5	5	5	5	5	5	5	5	5	5	5	5	5	5	5
2	10	10	10	10	10	10	10	10	10	10	10	10	10	10	10	10	10	10	10	10
3	12	14	16	18	20	22	24	26	28	30	32	34	36	38	40	42	44	46	48	50
4	14	20	26	32	38	44	50	56	62	68	74	80	86	92	98	104	110	116	122	128
5	17	24	31	38	45	52	59	66	73	80	87	94	101	108	115	122	129	136	143	151
6	20	28	36	44	52	60	68	76	84	92	100	108	116	124	132	140	148	156	164	172
7	23	32	41	50	59	68	77	86	95	104	113	122	131	140	149	158	167	176	185	194
8	26	36	46	56	66	76	86	96	106	116	126	136	146	156	166	176	186	196	206	216
9	29	40	51	62	73	84	95	106	117	128	139	150	161	172	183	194	205	216	227	238
10	32	44	56	68	80	92	104	116	128	140	152	164	176	188	200	212	224	236	248	260
11	35	49	63	77	91	105	119	133	147	161	175	189	203	217	231	245	259	273	287	301
12	38	54	70	86	102	118	134	150	166	182	198	214	230	246	262	278	294	310	326	342
13	41	59	77	95	113	131	149	167	185	203	221	239	257	275	293	311	329	347	365	383
14	44	64	84	104	124	144	164	184	204	224	244	264	284	304	324	344	364	384	404	424
15	48	70	92	114	136	158	180	202	224	246	268	290	312	334	356	378	400	422	444	468

岗位评估要素：管理

程度\下属种类	1 下属为担任同类或重复性工作的员工	2 下属中包括专业人员但不包括管理人员	3 下属中既包括专业人员又包括低层或中层管理人员	4 下属中既包括专业人员又包括高层管理人员（A或B级岗位）
程度\下属人数（直接、间接）				
1 0	10	10	10	10
2 1~10	20	25	30	35
3 11~50	30	35	40	45
4 51~200	40	45	50	55
5 201~1000	50	55	60	65
6 1001~5000	60	65	70	75
7 5001~10000	70	75	80	85
8 10001~50000	80	85	90	95
9 50000	90	95	100	105

岗位评估要素：职责范围

程度		1	2	3	4	5	6	7	8	9	10
	工作多样性	相同或重复工作	多数同类工作	一些同类工作	一个职能领域内的不同工作	不同职能领域的工作	领导一个职能部门/业务单位	领导两个或多个职能部门/业务单位	组织首脑，领导销售部、制造部或研发部等其中一个部门的主要工作	组织首脑，领导销售部、制造部或研发部等其中至少两个部门的主要工作	组织首脑，全面领导销售部、制造部或研发部的主要工作
工作独立性											
1	职责清晰明确（持久受控）	5	10	20	30	40	50	60	70	80	90
2	职责位于有限的框架（步步受控）	10	20	30	40	50	60	70	80	90	100
3	职责遵循常规方法和实践（按检查点受控）	20	30	40	50	60	70	80	90	100	110
4	职责遵循一般性的指导（完成后受控）	30	40	50	60	70	80	90	100	110	120
5	职责追随战略组织目标（战略性受控）	40	50	60	70	80	90	100	110	120	130
6	职责追随组织目标（由企业的执行总裁控制）	50	60	70	80	90	100	110	120	130	140
7	职责追随整个组织、国内市场及国际市场全盘目标（由董事会控制）	60	70	80	90	100	110	120	130	140	150

业务知识程度	加分
1 需要有限了解组织内其他职能领域。	5
2 需要充分了解组织内其他职能领域的。	10
3 需要具备整个组织和国内市场的良好知识。	15
4 需要具备整个组织和国内市场的充足知识，或具备国际市场自身领域的一般知识。	25
5 需要具备整个组织、国内市场及国际市场全盘运作的充足知识。	40

岗位评估要素：沟通

程度	1			2			3		
沟通频率	普通			重要			极重要		
1 偶尔	10	20	30	30	40	50	50	60	70
2 经常	20			40			60		80
3 持续	30			50			70		90
	内部		外部	内部		外部	内部		外部

组织框架（内、外部性质）

程度	1	2	2

沟通能力

普通：沟通需要基本礼仪和交换信息

重要：沟通有费力的性质，需要影响他人并与人合作，如谈判、面谈

极重要：对整个组织内部机构及其他业务单位中，销售和采购重要的谈判和决定

沟通频率

偶尔：一月几次

经常：有规律但非每天

持续：每天

组织框架

内部：沟通主要在组织内进行

外部：客户、消费者、当局

注：在同组织内的内部机构及其他业务单位中，具有苛求性的沟通可视作外部沟通。

岗位评估要素：任职资格

程度\教育背景＼工作经验	1 无须工作经验	2 熟悉标准化工作流程，或会使用简单的机器设备 (至少6个月)	3 需要专业处理比较的事务，或使用某具、机器设备的经验 (6个月到2年)	4 具备从事该岗位需要相关工作领域的经验（从广度或深度上） (2~5年)	5 具备一项技术的专门经验或广泛的职能经验 (5~8年)	6 深度和广度皆具备的职能经验或跨职能的管理经验 (8~12年)	7 具备极深和广的职能经验或极广的跨职能经验或大量的管理经验 (12~16年)	8 具备非常丰富的职能或跨职能管理经验 (16年及以上)
1 初中	15	30	45	60	75	90	105	120
2 高中	30	45	60	75	90	105	120	135
3 （1年以上）专业技术学校	45	60	75	90	105	120	135	150
4 （3年或3年以上）大学			105	120	135	150	165	
5 博士	75	90						180

岗位评估要素：问题解决

程度		1 问题界定清晰	2 界定问题	3 通常需要界定问题	4 必须要界定问题	5 必须要界定问题	6 必须要界定问题	7 必须要界定问题
	操作性/行政性	日常性质	有限难度	有些困难	难	复杂	大部分问题很复杂	大量时间花在非常复杂的问题上
	创造性	说明清楚	需要进行若干分析	需要进行一些分析	需要分析和调查	需要进行大量的分析和详细调查	可能需要进行跨组织的充分分析	经常需要进行跨组织的充分分析
1	不需要创造和发展（事事有规范）	10	20	30	40	50	60	70
2	一般改进（基于现有方法）	20	30	40	50	60	70	80
3	对现有的方法和技术进行改进和发展（可从先前内部的职能经验中获得帮助）	30	40	50	60	70	80	90
4	创造新方法和新技术（可从先前内部的组织经验中获得帮助）	40	50	60	70	80	90	100
5	创造新的多方面和复杂的方法和技术（可从先前外部的组织经验中获得帮助）	50	60	70	80	90	100	110
6	带有显著发展的性质（全新的发展，无任何先前的经验或帮助）	60	70	80	90	100	110	120
7	高度科学发展	70	80	90	100	110	120	130

岗位评估要素：环境条件

程度 环境	1 普通	2 艰苦
风险 普通	10	20
风险 高	20	30

注：
环境：活动使工作者在身体上、精神上和技术上受约束或疲劳的情况。
风险：政策风险和工伤的风险。

2. 岗位评估转换表

岗位评估转换表的模板如下所示。

总得分范围	级别	总得分范围	级别	总得分范围	级别
51~75	41	451~475	57	851~875	73
76~100	42	476~500	58	876~900	74
101~125	43	501~525	59	901~925	75
126~150	44	526~550	60	926~950	76
151~175	45	551~575	61	951~975	77
176~200	46	576~600	62	976~1000	78
201~225	47	601~625	63	1001~1025	79
226~250	48	626~650	64	1026~1050	80
251~275	49	651~675	65	1051~1075	81
276~300	50	676~700	66	1076~1100	82
301~325	51	701~725	67	1101~1125	83
326~350	52	726~750	68	1126~1150	84
351~375	53	751~775	69	1151~1175	85
376~400	54	776~800	70	1176~1200	86
401~425	55	801~825	71		
426~450	56	826~850	72		

3. 岗位评估表

岗位评估表的模板如下所示。

序号	因素	岗位名称										
		程度	分数	程度	分数	程度	分数	程度	分数	程度	分数	
1	组织的影响	组织规模										
		影响力										
2	管理	下属种类										
		下属人数										
3	职责范围	工作多样性										
		工作独立性										
		业务知识										
4	沟通	能力										
		频率										
		内外部										
5	任职资格	教育背景										
		工作经验										
6	问题解决	操作性										
		创造力										
7	环境条件	环境										
		风险										
8	总分											
9	备注											

评估人签名（签名）：_____　　　　日期：_____

4.2 岗位价值评估的流程——各家流程可能略有不同

4.2.1 选择评估工具

我在给企业进行薪酬体系设计的时候，经常碰到一些员工提问：到底哪个岗位重要？哪个岗位不重要？如果这个岗位不重要，这个岗位的员工都不来上班，企业会怎么样？如果没有合适的解决方案，这些问题确实比较难回答。从总体来看，哪个岗位都是重要的，一家企业不能缺少任何一个岗位或者任何一个职能。一家企业没有出纳，资金的支付就会出现故障；没有门卫，员工就不能正常上下班；没有保安，企业的安全就会受到威胁。

但这些不能作为给付高薪的理由。每个岗位对于企业，就像器官对于一个人一样，眼睛、耳朵、肝脏、心脏等，每一个器官都是重要的，怎么能简单地说缺失哪个器官呢？所以，我们只是通过一种工具来确定各个岗位之间的价值排序，而不能从缺失哪个岗位企业还能正常运转的角度思考。这个工具就是岗位价值评估。

岗位价值评估就是通过岗位价值评估工具，对企业的岗位进行价值确认，并对相关岗位进行价值排序的过程。

岗位价值评估的方法共有 5 种：排序法、职位分类法、市场定价法、标准因素计分法、定制因素计分法。

1. 排序法

顾名思义，排序法就是把企业内的所有岗位按照重要程度（或者叫职位价值），从大到小依次排序，这就是排序法。例如，水浒中的梁山一百单八将，就是用标准的简单排序法，按照梁山好汉对山寨的贡献依次排序，宋江的功劳最大，所以排第一；卢俊义次之，排第二；吴用排第三；以此类推。

简单排序法尽管看起来简单，实际上也很有效，对于一些人员规模不大、岗位数量不多的企业来说，非常适用。

比简单排序法稍微复杂点的是交替排序法。交替排序法是先排最高的，再排最低的；然后在剩下的里面选择一个最高的排第二，再选择一个最低的排倒数第二；以此类推。

简单排序法还有一种更复杂的变形，叫作配对比较法。配对比较法也称相互比较法、两两比较法、成对比较法或相对比较法。配对比较法就是将所有要进行评估的岗位列在一起，两两配对比较，其价值高者可得1分，价值低者不得分，最后将每个岗位所得分数相加，其中分数最高者即等级最高者。按分数高低顺序对职务进行排列，即可划定职务等级，由于两种职务的困难性对比不是十分容易，所以在评价时要格外小心。

在实际操作的时候，为了更准确有效，可以从几个维度进行比较。2007年我在给河北的一家房地产企业做咨询时，企业老板想给员工一定的股权激励，但又不知道每个人具体要分多少股份，我就给他设计了一个股权的分配模型，即把每位员工对企业的重要性，从岗位价值、未来价值、历史贡献以及工作时间4个方面进行评估打分，然后对每一项得分分别采用配对比较法来判断员工的价值，最后加权平均得出每位员工对企业的贡献值。岗位价值评估见表4-1。

表4-1 岗位价值评估

	张总	王总	李总	钱总	赵总	得分小计
张总	NA	1	1	0	0	2
王总	0	NA	0	0	0	0
李总	0	1	NA	1	0	2
钱总	1	1	0	NA	1	3
赵总	1	1	1	0	NA	3

之后将员工的未来价值、历史贡献、工作时间也按照这种方法排序，并得出每个人的分数，最后按照不同的权重进行加权平均，就可以计算出每人的贡献值。

排序法最大的优点就是能直观地判断出各个岗位之间的高低顺序，但也有其缺点，就是无法判断这些岗位之间差异的程度。

2. 职位分类法

职位分类法是指将企业内的所有岗位按照工作内容、工作职责、任职资格等分成不同的类别，如分成管理序列、市场序列、技术序列、行政序列、生产序列等。然后根据各序列中岗位的性质和特征，分成若干小类，并确定岗位等级。

这种方法适合大型企业，从实际效果来看，这也是一种很有效的方法。但是由于分类以及定级的时候没有足够的依据，难以说服员工，在实际应用的过程中经常会受到质疑，所以应用职位分类法的企业越来越少了。从本质上来看，职位分类法是标准因素计分法的一种简单的形式。

3. 市场定价法

市场定价法就是以市场为导向，该岗位在市场上的薪酬大约价值多少，企业岗位的薪酬就定为多少。这种方法的优点是能很好地结合市场薪酬，容易招到合适的员工，但这种方法会导致企业整体薪酬体系的混乱，不利于企业内部的团结。所以，市场定价法更适合那些薪酬特殊的员工，如专家级的企业顾问或者临时雇用的人员。

4. 标准因素计分法

现在市场上使用最多的方法就是标准因素计分法。

标准因素计分法，首先从所有待评价的工作中确定几个主要因素，每个因素按标准评出一个相应的分数，然后根据待评工作总分确定相应的等级。标准因素计分法最大的优点体现在它的公平性和准确性上。当然，它的缺点也很明显，就是实施复杂，周期长，所耗用的时间、费用非常大，费用一般都是几百万乃至数千万元。

美世国际职位评估体系和海氏评估法都属于标准因素计分法。

5. 定制因素计分法

定制因素计分法，就是根据企业的现实情况，进行特定因素的选择。有些企业由于特殊的原因，会考虑定制因素计分法。

人们一般都会认为定制的就是最好的。一般来说，也确实是这样。但定制需要考虑两个因素：一是谁来定制，二是定制的预算。

谁来定制，决定着产品定制出来的好坏程度，一个专业的顾问团队定制出来的计分法会更符合企业的实际情况；而非专业的顾问团队定制出来的计分法则可能适得其反。

定制的预算也是一个关键因素。大家都知道，定制一般是昂贵的，例如，一套普通的西服可能只需要几千元，但如果定制西服，则可能需要几万元了。所以，一套定制因素评价工具，可能需要额外花费很大一部分预算。

中央电视台纪录片《舌尖上的中国（第二季）》是央视在《舌尖上的中国（第一季）》成功的基础上拍摄的续集。第二季和第一季相比较，最大的区别是投入力度的不同，第二季资金的投入可谓大手笔，8个摄制组在全国各地寻找不同的素材进行拍摄，跟第一季的投入不是一个量级的。开篇的一个镜头就把我给震撼到了，一个名字叫白马的藏族小伙子，用了3个小时，徒手爬上40米高的大树，只为了给家人采一点儿蜂蜜，这个镜头非常经典。但后来我又看了一个纪录片《人类星球》，发现里面有个一模一样的镜头，是一个名叫提特的非洲人，也是徒手爬上40米高的大树为家人采蜂蜜。

这里面的许多场景、人物都极其类似：白马的父亲担心儿子，过来查看，而提特的妻子也担心丈夫，也赶过来查看；都是用树叶生火弄出浓烟来把蜜蜂熏晕；都是40米高的大树；都是花了3小时爬树……甚至连台词都极度相似，《舌尖上的中国（第二季）》中的台词是这么描述的："而蜂蜜是白马能带给家人最珍贵的礼物。"《人类星球》中则这么说："蜂蜜是提特能为家人提供的最好的营养品。"

《舌尖上的中国（第二季）》里有4个经典镜头都借鉴了《人类星球》

的拍摄手法，比如飞鱼的镜头。央视这么大手笔的制作，还难免会有一些经典的镜头借鉴或者沿用了其他影片的镜头。

所以我个人的看法是，许多经典的东西，我们没必要原创，可以借鉴，甚至直接沿用。比如岗位价值评估工具，这是国外许多大企业用了数十年的工具，并且被成千上万家企业证明了的东西，只要不涉及知识产权，我们就没有必要自己独创，况且独创的也不一定是最好的。

4.2.2　确定岗位价值评估小组

岗位价值评估小组由哪些人构成，不同的专家有不同的看法。我归纳了一下，大致有三种意见：挑选特定人员参加、各岗位人员按比例参加、顾问评判。

第一种，挑选特定人员参加。因为担心某些人会阻碍岗位价值评估工作的顺利进行，所以要把这些人排除在外。有一些企业直接让董事长、总经理打分，这种方法能保证岗位价值评估的顺利进行，对于一些做岗位价值评估经验不丰富的人来说，这种方法效果不错。但这种方法最大的问题是，那些不参加的人会认为岗位价值评估有"暗箱操作"的嫌疑，所以对结果会有一定的质疑。

第二种，各岗位人员按比例参加。许多企业采用这种方法，因为每个岗位都有人参加，员工便不会质疑岗位价值评估的公平性，所以大家会比较认可评估的结果。这种方法的缺点是，组织岗位价值评估的人，需要有丰富的经验以及良好的控场能力才行，并且由于较多的人参加了评估，也会导致工作量的增大，或者评估成本的大幅度提升。

第三种，顾问评判。就是咨询顾问根据岗位的情况进行打分。这种方法是一些刚开始做薪酬体系的人才会采用的方法，他没有意识到岗位价值评估的意义，这种方法是最差的一种方法。

有些人采取了一种折中的方法，就是用企业的员工和顾问评判相结合的方法，企业员工占一定的权重，咨询顾问也占一定的权重。采取这种方法最重要的理由是怕企业内的人员操作不好，有失偏颇，所以用专业的咨询顾问来弥补一下。这种方法从理论上来说，基本上没有问题，如果咨询顾问能够保持客观公正的原则，是可以评估出切合实际的结果的。但这里有两个问题：一是如果咨询顾问参加评估，如何跟客户解释；二是如果咨询顾问不参加评估，能不能得出公正客观的结果。

先说第一个问题，如何跟客户解释。当然，我们可以说咨询顾问更专业，误差更小，这有一定的道理，但难免会让客户感觉有"暗箱操作"的嫌疑。

第二个问题，如果咨询顾问不参加，评估结果能不能公正客观，能不能符合企业的实际结果。从我的经验来看，问题的答案是肯定的，也就是说，即使咨询顾问不参加，只要工具选用得当，操作方法运用得当，最后的评估结果也可以是公正的。

我从2004年开始做薪酬绩效管理咨询项目，从第一家企业开始，进行岗位价值评估都是只让企业自己的人员参加测评，咨询顾问从来不参加测评，但每次评估效果都很好，也从来没有人对结果持有异议。我曾多次做过实验，让一些从来没有做过岗位价值评估的人对同一个岗位进行评估，最后评估出的结果都保持高度一致。

所以我认为，让咨询顾问来参加测评，哪怕权重再少，也会给人留有把柄。既然咨询顾问不用参加，评估结果一样可以是公平公正的，为什么还要顾问参加呢？

从实战的角度，我给大家提供四个建议。

第一个建议，部门经理以上的人都可以参加，而且是必须参加。毕竟一个企业至少三五年才做一次岗位价值评估，有的十年才做一次，而这个事情又比较重要，所以没有特殊情况的领导最好都参加，如果不让某个部门经理参加，他可能会感觉企业对他不重视，从而产生抵触情绪。当然，如果是因为工作忙，主动放弃的话可以忽略不计。从我以往的工作经验来看，这种情况基本上微乎其微。只要做岗位价值评估，绝大多数人都愿意参加。

第二个建议，一些调皮捣蛋、经常提出质疑的员工，也就是所谓的"刺头"最好也要参加。让"刺头"参加，是许多人没有想到的。一般人可能会认为，让他们参加的话，他们会不会捣乱啊？我的观念恰恰相反，邀请他们参加，让他们更好地了解我们的操作方法和思路，让他们知道我们的工具是科学的，方法是科学的，所以得出的结果也是科学的，让他们从心里认可才是最有效的。而如果不让他们参加，他们倒可能觉着我们的工作是"暗箱操作"，倒可能会进行捣乱了。

第三个建议，管理咨询顾问不要参加。就像上面说的，只要工具是科学的，方法是科学的，结果也会是科学的，所以顾问也没必要参加。参加只能增加大家的质疑，一点儿意义都没有。

第四个建议，所有评估者等权重。有些企业怕岗位评估结果可能不符合领导的预期，所以会采取权重差异化的方式，如让董事长、总经理占较高的权重，让普通员工占比较低的权重。实际上大家等权重的话，评估的结果也不会有太大的差距，而采取权重差异化的方式，会让员工们对评估结果有想法。

4.2.3　选择标准岗位

规模稍微大一些的企业，岗位就比较多，如果全方位进行岗位评估，评估者往往会因为被评估的岗位过多而敷衍了事，或者因岗位较多而难以对不同岗位进行区分，这样会使评估工作出现较大的偏差。

如果评估人员是第一次做岗位价值评估，每个岗位的评估大约需要30分钟，熟练以后，每个岗位的评估需要10~15分钟，也就是1小时能评估4~6个岗位，一天大约能评估30个岗位。所以一般情况下选择若干个标准岗位作为标杆就可以了。

在实际操作中，标准岗位的选择有3个原则。

（1）够用。过多起不到精简的作用，过少则非标准岗位就很难对级，有些岗位的价值就不能得到很好的入级。

（2）好用。最好是岗位要求和任职者高度吻合。

（3）适用。标准岗位一定要能够代表所有的岗位，并能在岗位之间进行横向比较。

对于第一次做岗位价值评估的组织者来说，可以参考图 4-1 来选择评估岗位的数量，该图给所有的岗位拟出了一个量化的标准，比较容易参考。

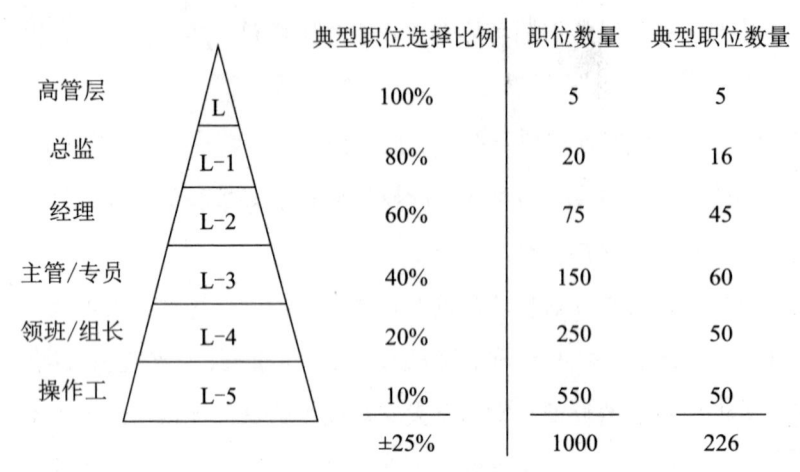

层级	代码	典型职位选择比例	职位数量	典型职位数量
高管层	L	100%	5	5
总监	L-1	80%	20	16
经理	L-2	60%	75	45
主管/专员	L-3	40%	150	60
领班/组长	L-4	20%	250	50
操作工	L-5	10%	550	50
		±25%	1000	226

图 4-1 岗位量化的标准

对于规模不大的企业，一般建议取 20~30 个岗位，超大型企业选择的岗位数量则还要多些。而对于那些只有二三十个岗位的小规模企业，可以对所有的岗位都进行评估。在具体选择标准岗位的时候，可以参考以下几个原则。

（1）部门经理以上的岗位一定要作为标准岗位。因为部门经理以上的岗位都属于企业特别重要的岗位，一般情况下，这些岗位的独立性很强，所以每一个岗位都要进行价值评估。

（2）关键核心岗位要作为标准岗位。关键核心岗位也是企业内的重要岗位，设计薪酬时一定要重视关键核心岗位的人员。对这些岗位的评价准确与否，影响着一个企业薪酬体系的合理程度，所以对它们必须进行评估。

（3）标准岗位要有代表性。有些岗位尽管不属于上述两种情况，但由于这些岗位具有代表性，也必须选择作为标准岗位，如一些较低职级的岗位，尽管这些岗位不属于关键核心岗位，但由于它们与其他关键核心岗位之间还有若干个层级，所以也必须在这些岗位之间选择一部分具有代表性的岗位予以评估，以保证整个薪酬曲线的连贯性。

（4）同一个部门价值最高和价值最低的岗位最好也要选取。这样做的好处是把同一个部门的最高岗位和最低岗位都纳入了进来，也就框定了该部门的最高值和最低值。

没有进行评估的岗位，可以按照对其价值的定性判断，做横向及纵向的比较，把它们纳入相应的职级。

4.2.4 岗位价值评估

如果要评估30个岗位，再加上评估前的培训，大约需要一整天。为了提高工作效率，这一天的时间最好让评估者不被打扰。企业如果有条件的话，可以采取封闭式的方式，如果没条件也没关系。

首先，需要给大家做一次岗位价值的培训。我一般会选择一个大家比较熟悉的岗位，如人力资源部经理或者财务部经理，带领大家统一做一次岗位评估。然后，再对剩下的岗位一一打分。我们在正式评估之前，应该先进行试评估。试评估一般是需要的，许多人都是第一次做岗位价值评估，在评估的时候可能有些尺度掌握不好，需要试练一遍，也叫试评估。试评估之后，把大家的评估结果公布出来，让大家看看评估结果有没有问题，以及解答大家在评估过程中遇到的困惑，以便统一思想。

在评估的时候，组织者不要影响大家的判断，提倡大家根据自己的判断，按照岗位价值评估模型的要求独立进行打分，这样可能会有一些差异，但这个差异是在允许范围内的。就像奥运会体操比赛一样，每个裁判都有自己的评判标准，他们会根据运动员的动作情况以及评分手册的要求去打分，最后的结果可能会有差异，但这个差异是在允许范围内的。例如，对同一个运动员的同一套动作打分，有人打9.8分，有人打9.6分，有人打10分，甚至有人打8.5分，这都是允许的，但绝对不会出现有人打10分，有人打1分的情况，因为我们的打分标准和方法都是科学的，所以差异也要在允许的范围内。

山东德胜皮业的岗位价值评估结果见表4-2，从该表中可以看出，对于同一个岗位，不同的评估者之间的打分还是有差异的，但这个差异是允许存在，并且可以接受的，总的来说，这些评估的结果都是合理有效的，并且某一个人对个别岗位打分的偏颇不会影响总体评价结果。只要步骤一致，大家跟上评估组织者的步伐，对于同一个岗位的评估，结果还是比较一致的。

表 4-2 山东德胜皮业岗位价值评估结果　　　　　　　　　单位：点数

岗位	小冰	小李	小姚	小怡	小晗	小颖	小明	小发	小华	小健	小伦	小墩	小融	平均
生产部经理	545	575	535	535	545	613	580	580	550	580	545	540	539	559
技术部经理	514	550	449	555	535	565	527	545	542	550	495	497	540	528
财务部经理	520	517	455	504	464	570	479	459	530	535	479	515	514	503
综合管理部经理	517	509	499	509	527		499	459	517	479	507	509	509	503
品控部经理	525	517	525	484	507	535	517	492	455	497	472	496	501	502
关务部经理	466	462	442	484	497	534	479	482	507	535	432	426	529	483
国际业务专员	489	436	411	444	475	477	449	482	415	391	450	460	415	446
物资供应部经理	411	454	422	454	444	482	409	411	454	501	397	415	509	443
设备经理	439	479	431	436	474	479	469	429	445	408	437	387	347	435
水厂技术主管	431	416	426	469	408	492	386	457	450	381	402	387	381	422
销售经理	446	353	452	431	441	494	464	434	432	406	334	359	388	418
驻外主管	392	436	411	431	449	454	348	477	412	420	418	395	352	415
主管会计	386	421	409	426	436	494	380	365	407	431	349	383	466	412
销售主管	421	431	333	376	388	444	359	388	357	371	354	339	378	380
行政主管	395	363	358	372	414		429	340	387	265	374	352	423	371
化验室主任	347	373	320	416	358	389	329	332	372	335	377	334	358	357
计划专员	332	338	303	366	343	429	310	379	332	356	354	361	350	350
进口业务专员	355	358	283	288	365	385	320	338	334	396	314	337	355	341
技术员	322	365	300	360	342	414	263	364	367	277	314	335	322	334
融资专员	402	325	303	350	333	366	320	304	309	335	299	259	363	328
销售助理	388	325	280	289	352	411	329	348	284	235	329	237	282	314
人事专员	284	292	295	279	381	365	315	265	314	264	299	342	272	305
采购员	309	305	305	288	334	325	205	269	314	325	299	244	272	292

第4章 岗位价值评估

续表

岗位	小冰	小李	小姚	小怡	小晗	小颖	小明	小发	小华	小健	小伦	小墩	小融	平均
数据专员	247	328	242	295	257	275	187	269	272	239	289	279	242	263
物理性能分析员	312	277	220	272	254	245	195	212	239	184	282	217	252	243

如何根据岗位价值评估工具进行岗位价值评估？下面以人力资源部经理这个岗位为例，详细演示一下岗位价值评估工具的使用方法。

首先来看对组织的影响，对组织的影响这个数值的计算比较复杂，它与许多因素有关。第一个影响因素是组织规模，组织规模表见表4-3，表中数据的单位是百万元人民币，如数字10代表的是10个百万元，也就是1000万元。表4-3中表A、表B、表C是销售额，适用于大多数企业。如果企业是高附加值的企业，则用表A的数值；如果是中附加值的企业，则用表B的数据；如果是低附加值的企业，则用表C的数据；如果是资产管理企业，则用表D的数据；如果是保险企业，则用表E的数据。这些都是说的企业规模。

表 4-3 组织规模表

单位：百万元人民币

程度	表 A 销售/生产（高附加值的）销售额	表 B 销售/特殊服务/装配加工（中附加值的）销售额	表 C 销售或贸易（低附加值的）销售额	表 D 资产管理企业 总资产	表 E 保险企业 保费收入	表 F 组织员工总数
1	18	45	72	358	45	10
2	36	90	143	717	90	25
3	72	179	287	1433	179	50
4	143	358	573	2866	358	100
5	287	717	1147	5733	717	200
6	573	1433	2293	11465	1433	400
7	1147	2866	4586	22930	2866	800
8	2006	5016	8026	40128	5016	1400
9	3511	8778	14045	70224	8778	2500
10	6145	15362	24578	122892	15362	4000
11	10753	26883	43012	215061	26883	7000
12	18818	47045	75272	376358	47045	12000
13	28227	70567	112907	564536	70567	18000
14	42340	105851	169361	846805	105851	27000
15	63510	158776	254041	1270207	158776	40000
16	95266	238164	381062	1905310	238164	60000
17	142898	357246	571593	2857965	357246	100000
18	214347	535869	857390	4286948	535869	150000
19	321521	803803	286084	6430422	803803	225000
20	321521	803803	286084	6430422	803803	225000

第4章 岗位价值评估

对附加值只能进行大致的定性判断，比较挣钱的如IT、软件、化妆品等行业，可以视作高附加值；技术含量低的加工企业、贸易性质的企业等，可以视作低附加值。如果非要使用一个指标作为判断标准，可以使用毛利率。毛利率高的企业视作高附加值，毛利率低的企业视作低附加值。

这里以山东德胜皮业为例，该企业是一家生产销售皮革制品的企业，年销售额为4亿元人民币，所以我认为这是一家中附加值的生产销售企业，用表B。首先把亿换算成百万，4亿元也就是400百万元，其销售额位于表B的第5行，即358~717之间，所以山东德胜皮业这一项的分值是5。山东德胜皮业在组织规模表中的位置见表4-4。

表4-4 山东德胜皮业在组织规模表中的位置　　单位：百万元人民币

程度	表A 销售生产（高附加值的）销售额		表B 销售/特殊服务/装配加工（中附加值的）销售额		表C 销售或贸易（低附加值的）销售额		表F 组织员工总数	
1		18		45		72		10
2	18	36	45	90	72	143	10	25
3	36	72	90	179	143	287	25	50
4	72	143	179	358	287	573	50	100
5	143	287	358	717	573	1147	100	200
6	287	573	717	1433	1147	2293	200	400
7	573	1147	1433	2866	2293	4586	400	800
8	1147	2006	2866	5016	4586	8026	800	1400
9	2006	3511	5016	8778	8026	14045	1400	2500
10	3511	6145	8778	15362	14045	24578	2500	4000

山东德胜皮业共有员工400多人，此人数位于表F的第7行400~800之间，所以组织员工总数的分值为7。

然后根据"组织规模核对表"左侧"根据表A~E得到的组织规模"和顶端"根据组织规模表F（组织员工总人数）"，用5和7相交查到的数值是6，这个数值6就是最后得到的组织规模的数值。将数值6填在最后一张表"组织规模-程度"那一栏。山东德胜皮业在组织规模核对表中的数值见表4-5。

表 4-5 山东德胜皮业在组织规模核对表中的数值

		根据组织规模表 F（组织员工总人数） ←									
		1	2	3	4	5	6	7	8	9	10	11
根据表 A~E 得到的组织规模 ↑	1	1	1	2	2	3	3	-	-	-	-	-
	2	2	2	2	3	3	4	4	-	-	-	-
	3	2	3	3	3	4	4	5	-	-	-	-
	4	3	3	4	4	5	5	5	6	6	7	7
	5	4	4	4	5	5	5	6	6	7	7	8
	6	5	4	5	5	6	6	6	7	7	8	8
	7	4	5	6	6	6	7	7	7	8	8	7

对组织的影响（1）见表 4-6。接着参考表 4-6 并根据该岗位对组织的影响程度进行打分。需要说明的是，除了表格内的描述，在表注中还对一些关键词进行了具体的定义描述，以供读者参考。

表 4-6 对组织的影响（1）

程度	组织的首脑（A级岗位）	对整个组织有影响（B级岗位）	对职能部门/业务单位有影响（C级岗位）	对工作领域有影响（D级岗位及以下）	专家影响
1				极小的可以忽略的影响	
2				小（边缘/边界）影响	
3				有限影响	
4				一些影响	对某一领域有一些影响
5				重要影响	对某一领域有重要影响
6			有限影响	主要影响	对某一领域有主要影响
7			一些影响		对某一职能部门/业务单位有重要影响

续表

程度	组织的首脑（A级岗位）	对整个组织有影响（B级岗位）	对职能部门/业务单位有影响（C级岗位）	对工作领域有影响（D级岗位及以下）	专家影响
8			重要影响		对某一职能部门/业务单位有主要影响
9		有限影响	主要影响		对某一职能部门/业务单位有主要影响
10		一些影响			对组织的业绩有一些影响
11		重要影响			对组织的业绩有重要/主要影响
12	受其他组织强烈影响的组织首脑	主要影响或担任组织副首脑			
13	受其他组织部分影响的组织首脑				
14	组织首脑				
15	组织首脑及董事会主席				

注：

影响力　　　　　　　　　　　　　　　　　　　　　对组织的贡献
有限影响：主要是协调性质。　　　　　　　　　　　小于10%
一些影响：通常为对非直接业绩的达成有一定的贡献。　10%~20%
重要影响：较显著，常具有一线或主导性质。　　　　20%~30%
主要影响：对完成主要业绩起到重要/显著作用。　　大于30%

"对组织的影响（2）"见表4-7，它是对表4-6的进一步描述。在具体操作时，使用哪个表格都可以，还可以比较两个表格，但最后得出的结果只能是一个数值。例如，山东德胜皮业人力资源部经理岗位在"对组织的影响"这一项中的得分符合第10项，故其分值为10。

表 4-7　对组织的影响（2）

1. 执岗人从事的工作被主管仔细和持续地控制（极小影响）	6. 执岗人对职能部门/业务单位的业绩具有有限影响（执岗人对工作领域有重要影响）	11. 执岗人对组织业绩有重要影响的职能部门/业务单位负责，或执岗人是一个对组织业绩有重要影响的专家
2. 执岗人在事先清楚设定的工作框架内活动，工作被主管仔细但非持续控制（小影响）	7. 执岗人对职能部门/业务单位的业绩有一些影响	12. 在一个大企业里担任组织首脑，该组织业绩受总部和其他组织的强烈影响（如具体的政策、财务战略、市场战略等），或执岗人对组织业绩（这里组织首脑位于程度 13 或 14）有主要影响的职能部门/业务单位负责或担任组织副首脑（参见那些处于程度 14 有组织首脑的组织）
3. 执岗人对只关注主要结果而非细节的受控工作负责（对工作领域有限影响）	8. 执岗人对职能部门/业务单位的业绩有重要影响（该职能部门/业务单位至少对组织业绩有影响）	13. 在一个大企业里担任组织首脑，该组织业绩受总部和其他组织的部分影响
4. 执岗人担任对工作领域有一些影响的工作，或执岗人担任对工作领域有些影响的专业工作（对工作领域有些影响）	9. 执岗人对组织业绩有有限影响的职能部门/业务单位负责，或执岗人对职能部门/业务单位的业绩有重要影响的活动负责（该职能部门/业务单位至少对组织业绩有重要影响）	14. 组织首脑（组织位于集团企业中，通过董事会战略研讨和泛泛的政策说明的途径，组织业绩可能会受到影响。组织也可能接受集团企业的一些服务，如财务、人事政策等，但不对组织产生影响）
5. 执岗人担任协调、控制或发展的工作（对工作领域有重要影响）	10. 执岗人对组织业绩有一些影响的职能部门/业务单位的活动负责	15. 组织首脑及董事会主席

　　对组织的影响（3）见表 4-8，它是一个两维的表格，左侧是影响力，顶端是组织规模。山东德胜皮业的组织规模的分值是 6，影响力的分值是 10，所以我们通过左侧 10 和顶端 6 进行查询，得到了 92 分，这就是山东德胜皮业人力资源部经理在"组织的影响"这一个大因素两个小维度方面的最后得分。

/ **第4章** 岗位价值评估 /

表 4-8 对组织的影响（3）

（见附件：组织规模表）

程度\规模影响力 程度	1	2	3	4	5	6	7	8	9	10	11	12	13	14	15	16	17	18	19	20
1	5	5	5	5	5	5	5	5	5	5	5	5	5	5	5	5	5	5	5	5
2	10	10	10	10	10	10	10	10	10	10	10	10	10	10	10	10	10	10	10	10
3	12	14	16	18	20	22	24	26	28	30	32	34	36	38	40	42	44	46	48	50
4	14	20	26	32	38	44	50	56	62	68	74	80	86	92	98	104	110	116	112	128
5	17	24	31	38	45	52	59	66	73	80	87	94	101	108	115	122	129	136	143	151
6	20	28	36	44	52	60	68	76	84	92	100	108	116	124	132	140	148	156	164	172
7	23	32	41	50	59	68	77	86	95	104	113	122	131	140	149	158	167	176	185	194
8	26	36	46	56	66	76	85	96	106	116	126	136	146	156	166	176	186	196	206	216
9	29	40	51	62	73	84	95	106	117	128	139	150	161	172	183	194	205	216	227	238
10	32	44	56	68	80	92	104	116	128	140	152	164	176	188	200	212	224	236	248	260
11	35	49	63	77	91	105	119	133	147	161	175	189	203	217	231	245	259	273	287	301
12	38	54	70	86	102	118	134	150	166	182	198	214	230	246	262	278	294	310	326	342
13	41	59	77	95	113	131	149	167	185	203	221	239	257	275	293	311	329	347	365	383
14	44	64	84	104	124	144	164	184	204	224	244	264	284	304	324	344	364	384	404	424
15	48	70	92	114	136	158	180	202	224	246	268	290	312	334	356	378	400	422	444	468

将"组织的影响"的得分 92 填入表 4-9 中。

表 4-9　岗位评估表

		岗位名称		
		因素	程度	分数
1	对组织的影响	组织规模	6	92
		影响力	10	
2	管理	下属种类		
		下属人数		
3	职责范围	工作多样性		
		工作独立性		
		业务知识		
4	沟通	能力		
		频率		
		内外部		
5	任职资格	教育背景		
		工作经验		
6	问题解决	操作性		
		创造力		
7	环境条件	环境		
		风险		
8	总分			
9	备注			

管理的两个要素（见表 4-10）：一个是下属人数，另一个是下属种类。下属种类需要根据人力资源部经理的岗位说明书来判断。

表 4-10　管理的两个要素

程度	程度 下属种类 下属人数 （直接、间接）	1 下属为担任同类或重复性工作的员工	2 下属中包括专业人员但不包括管理人员	3 下属中既包括专业人员又包括低层或中层管理人员	4 下属中既包括专业人员又包括高层管理人员（A 或 B 级岗位）
1	0	10	10	10	10
2	1~10	20	25	30	35
3	11~50	30	35	40	45
4	51~200	40	45	50	55
5	201~1000	50	55	60	65
6	1001~5000	60	65	70	75
7	5001~10000	70	75	80	85
8	10001~50000	80	85	90	95
9	50000	90	95	100	105

第4章 岗位价值评估

由于人力资源部经理管辖的人数是 4 个，所以下属人数对应的程度是 2。这里人们可能会犯一个错误，因为全企业的人数是 400 人，所以会认为程度是 5，这是错误的。这里的下属人数是指该岗位直接或间接管辖的人数，而不是全企业的人数。

这家企业的人力资源部经理共管辖 4 个岗位：人事管理岗、接待主管、行政助理、前台，根据这 4 个岗位的情况分析，下属人数这一栏的程度应该是 2。根据下属人数和下属种类的程度，可得出二者相交的点数为 25。这里有一个岗位容易让人疑惑，就是接待主管。接待主管算不算是管理人员呢？在这套工具中，是否为管理人员的关键是看他有没有下属。通过对岗位说明书的分析可以得出，人力资源部经理有 4 个下属，共 4 个岗位，也就是一个岗位的编制正好是一个人，所以接待主管没有下属，也就是说接待主管不属于管理人员。

人力资源部经理岗位说明书见表 4-11。

表 4-11 人力资源部经理岗位说明书

基本资料			
岗位名称	人力资源经理	岗位编号	
所在部门	人事行政部	岗位定员	1
直接上级	总经理	直接下级	人事管理岗、接待主管、行政助理、前台
管辖人数	4	岗位分析日期	
职位责任			
职责一	职责描述：负责企业人力资源战略规划		
	工作任务	1. 负责制定企业总体人力资源规划 2. 负责年度人力资源规划方案的实施	
职责二	职责描述：组织与职位管理		
	工作任务	1. 负责企业组织架构的设置及调整 2. 负责企业各部门职能的规划及调整	

续表

职责三	职责描述：薪酬绩效管理	
^	工作任务	1. 组织建立并完善企业绩效考核管理体系和考核方案
^	^	2. 负责绩效考核体系的实施
^	^	3. 负责根据绩效考评及考核拟定奖惩、晋升方案
^	^	4. 负责建立并完善企业薪酬福利管理体系及激励体系
^	^	5. 负责企业员工年度薪酬总额的预算及日常工资的核算
^	^	6. 负责企业薪酬调整及奖金分配方案的制定与实施
^	^	7. 负责企业员工相关保险的办理和费用扣缴，协助员工申报个人所得税
职责四	职责描述：文秘管理	
^	工作任务	1. 负责企业领导讲话、汇报交流材料等重要文稿的起草和整理
^	^	2. 负责草拟企业综合性文件，负责草拟企业年度工作总结，拟订企业年度工作安排
^	^	3. 负责企业文件的收取、分类、登记、流转、印制、分发、保管等工作
^	^	4. 负责企业重要信息的收集、整理与报送，整理企业大事记
^	^	5. 负责企业高层管理人员的行程安排及领导交代的其他事宜
^	^	6. 负责投资者关系管理
职责五	职责描述：公共关系管理	
^	工作任务	1. 负责与公众沟通，管理企业对外发言
^	^	2. 负责企业重大危机事件的处理
^	^	3. 负责企业的公务接待工作，协调有关部门做好食宿、交通及参观考察等活动安排
职责六	职责描述：印鉴证件管理	
^	工作任务	1. 负责企业公章、合同章的管理，并按规定使用
^	^	2. 负责企业营业执照、法人代码证书、其他资质证照等的保管及使用管理，配合完成证件的注册、年审、变更管理
职责七	职责描述：企业文化管理	
^	工作任务	1. 建立、完善企业企业文化体系，推动企业文化建设
^	^	2. 根据企业战略发展、经营环境、管理变革等需要修订、完善企业文化内涵，推动组织文化变革
^	^	3. 统筹开展企业文化宣传活动及文体活动，塑造有特色的企业文化
职位权利		
对企业人事行政管理制度的制定权和组织实施权		

/ **第4章** 岗位价值评估 /

续表

对企业全体员工在执行制度过程中的监督权		
对所属下级的工作的监督权、检查权		
对所属下级的管理水平、业务水平和业绩水平的考核评价权		
工作关系		
内部协调关系	企业各部门	
外部协调关系	工商管理部门、公安局、市场监督管理局、电信企业、移动企业等	
任职资格		
教育水平	本科及以上	专业	行政管理、人力资源管理或企业管理等管理类相关专业
专业资格认证	人事行政管理培训、法律基本知识培训	
经验	有5年以上行政及人力资源工作经验、有3年以上人事行政部门经理工作经验	
知识	熟悉行政及人力资源管理工作流程和规范；熟悉相关法律法规及人事劳动法规；具有专业的管理知识	
技能技巧	能够搭建行政及人力资源管理体系并熟练运用；能够进行企业文化的规划与实施；熟练使用办公软件	
个人素质	具有较强的亲和力、组织协调能力、沟通能力、分析能力、理解能力、写作能力和表达能力	
关键业绩指标		
其他		

  职责范围见表4-12，它是一个三维表格，表格的左边是工作独立性的7个程度，假设人力资源部经理工作独立性的程度是4，职责遵循一致性的指导，也就是工作完成后受控。人力资源部经理的工作多样性的程度是6，即领导一个职能部门/业务单位。综合独立性和多样性的程度，人力资源部经理的职责范围得分为80。表4-12中的表注为业务知识介绍，假设人力资源部经理的业务知识程度是2，即需要具有对组织内其他职能领域的良好知识，其业务知识的加分为10，所以人力资源部经理职责范围的最终得分是80+10=90分。

表 4-12 职责范围

程度 工作独立性 \ 工作多样性 程度	1 相同或重复工作	2 多数同类工作	3 一些同类工作	4 一个职能领域内的不同工作	5 不同职能的工作	6 领导一个职能部门/业务单位	7 领导两个或多个职能部门/业务单位	8 组织首脑,领导销售部、制造部或研发部等其中一个部门的主要工作	9 组织首脑、领导销售部、制造部或研发部等其中至少两个部门的主要工作	10 组织首脑,全面领导销售部、制造部或研发部的主要工作
1 职责清晰明确（持久受控）	5	10	20	30	40	50	60	70	80	90
2 职责位于有限的框架（逐步受控）	10	20	30	40	50	60	70	80	90	100
3 职责遵循常规方法和实践（按检查点受控）	20	30	40	50	60	70	80	90	100	110
4 职责遵循一般性的指导（完成后受控）	30	40	50	60	70	80	90	100	110	120
5 职责追随组织战略目标（战略性受控）	40	50	60	70	80	90	100	110	120	130
6 职责追随组织目标（由企业的执行总裁控制）	50	60	70	80	90	100	110	120	130	140
7 职责追随董事会目标（由董事会控制）	60	70	80	90	100	110	120	130	140	150

注:

业务知识程度 加分
1 需要有限了解组织内其他职能领域。 5
2 需要充分了解组织内其他职能领域。 10
3 需要具备整个组织和国内市场的基础知识。 15
4 需要具备整个组织和国内市场自身领域的充足知识,或具备国际市场自身领域的一般知识。 25
5 需要具备整个组织、国内市场及国际市场全盘运作的充足知识。 40

沟通如表 4-13 所示，它也是一个三维表格。表格的左边是沟通频率，这里选"持续"，对应程度为 3。表格的上面是沟通能力，这里选"重要"，对应程度为 2。表格的下面是组织框架，这里选"外部"，对应程度为 2。所以，最后可得出沟通的分数为 70。

表 4-13 沟通

程度		1		2		3	
程度	沟通频率	沟通能力					
		普通		重要		极重要	
1	偶尔	10	30	30	50	50	70
2	经常	20	40	40	60	60	80
3	持续	30	50	50	70	70	90
		内部	外部	内部	外部	内部	外部
		组织框架（内、外部性质）					
程度		1	2	1	2	1	2

注：

沟通能力

普通：沟通需要基本礼仪和交换信息。
重要：沟通有费力的性质，需要影响他人并与人合作。如谈判、面谈、销售和采购决定等。
极重要：对整个组织极重要的谈判和决定。

沟通频率

偶尔：一月几次。
经常：有规律但非每天。
持续：每天。

组织框架

内部：沟通主要在组织内进行。
外部：沟通对象为客户、消费者，以及其他组织。

在同组织的内部机构及其他业务单位中，具有苛求性的沟通可视作外部沟通。

任职资格见表4-14。人力资源部经理的教育背景是大学本科，对应程度为4，假设其工作经验的程度为6（这里以文字的描述为主，数字的描述只作为参考），综合教育背景和工作经验可得出其任职资格的分数为135。

表4-14 任职资格

程度		1	2	3	4	5	6	7	8
程度	工作经验 教育背景	无须工作经验	熟悉标准化工作流程，或会使用简单的机器设备（至少6个月）	需要处理比较专业的事务，或有使用某机器工具、机器设备的经验（6个月到2年）	具备从事该岗位需要相关工作领域的经验或广度深度（2~5年）	具备一项技术的专门经验或广泛的职能经验（5~8年）	深度和广度皆具备的职能经验或跨职能的管理经验（8~12年）	具备极深和极广的职能经验或跨职能的管理经验（12~16年）	具备非常丰富的跨职能管理经验（16年及以上）
1	初中	15	30	45	60	75	90	105	120
2	高中	30	45	60	75	90	105	120	135
3	（1年以上）专业技术学校	45	60	75	90	105	120	135	150
4	（3年或3年以上）大学	60	75	90	105	120	135	150	165
5	博士	75	90	105	120	135	150	165	180

问题解决（见表4-15）是一个二维表格，假设创造性的操作性/行政性的程度为4，即创造新方法和新技术，或者可从先前内部的组织经验中获得帮助。人力资源部经理的操作性/行政性的程度为4，即必须要界定问题，并需要分析和调查。综合创造性和操作性/行政性可得出其问题解决的分数为70。

第4章 岗位价值评估

表4-15 问题解决

程度 操作性/行政性 创造性	1 问题界定清晰 日常性质 说明清楚	2 可能需要界定问题 有限难度 需要进行若干分析	3 通常需要界定问题 有些困难 需要进行一些分析	4 必须要界定问题 难 需要分析和调查	5 必须要界定问题 复杂 需要进行大量的分析和详细调查	6 必须要界定问题 大部分问题很复杂 可能需要进行跨组织的充分分析	7 必须要界定问题 大量时间花在非常复杂的问题上 经常需要进行跨组织的充分分析
1 不需要创造和发展（事事有规范）	10	20	30	40	50	60	70
2 一般改进（基于现有方法）	20	30	40	50	60	70	80
3 对现有的方法和技术进行改进和发展（可从先前内部的职能经验中获得帮助）	30	40	50	60	70	80	90
4 创造新方法和新技术（可从先前内部的组织经验中获得帮助）	40	50	60	70	80	90	100
5 创造新的多方面和复杂的方法和技术（可从先前外部的组织经验中获得帮助）	50	60	70	80	90	100	110
6 带有显著发展的性质（全新的发展，无任何先前的经验或帮助）	60	70	80	90	100	110	120
7 高度科学发展	70	80	90	100	110	120	130

环境条件见表4-16,人力资源部经理的风险为普通,程度为1;其环境也为普通,程度为1,则其环境条件的分数是10。

表4-16 环境条件

程度	程度 风险 环境	1 普通	2 艰苦
1	普通	10	20
2	高	20	30

注:环境:活动使工作者在身体上、精神上和技术上受约束或疲劳的情况。
    风险:政策风险和工伤的风险。

当把人力资源部经理岗位所有的因素都分析完之后,把最终的得分填入评估表(见表4-17)中,最后汇总得分,就得出了该企业人力资源部经理岗位价值评估的总分。

表4-17 人力资源部经理岗位评估表

岗位所在部门:人力资源部

序号	因素	岗位名称	人力资源部经理									
			程度	分数	程度	分数	程度	分数	程度	分数	程度	分数
1	组织的影响	组织规模	6	92								
		影响力	10									
2	管理	下属种类	2	25								
		下属人数	2									
3	职责范围	工作多样性	6	90								
		工作独立性	4									
		业务知识	2									

第4章 岗位价值评估

续表

序号	岗位名称 因素	人力资源部经理 程度	分数	程度	分数	程度	分数	程度	分数	程度	分数
4	沟通 能力	2	70								
	沟通 频率	3									
	沟通 内外部	2									
5	任职资格 教育背景	4	135								
	任职资格 工作经验	6									
6	问题解决 操作性	4	70								
	问题解决 创造力	4									
7	环境条件 环境	1	10								
	环境条件 风险	1									
	总分		492								

评估人签名（签名）：＿＿＿＿＿＿＿＿　日期：＿＿＿＿＿＿＿

依据这种方式，对全企业的每个岗位进行评估之后，就得到了企业所有标准岗位的数据，然后根据岗位数据进行处理就可以了。

我读大学时，学的是市场营销专业，许多管理类书籍的前言或序绪中总有这么一句话："既是科学，又是艺术。"例如，管理学既是科学，又是艺术；市场营销学既是科学，又是艺术；商品学既是科学，又是艺术。

以前我一直不懂，什么叫科学，什么叫艺术，后来在给一家企业做薪酬设计的时候，做到这一步时，我就明白了。所谓科学，就是像数学、物理、化学等学科一样，是能够发现或总结出规律的，且这个规律是恒久有效的，这就叫作科学。而艺术，就像绘画、雕塑、美学一样，可以对它有不同的看法，甚至有争议。

比如梵高的作品，尽管现在它价值连城，但许多人还是不懂它的美。普通人看不懂不重要，关键是专家其实也看不懂，以至于梵高在生前只卖出一幅画。这就是艺术，同一件事情，有人说好，有人说不好，甚至某一时间段人们说对，另一时间段人们又说不对。

管理就是科学和艺术的结合体。说管理是科学的，是因为管理的许多经验可以总结出来，总结出相关经验以后还可以把这些经验应用到其他地方。例如岗位价值评估，它就是科学的，不管什么企业，只要严格按照它去操作，最后都可以得到科学的结果，或者说能够知道岗位之间的差异、知道岗位的价值，这就是其科学的地方。

说管理是艺术的，是因为不能生搬硬套其他企业的管理工具至我们自己的企业，因为管理需要结合企业的实际情况，需要考虑企业的战略、文化、所处的环境、股东等因素。正如"世界上没有两片完全相同的树叶"一样，世界上也不存在两个完全相同的企业。所以两个相互竞争的企业，可能采取两种完全不同的管理方法，最后却都能成功，这就是艺术。

岗位价值评估也是科学和艺术的结合，其科学性表现在这是一套完全有效的工具，已被成千上万家企业验证过了，其艺术性在于任何两个人根据这套工具给同一个岗位打分，尽管得分可以近似，但很少有两个人给同一个岗位打完全相同的分数，这就是艺术。

4.2.5　岗位价值评估之数据处理

所有的标准岗位都进行了岗位价值评估之后，就得到了这些标准岗位的得分数据，这些数据还需要进行相应地处理。实际工作中，这些数据可以有三种处理方式。

第一种方式，重新评估。有些数据可能与实际的情况有出入，主要是由于一些人刚开始做岗位价值评估，或者某些特定的岗位，大家对其职责、任职资格等还没有正确的认识，导致了集体性的偏差。对于这种岗位的数据，最好的处理方式是重新进行测评，也就是跟大家重新解释这个岗位的职责以及任职资格后，重新进行测评，用重新测评的数据替换原有数据。这种情况一般比较少见，大多数情况是，我们认为某个岗位的数据有问题，但经过重新评估以后发现，数据基本上没有差异，这种情况属于我们对岗位直观上的判断错误，用原来的数据或者重新评估后的数据都可以。

第二种方式，取平均值。每一个岗位都是由若干人进行评估的，这些人的评估结果难免会有差异，想彻底消除这些差异是不可能的，一个比较有效的方式是取平均值，就是把所有人的得分进行相加后，除以总人数，这样得出的数据就比较合理了。

取平均值也有三种方法，第一种是简单平均，第二种是去掉最大值和最小值之后再平均，第三种是把每个部门进行评估的所有人的得分结果平均后再平均，或者说把一个部门看成一个人，这样做的好处是避免了因为某个部门人数多，而获得人数优势导致的评分差异，大家也会更加认同这种取平均值的方法。

但从实际结果来看，这三种取平均值的方法差异并不明显。表4-18是一家企业做过岗位价值评估后，对所有岗位采用三种取平均值的方法进行处理后得出的实际结果。从表中可以看到，经过三种方法处理后发现，三种结果之间的差异很小，只有大约3%的差异，这种差异在实际应用中是可以忽略不计的。但为了得到更好的效果，为了更好地说服客户、经理及员工，我建议这三种方法都使用一下，这样大家也会更加信服。

表4-18　采取三种取平均值方法后的岗位评估结果

岗位	简单平均	去大小值后再平均	部门平均后再平均
前台	128	127	125
初级助理	217	218	222
行政助理	224	220	229
初级行政	233	232	229
出纳	234	234	230
行政管理岗	237	237	232
客户维护岗	249	254	240
售前支持岗	250	254	240
应用维护岗	257	261	248
收入会计	259	261	259
客户经理	280	279	282

续表

岗位	简单平均	去大小值后再平均	部门平均后再平均
业务经理	269	259	285
软件工程师	286	284	293
人事管理岗	303	302	311
主管会计	342	347	340
办事处主任	350	348	346
客户经理	356	353	358
客服部经理1	357	361	362
客服部经理2	382	380	377
人事部经理	419	421	417
经营部经理	434	438	435
研发部经理	438	438	445
市场部经理	454	454	455
采购部经理	467	467	467

第三种方式，在评估的时候提前预防。在进行具体评估的时候有个要求是，评估人不能评估自己的岗位。这么做的目的是避免评估人在实际操作中给自己的岗位打高分导致的差异。在实际操作中，如果允许自己给自己的岗位打分，那么确实会存在自己给自己的岗位打高分的现象。所以为了更好地反映企业实际情况，在进行岗位价值评估时会要求评估人不能给自己的岗位打分。

但我在对数据进行处理后，又发现了一个很有意思的现象，就是允许自己给自己的岗位打分或者不允许自己给自己的岗位打分，其实在结果上差异不明显。因为尽管自己给自己的岗位可能会打高分，但其他人给这个岗位的打分基本上是公正的，例如有30个评估委员，某一个人多打的分数一被平均，就显得微不足道了，尤其是采取去掉最大值及最小值之后再平均的方式，这个人自己打的高分一开始就被去掉了，剩下的都是客观公正的，所以对结果完全没有影响。

尽管如此，我还是建议自己不能给自己的岗位打分，目的还是让大家更加信服，有更少的异议，以减少评估过程中的沟通成本。

4.2.6　岗位价值评估之数据应用

岗位价值评估的数据应用的方法有三种，分别是薪点制、入级法和切线法。

1. 薪点制

所谓薪点制，就是根据价值评估模型评出每个岗位或者每个员工的得分（也叫作薪点），然后汇总计算企业所有岗位薪点的得分，计算出每个员工薪点占企业总薪点的比例，然后根据这个比例算出每个岗位（或员工）的薪酬。这种方法最大的问题是，根据岗位价值评估模型评估出的薪点，会导致高层和基层收入的差异较小，与市场上的薪酬实际状况不太符合。

例如，对于一家企业的总经理和前台，如果按照薪点制计算薪酬，总经理的薪酬一般是前台的10倍左右，如果一个前台月收入为3000元，那总经理的月收入基本上为30000元。对于一些小微企业或者国企来说还算合理，但对于一些大型企业来说，可能就存在较大的问题。例如，对于一些大企业来说，其前台收入稍高，大约为六七千元，如果总经理月收入为六七万元，可能就会显得偏低。所以，我个人认为薪点制更适用于国企进行薪酬体系设计，但薪点制的理念可以用到年终奖金的分配上，效果还是不错的。

2. 入级法

所谓入级法，就是按照岗位评估转换表（见表4-19）找出对应薪酬的级别。

例如，一个职位，通过岗位价值评估以后，得出其岗位价值的数值是460，则可根据数值460所对应的级别，得出其级别为57级，每一个岗位都可通过表4-20查询出得分所对应的岗位的级别。

表 4-19　岗位评估转换表

总得分范围	级别	总得分范围	级别	总得分范围	级别
15~75	41	451~475	57	851~875	73
76~100	42	476~500	58	876~900	74
101~125	43	501~525	59	901~925	75
126~150	44	526~550	60	926~950	76
151~175	45	551~575	61	951~975	77
176~200	46	576~600	62	976~1000	78
201~225	47	601~625	63	1001~1025	79
226~250	48	626~650	64	1026~1050	80
251~275	49	651~675	65	1051~1075	81
276~300	50	676~700	66	1076~1100	82
301~325	51	701~725	67	1101~1125	83
326~350	52	726~750	68	1126~1150	84
351~375	53	751~775	69	1151~1175	85
376~400	54	776~800	70	1176~1200	86
401~425	55	801~825	71		
426~450	56	826~850	72		

表 4-20　所有岗位的级别

岗位	平均得分	等级	岗位	平均得分	等级
前台	125	43	业务经理	285	50
初级助理	222	47	软件工程师	293	50
行政助理	229	48	人事管理岗	311	51
初级行政	229	48	主管会计	340	52
出纳	230	48	办事处主任	346	52
行政管理岗	232	48	客户经理	358	53
客户维护岗	240	48	客服部经理	362	53
售前支持岗	240	48	人事部经理	417	55
应用维护岗	248	48	经营部经理	435	56
收入会计	259	49	研发部经理	445	56
客户经理	282	50	市场部经理	455	57

3. 切线法

所谓切线法，就是根据各个岗位的实际得分，把岗位价值相似的放在同一个职级，把岗位价值差异较大的分成两个职级。采用切线法的职级表见表4-21。

表4-21　采用切线法的职级表

岗位	平均得分	职级	岗位	平均得分	职级
生产部经理	559	1	销售主管	380	4
技术部经理	528	1	行政主管	371	4
财务部经理	503	1	化验室主任	357	4
综合管理部经理	503	1	计划专员	350	4
品控部经理	502	1	进口业务专员	341	4
关务部经理	483	1	技术员	334	4
国际业务专员	446	2	融资专员	328	5
物资供应部经理	443	2	销售助理	314	5
设备经理	435	2	人事专员	305	5
水厂技术主管	422	3	采购员	292	6
销售经理	418	3	数据专员	263	6
驻外主管	415	3	物理性能分析员	243	6
主管会计	412	3			

4.3　岗位价值评估的注意事项——细节决定成败

4.3.1　评估原则

1. 不要求统一

每个评委都可以根据自己的判断对岗位进行打分，结果不要求统一。

有一个领导跟我说，是不是应该大家统一讨论，对每个岗位的结果最好达成统一意见，这样对结果更有利。

大家讨论，然后达成统一意见，首先是一件很难的事情，或者说是不可能的事情，评委越多，统一结果的难度越大。如果大家经过讨论最终结果达成了统一，最后得到的一定是领导的意见。领导根据自己的权威统一拍板，最后形成了大家意见的统一，这样的结果很难服众。

2. 数据反馈

岗位价值评估的数据一般是当场评估的评委进行公开数据反馈，这样能保证结果的公信力。这里有两点需要注意。

一是要当场反馈结果，不要事后反馈。当场反馈可以证明我们对评估结果没有进行任何修改，保证评估结果的公平有效。如果事后反馈，大家就有可能对结果产生怀疑。

有的领导可能担心如果当场反馈结果，万一评估结果不是自己想要的怎么办？所以有些领导不愿意或者说不敢当场公布评估结果。其实当场公布评估结果，很少会发生评估结果有明显偏差的情况。因为员工在评估岗位价值的时候，绝大多数还是会根据自己的判断做出公正的选择。所以只要是按照科学的方式进行评估，员工评估的结果肯定不会有问题。

二是只对参加评估的人员进行反馈，不要扩大范围。参加岗位评估的人员从头至尾全程参与了整个过程，对整个逻辑比较清楚，所以跟他们解释起来比较简单，他们也能明白是什么情况。如果反馈的人员扩大至其他没有参加过评估的人员，由于他们没有参加过岗位评估，所以不知道评估的逻辑。如果只是把结果告诉他们，他们只会根据自己的认知来对结果进行判断分析，这样理解的话难免会有偏颇。所以，在这个环节，只对那些参加岗位价值评估的人员进行反馈即可，不要扩大受众群体。

3. 问卷实名制

判断一个调研问卷应该实名还是匿名，最简单的原则就是看你想得到什么样的信息。

如果想得到员工真实的想法，给企业做科学的依据，是一种结果，如果想得到对自己有利的数据，又是另一种结果。

有一次我给一家国企讲课，这家企业负责人力资源的领导跟我说，他们

/ 第4章　岗位价值评估 /

企业刚对员工做过一次薪酬满意度调查，薪酬满意度为100%。对于这种结果，我也感到很诧异，根据我的判断，这家企业的薪酬体系很不合理，甚至可以说是没有任何基础，是典型的"大锅饭"，这种企业给员工的工资再高也不会有这么高的满意度的。

后来我得知，这家企业在做问卷调查的时候用了两个小技巧或者说是"损招"。一个是在OA系统上进行打分，尽管企业说是匿名制，但在OA系统上打分，员工首先要登录OA系统，这样所有的信息一清二楚，其本质就是实名制。像这种问卷，其实匿名制才能让员工说实话。另一个是这家企业在设计问卷时没有设置不满意的选项，这样员工即使想选择"不满意"选项，也无法选择，最多只能选择弃权。这种问卷其实只是在欺骗企业领导而已。

在做员工满意度调查的时候，如果想了解企业的实际情况或想诊断问题，都应该用匿名的方式，而不能用实名的方式。只有在匿名的情况下，员工才愿意说出自己的心里话。

那在做岗位价值评估的时候，应该采取实名还是匿名的方式呢？我们的目的依然是得到员工真实的判断标准，或者说科学的判断标准，然后根据这个标准进行分级。如果匿名的话，那些调皮捣蛋的员工可能就会乱打分，甚至把基层员工的分数打得比董事长还高，这是明显错误的。而如果采取实名的方式，大家就会根据自己的判断，客观公正地打分，尽量做到偏差最少。所以，我们在进行岗位价值评估的时候，应该采取实名制。

4. 所有人员等权重

我经常碰到的一种情况是，有的企业领导怕评估的结果与自己的想法不匹配，所以会赋予不同人员不同的权重。例如，让董事长占30%的权重，总经理占30%的权重，外部顾问占20%的权重，其他人员占20%的权重。这种做法的理由就是董事长、总经理、顾问及专家等高职位的人对岗位理解得更到位，所以权重就应该高。但如果这样处理，员工的话语权肯定就比较轻，所以也很难服众。

我们做岗位价值评估有两个目的：第一个目的是得到企业各岗位之间的相对价值，为接下来的分级定薪做准备；第二个目的是让员工明白公司在调整薪酬的时候采取的方法是科学合理的，不是根据主观判断得出的结果，而是有科学依据的，并且这个科学依据是在大家民主决策的基础上做出的，这样大家对结果才会更加认可，会更加支持薪酬的变革。

尤其对国企来说，国企的薪酬改革属于"三重一大"制度，"三重一大"就是指重大事项决策、重要干部任免、重要项目安排、大额资金的使用，必须经集体讨论后方可做出决定。"三重一大"制度的修改是要经职工代表大会同意的，如果我们能做到公正、公平、公开，那么员工也会拥护新制度的调整。

4.3.2 一人兼多岗如何处理

企业中经常会碰到一人兼多岗的情况，尤其是一人兼两岗的情况更为常见，这种情况应该如何处理呢？应该给这个兼岗的员工多少工资呢？是应该给高岗位的工资，还是应该比高岗位的工资再多一点呢？

下面先讨论为什么会有一人兼多岗的现象出现。

一人兼多岗一般有两个原因：第一个原因是某个岗位的员工离职了或者某个岗位临时没有合适的人选，让某人临时兼职；第二个原因可能是岗位设置不合理。有一次我给一家公司做咨询，发现这家企业共50人，却有80多个岗位。一般情况下，企业的岗位数量要少于企业的人数，即多人在同一个岗位上。例如，销售、研发、生产等岗位上大多都会有多于一名的员工。而这家企业却是岗位数量远远多于员工人数，那必然会造成一人兼多岗的情况。

后来经过调查情况才知道，负责岗位设计的领导以前在一家5000人的企业工作，等他到了这个企业以后，就把原来那家5000人的企业的一部分岗位挪到了这家企业，这是明显的照猫画虎。最后的结果就是企业的每个人都身兼数职，有一个部门经理兼职最多，他既是人力资源部经理，又是行政部经理、总经理办公室主任、工会主席，此外还兼职党群办主任。其实这两家企业规模

第 4 章　岗位价值评估

差距很大，企业的岗位设置理应不一样才对。所以面对这种情况，不应该只考虑薪酬的问题，而应该先把岗位进行合并。

先来分析第一种情况，也就是当某岗位上缺人，某人临时兼职另一个岗位的情况应该如何处理？

细心的读者可能会发现在美世国际职位评估体系（第二套）中"岗位评估要素：职责范围"表"工作多样性"一栏中有"领导一个职能部门/业务单位"和"领导两个或多个职能部门/业务单位"选项，于是就错误地认为兼职的岗位应该在这里进行区分。这是错误的。因为前面讲过，在进行岗位价值评估时评估的是岗位，而不是这个岗位上的人。所以，在进行岗位价值评估时，正确的做法是对人力资源部经理和行政部经理两个岗位分别进行岗位价值评估，并分别确定两个岗位的价值，赋予不同的薪酬。

接着来分析第二种情况，人力资源部经理兼职行政部经理，那对于这个人来说，应该给多少薪酬才合适呢？假设人力资源部经理的工资是10000元，行政部经理的工资是8000元，那应该给这个人10000元还是8000元呢？

我问过不少人，大家的看法五花八门，统计了一下这些看法，大概有以下几种：

第一，应该就高，给10000元；

第二，应该比高岗位的工资再多一点，即比10000元多一点，如12000元；

第三，应该就低，给8000元；

第四，应该加权平均，给9000元；

第五，应该两者相加，给18000元。

先来分析第三种看法，给8000元。那么会有什么样的结果？没有人愿意兼职低级岗位。他作为人力资源部经理，本来的收入是10000元，结果由于兼职，多了一个职位，工资反倒少了，那肯定不合适。

第四种看法是根据两个岗位的薪酬折中。这与第三种看法类似，如果这个人本来就是人力资源部经理，收入是10000元，但兼职以后收入变成了9000元，也属于下降的情况，所以他也不会同意的。但如果这个人本来是行政部经理的话，收入是 8000 元，现在给涨到 9000 元，我认为这种情况是可以的。所以，如果是高岗位兼职低岗位，不能折中，但如果是低岗位兼职高岗位，可以按折中的薪酬计算。

第五种看法是给 18000 元。相信大多数企业都不会这么给，明显太高了，如果真按照这个相加的原则，前面讲到的那个身兼五职的员工应该给多少薪酬呢？

再说第二种看法，在就高的原则上再多给一点，如多给 20% 或 30%。为什么要在就高的基础上多给一点呢？大家普遍的理由是兼职增加了员工的工作量，所以应该多给。

我们根据什么来判断某个员工的工作量是否增加了呢？判断某个员工的工作量是否增加的主要指标应该是工作时间。

由于兼职，这个员工的工作时间可能会有两种结果：一种是工作时间没有增加；另一种是工作时间确实增加了。如果工作时间确实增加了，我认为不应该在定薪的时候多给一部分工资，而应该给加班费或者安排一个助手帮忙分担一部分工作，让他的工作时间降到合理的水平，如 8 小时。毕竟对于一个人来说，长时间超负荷的工作对员工不公平，何况只是企业个别人由于兼职导致的工作时间过长。

如果工作时间没有增加，怎么判断他的工作量是否增加了呢？那只能有一种可能，就是他的工作强度大，也就是这个人由于兼职导致工作强度大。现在这个人兼职两个岗位，8 小时内全部能完成，这是不是意味着没兼职之前的工作强度过低？如果是这种原因，我认为这家企业有必要重新调整企业的人员编制以及工作内容。

所以，对于兼职多个岗位的情况，不管是工作时间增加了，还是工作时间没有增加，都不应该简单地增加工资，而应该根据不同的情况做不同的处理。

还有一种看法是比较赞同给兼职员工多发一点工资，理由是尽管工作时间没有增加，工作强度也没有增加，但他承担的责任重了。这也得分两种情况来考虑，一种是针对直接操作的基层员工，一种是针对管理者。

对于基层员工来说，如一个文员兼职前台，假设时间还是8小时，工作强度跟一个全职文员或者一个全职前台一样，这样的员工承担的责任应该跟一个全职文员或者一个全职前台差异也不大，所以也不应该多定薪。对于管理者来说，如人力资源部经理兼职行政部经理，他承担的责任确实重了，这种情况下可以多给一点，但也可以不给。因为多给的额度如果不太高，实际上也没有多大意义。

这里还有一个问题，如果兼职要给一部分额外的工资，如2000元，这样这个经理现在的薪酬是1.2万元。如果我们招聘到行政部经理了，现在这个经理只担任人力资源部经理的话，薪酬应该如何处理，是不是要降回1万元？所以，这是典型的自己给自己添麻烦。

我认为，对于一个人兼职两个以上岗位的情况，如果他的工作时间没有超过法定工作时间，给最高的工资就可以。对于管理者，确实由于兼职导致工作责任加大，可以适当地增加工资或者发放补贴，我更倾向于不加工资。如果由于兼职导致工作时间超过了法定工作时间，可以给加班费，或者安排一个助手帮忙进行分担，将他的工作时间降到合理的水平即可。

总结：

- 岗位价值评估是对岗位进行评估，而不是对人进行评估。
- 一人兼多岗时给较高的工资即可。

第 5 章

薪酬曲线

第5章 薪酬曲线

5.1 画薪酬曲线

5.1.1 职级

所谓职级，也叫职等，就是按照一定的规则把企业内的岗位划分成若干个级别，每个级别对应一个职等。

确定职级有两种方法，第一种方法叫作入级法，就是根据岗位价值评估工具的"入级表"对评估的结果直接入级，这种方法的好处是比较简单和直观，如果数据充分，可以直接与市场上其他企业的相同职级进行薪酬比对，以便了解企业的薪酬情况。第二种方法叫作切线法，就是根据一定的规则把企业的所有岗位进行切线划分。

我在给一家航空企业做薪酬咨询时，根据岗位价值评估的结果进行了职级的划分，如图5-1所示。也可以直接按从高到低或者从低到高的结果进行排序，之后再进行职级的划分。

对于一家企业应该划分为几个职级，没有统一的规定，也没有很合理的科学解释，需要依靠薪酬设计人员的经验和技巧来划分。

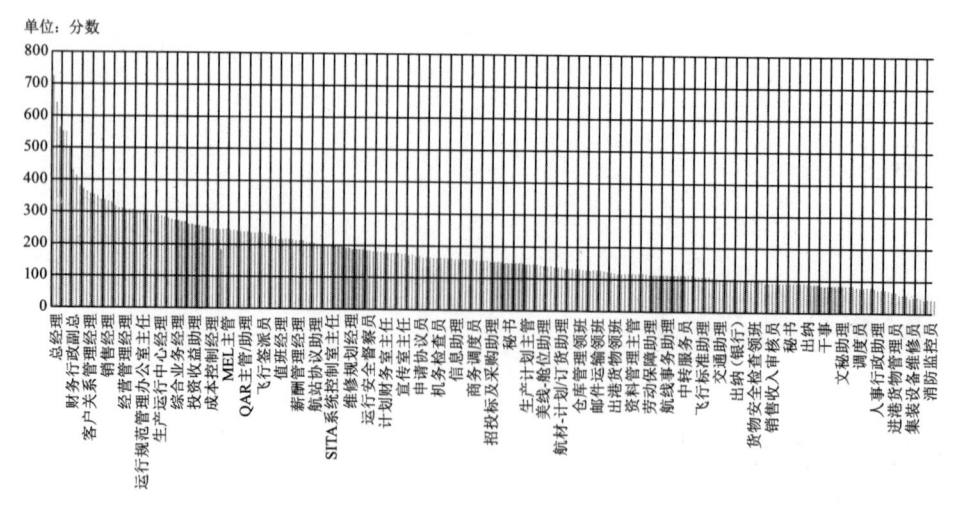

图 5-1 某航空企业按岗位价值评估结果划分的职级

一般来说，在划分职级的时候，也有以下几个技巧。

（1）根据企业的薪酬倾向进行划分。如果企业的薪酬思路是加大薪酬差距，则职级划分的数量就可以少一些；反之，职级的数量就可以多一些。

（2）根据企业的现有文化进行划分。如果企业的文化是倾向于同一职级的员工薪酬差异不大，则职级划分的数量就可以多些，采用窄带的薪酬；反之，职级的数量就可以少些，采用宽带的薪酬。

（3）找缺口比较明显的地方进行划分。图 5-1 中第一个点和后面的点之间的缺口差异比较大，可将之作为一个划分点。

（4）岗位评估价值比较接近的尽量放在一个职级内。

如此，便可以把企业所有岗位划分成这样的职级，假设一共划分成了 8 个职级，要列出每个职级的岗位。

5.1.2 现有薪酬曲线

当把一家企业的岗位划分职级之后，就可以根据岗位上员工的情况，把企业现有的薪酬曲线画出来了。某企业职级及员工薪酬情况见表 5-1。

表 5-1 某企业职级及员工薪酬情况

序号	职级	薪酬/元	序号	职级	薪酬/元	序号	职级	薪酬/元
1	7	8310.00	26	5	6250.00	51	3	3620.00
2	7	7950.00	27	5	3440.00	52	3	3620.00
3	7	8310.00	28	5	4400.00	53	3	3900.00
4	7	7500.00	29	5	9200.00	54	3	3960.00
5	7	7500.00	30	5	4560.00	55	3	3010.00
6	6	7500.00	31	4	7050.00	56	3	4100.00
7	6	14040.00	32	4	4770.00	57	3	3010.00
8	6	14040.00	33	4	5070.00	58	3	3010.00
9	6	6630.00	34	4	4420.00	59	3	3200.00
10	6	6470.00	35	4	3620.00	60	3	3010.00
11	6	6630.00	36	4	3010.00	61	3	3400.00
12	6	6630.00	37	4	3200.00	62	3	3010.00
13	5	5390.00	38	4	4420.00	63	3	3010.00
14	5	5070.00	39	4	4800.00	64	3	3010.00
15	5	5070.00	40	4	5390.00	65	3	3010.00
16	5	4800.00	41	4	5900.00	66	3	3010.00
17	5	6450.00	42	4	5000.00	67	3	3700.00
18	5	5300.00	43	4	4800.00	68	3	5500.00
19	5	7250.00	44	3	5390.00	69	3	4420.00
20	5	7050.00	45	3	3620.00	70	3	3850.00
21	5	5900.00	46	3	6650.00	71	2	3570.00
22	5	8600.00	47	3	4150.00	72	2	4100.00
23	5	6650.00	48	3	3900.00	73	2	5390.00
24	5	7250.00	49	3	3850.00	74	2	4100.00
25	5	8600.00	50	3	3010.00	75	1	3010.00

根据表 5-1 中的职级和薪酬数据，用散点图画出企业的现有薪酬曲线，如图 5-2 所示。

薪酬/元

$y = 2123e^{0.2027x}$
$R^2 = 0.5602$

图 5-2　企业现有薪酬曲线散点图

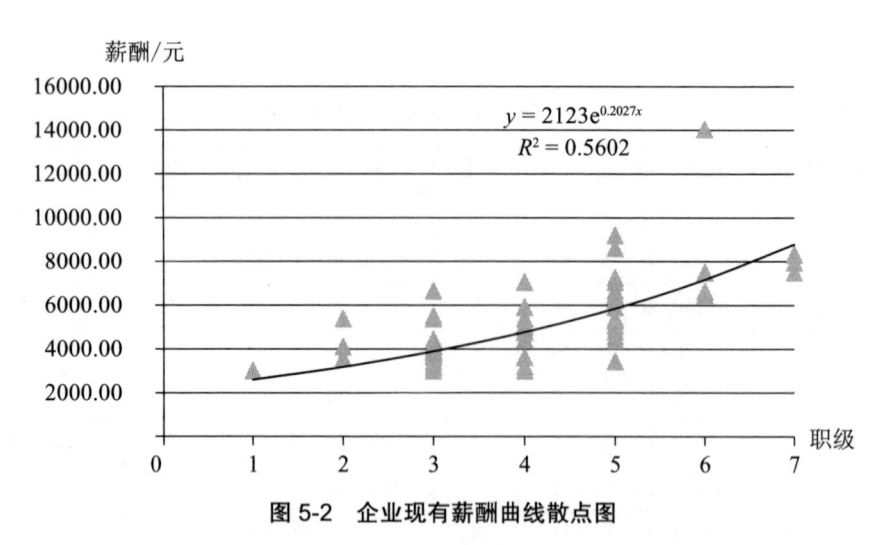

绘制企业现有薪酬曲线散点图需要注意几个要点。

（1）可将职级作为横坐标，薪酬作为纵坐标。

（2）可用指数函数添加趋势线（也有的企业用线性函数，后面会分析用指数函数和用线性函数的区别）。

（3）显示公式与R的平方值，R的平方值越大（接近1），说明回归曲线对观测值的拟合程度越好；反之，R的平方值越接近0，说明回归曲线对观测值的拟合程度越差。通俗地讲，就是R的平方值越接近1，公式和曲线就越有效；反之，效果越差。统计学上认为，当R的平方值大于等于0.8的时候，我们就可以认同曲线的代表性。

图5-2中显示，R的平方值是0.5602，说明曲线和散点的关联度较差，结果不明显。这是一家企业的实际薪酬数据。为什么会出现这种情况？主要的原因有以下两个。

（1）个别人的薪酬数据与其他人差异较大，最典型的是序号7和序号8。这两个人的职级是6级，薪酬是14040元，明显高于其他6级员工的薪酬，其他6级员工的平均薪酬只有6772元，在曲线上方比较突出的地方显示的就是这两个人的薪酬。

（2）同一职级中，员工的薪酬差异较大。例如，同样是5级员工，最高值是9200，最低值只有3440，最高值与最低值之间的差异高达167%。主要原因是这家企业不是根据岗位价值划分级别，而是按照员工的行政级别划分级别。如果这么划分，员工之间的薪酬其实差异不大，员工涨工资又是普涨（年底员工工资会普调一定的幅度，如10%）。这样产生的后果就是员工薪酬之间的差异不大，更多的是靠工龄之间的差距，在企业的工龄时间长，工资就高，工龄时间短，工资就低。在薪酬曲线上的表现就是，横向上不同职级的员工的薪酬基本上集中在同一水平线上，纵向上同一职级之间的差异也可能较大，新员工工资较低，老员工工资较高（当然新老员工薪酬错位也可能产生这种结果）。

另外一家企业根据员工的薪酬和职级绘制的现有薪酬曲线如图 5-3 所示。这里面的问题是由于低职级的员工工资收入较高（前面分析过），并且比较分散，所以导致模拟的薪酬曲线呈现的相关性不是很有利，R 的平方值只有 0.6589。

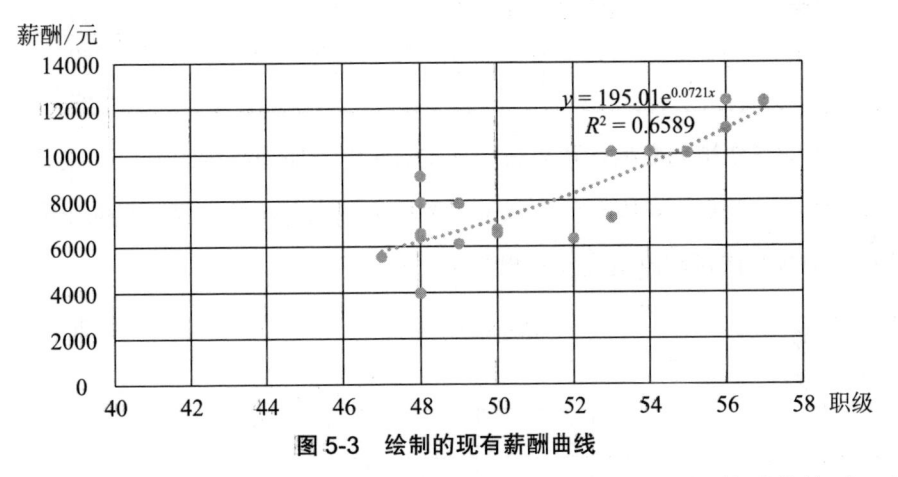

图 5-3 绘制的现有薪酬曲线

无论什么原因，只要是 R 的平方值太低，在设计企业的薪酬曲线时，都必须对数据进行一定的处理。

5.2 市场薪酬曲线

5.2.1 有外部薪酬数据的情况

假定我们通过外部市场薪酬调查得到了相应职位的市场薪酬水平，这样我们就可以得到与被评价职位有关的两组数据，一组是职位评价值，一组是市场薪酬水平值，外部薪酬数据见表 5-2。

表 5-2　外部薪酬数据

序号	职位名称	职位评价值	市场薪酬水平值 / 元
1	出纳	140	1530
2	离退休事务主管	210	1800
3	行政事务主管	260	2030
4	工会财务主管	335	2300
5	总经理秘书	345	2300
6	招聘主管	404	2920
7	会计主管	425	3160
8	项目经理	470	3600
9	总经办主任	545	4920
10	财务部经理	550	5300
11	市场部经理	565	5700

根据表 5-2 中的数据，可以采用在 Excel 中添加趋势线的办法制成类似于图 5-4 所示的散点图，纵轴代表职位的市场薪酬水平，横轴代表职位评价值。其中的虚线叫作薪酬政策线或薪酬曲线。

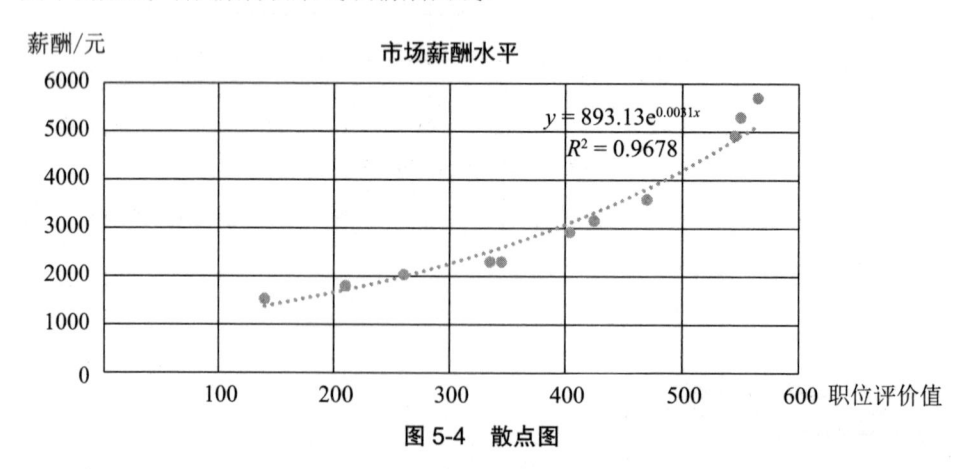

图 5-4　散点图

为了更加准确，可以通过以下两种方式进行薪酬的模拟：第一种是用指数函数进行模拟，第二种是用线性函数进行模拟。然后对两个函数进行加权平均，得到企业新的薪酬曲线图。采用指数函数模拟的薪酬曲线如图 5-5 所示，采用线性函数模拟的薪酬曲线如图 5-6 所示。

第5章 薪酬曲线

图 5-5 采用指数函数模拟的薪酬曲线

$y = 3526.4e^{0.1632x}$

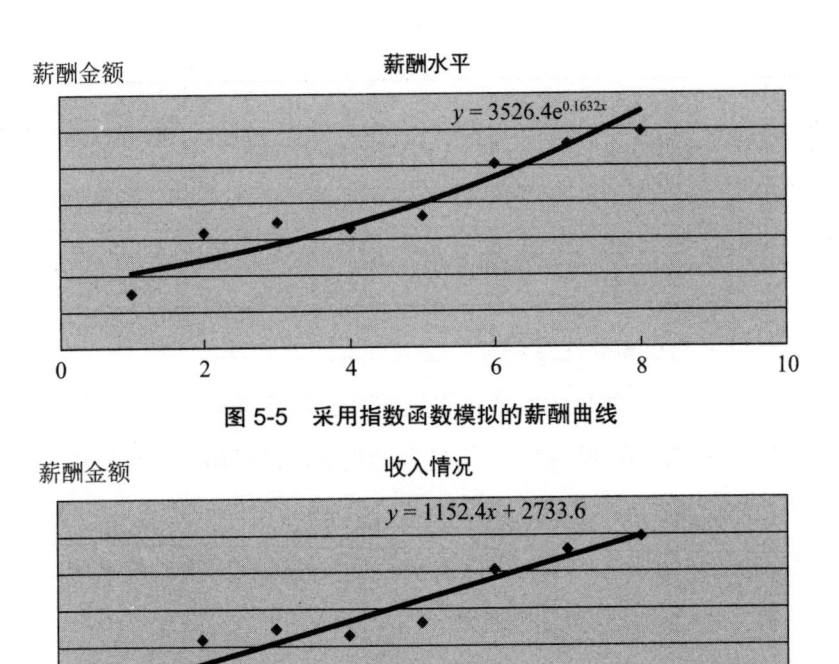

图 5-6 采用线性函数模拟的薪酬曲线

$y = 1152.4x + 2733.6$

通过数学计算，代入值即可求出相应的经过平滑处理以后的各职位薪酬水平。根据指数函数和线性函数的计算公式，可以得出与各职级相对的薪酬区间中值，先求平均值然后取整。根据公式计算出来的市场薪酬见表 5-3。

表 5-3 根据公式计算出来的市场薪酬

序号	公式1：$y=3526.4e^{0.1632x}$	公式2：$y=1152.4x+2733.6$	平均值/元	调整后的薪酬/元
1	4152	3886	4018.766	4000
2	4887	5038	4962.942	5000
3	5754	6191	5972.349	6000
4	6774	7343	7058.552	7000
5	7975	8496	8235.164	8000
6	9388	9648	9518.212	9500
7	11053	10800	10926.57	11000

续表

序号	公式1: $y=3526.4e^{0.1632x}$	公式2: $y=1152.4x+2733.6$	平均值/元	调整后的薪酬/元
8	13012	11953	12482.44	12500
9	15319	13105	14211.97	15000
10	18034	14258	16145.97	18000

这里有以下几点需要注意。

（1）薪酬模拟曲线用的数值是根据前面的薪酬策略、岗位价值评估得到的数值，以及从市场薪酬数据中综合选取的数值，最后用这些数值进行综合模拟后得到薪酬曲线。

（2）对于平均值这一项，可以用两种公式的计算结果加权平均，也可以用其中一种公式的计算结果加权平均。

（3）调整后的薪酬要取整，一般按照百元或者千元人民币为单位，当然也可以用300元、500元这样的单位。

（4）得到的数值就是企业各职级薪酬的中位值。

> 总结：
> - 薪酬曲线的作用较多，可以画成不同类型的曲线。
> - 薪酬曲线计算出的数据是企业薪酬的中位值。

5.2.2 画薪酬曲线的注意事项

1. 没有外部薪酬数据的情况

如果没有外部的薪酬数据，在设计薪酬体系的时候，首先要定性分析我们企业的薪酬数据并与市场进行对比，判断其大概是高了还是低了。如果明显偏低，应该把薪酬提高一点；如果合适，也可以用现在的薪酬数据模拟。如果要提高，提高多少呢？假设确定薪酬要提高10%，就把现在的薪酬提高10%后

第5章 薪酬曲线

再重新模拟薪酬曲线（或者在原来公式的基础上增加10%，结果是一样的）。某企业各职级提高后的薪酬见表5-4。

表5-4 提高后的薪酬

职级	7	6	5	4	3	2	1
原薪酬/元	7950	6630	6075	4800	3620	4100	3010
提高后的薪酬/元	8347.5	6961.5	6378.75	5040	3801	4305	3160.5

重新模拟的薪酬曲线如图5-7所示。

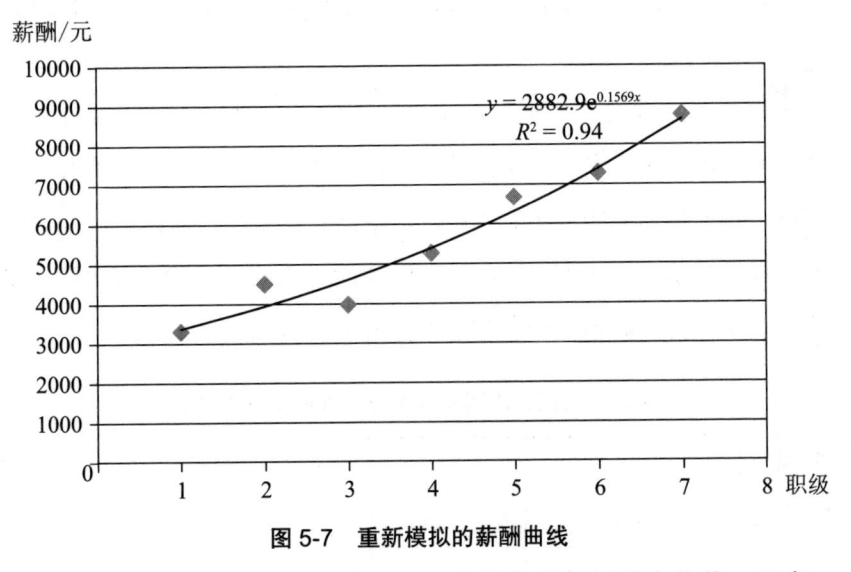

图5-7 重新模拟的薪酬曲线

然后再利用公式 $y=2882.9e^{0.1569x}$ 计算各职级新的中位值，见表5-5。

表5-5 各职级新的中位值

职级	1	2	3	4	5	6	7	8
中位值/元	3389	4040	4815	5738	6839	8151	9715	11579

对表5-5中1~8个职级的中位值进行取整处理，可得到调整后的薪酬，见表5-6。

表 5-6 调整后的薪酬

职级	1	2	3	4	5	6	7	8
调整后的薪酬中位值/元	3300	4000	4800	5700	6800	8000	9700	11500

在实际的操作中，在计算较高级别的薪酬中位值的时候，应该根据具体情况进行调整。按照薪酬曲线的规律，大多数级别不会有问题，基本上符合级别增长的规律。但有些特殊的岗位，如总经理等高级别岗位如果也按照这种趋势设计，就会产生总经理工资远远高于薪酬中位值，甚至远远高于薪酬上限的情况。

这里的原因主要是，一般情况下总经理的工资要比稍低职级岗位（如副总经理）的工资高出太多，而按照薪酬曲线趋势设计，增幅可能不够。

所以，对于最高职级或第 8 职级，可根据实际情况进行调整。总经理这种岗位的处理最简单，因为总经理只有一人，所以直接用其工资作为中位值即可。

调整高职级薪酬后该企业的薪酬中位值见表 5-7。

表 5-7 调整高职级薪酬后该企业的薪酬中位值

职级	1	2	3	4	5	6	7	8
薪酬中位值/元	3389	4040	4815	5738	6839	8151	9715	16000

2. 学会因地制宜

企业在设计薪酬体系时也要根据自己企业的实际情况进行不同的处理。

许多 HR 在工作中经常会跟企业老板提出不同的需求，如要有外部数据，要大家更好地配合，要老板的全力支持等。各种条件都达到固然好，但企业的现实情况更多的是不可能都满足 HR 的需求。甚至有时候只能满足一两个条件，这种情况应该如何处理呢？就像一个姑娘到男朋友家做客，到了中午该吃饭的时候，就想做点拿手菜给男朋友品尝。

第 5 章　薪酬曲线

不同的人可能会有不同的选择，一个人打开冰箱，看看冰箱里面有什么，冰箱里有什么食材就用现有的食材做一顿合适的午饭，尽管不一定非常丰盛，但能解决两个人的温饱问题，也是一种别致的浪漫。另一个人打开冰箱，发现虽然冰箱里有一些食材，但都不是自己擅长的菜肴。为了让男朋友高兴，她会跟男朋友说："我会做宫保鸡丁，尽管有鸡丁，但是家里没有花生米，所以做不了；我还会做酸辣土豆丝，尽管有土豆丝，但是家里没有辣椒，你看能不能去超市买一些花生米和辣椒回来？"

这两个姑娘哪个更适合做女朋友呢？我想大多数男孩会选择第一个姑娘做女朋友。有了鸡丁没有花生米，可不可以做其他的鸡丁菜肴呢？如辣子鸡丁、酱爆鸡丁、葱烧鸡丁、糖醋鸡丁等。没有辣椒能不能做其他的土豆菜肴呢？如醋溜土豆丝、炸薯条、土豆泥、干锅土豆、鸡丁土豆等。

企业在设计薪酬的时候，也会碰到类似的问题，有的企业有外部的薪酬数据，而有的企业没有外部的薪酬数据，没有外部的薪酬数据能不能设计一个薪酬体系呢？答案是可以的。

有外部的薪酬数据固然好，那就可以根据外部的薪酬数据设计出相对合理的薪酬体系。但如果没有外部的薪酬数据，只用自己企业的薪酬数据，同样可以设计出相对合理的薪酬体系。

总结：

要因地制宜，做一名有什么食材就做什么菜肴的大厨。

第 6 章

薪酬分级

第6章 薪酬分级

6.1 宽带薪酬

6.1.1 宽带薪酬管理模式

宽带薪酬管理模式是企业整体人力资源管理体系中薪酬管理的方法之一，是一种新型的薪酬结构设计方式，也是对传统的、带有大量等级层次的垂直型薪酬结构的改进或替代。所谓宽带薪酬，就是在组织内用少数跨度较大的工资范围来代替原有数量较多的工资级别的跨度范围，把原来十几个、二十几个，甚至三十几个薪酬等级压缩成几个级别，取消原来狭窄的工资级别带来的工作间明显的等级差别。

但同时将每一个薪酬级别所对应的薪酬浮动范围拉大，从而形成一种新的薪酬管理体系。宽带薪酬管理模式中的"带"是指工资差异，"宽带"则指工资浮动范围比较大。与之对应的是窄带薪酬管理模式，即工资浮动范围小，级别较多。

目前国内很多企业实行的是窄带薪酬管理模式。

在这种窄带薪酬体系中，由于自己的职级体系的带宽很窄，所以一个员工如果想涨工资，更多的是靠行政职务的晋升。例如，一个员工如果表现好，能力又强，需要涨工资的话，最好的方式是给予晋升，如晋升到主管；一个主管如果表现好，能力又强，需要涨工资的话，最好的方式是晋升到副经理；一个副经理如果表现好，能力又强，需要涨工资的话，最好的方式是晋升到经理；以此类推。

从职务上来看，职级越高，编制越少，一般一家企业某个部门的部门经理只有一个人，这样副经理要晋升正职的话就比较难，于是有的企业又想出了让副职拥有正职待遇的方法。我见过很多企业，一个部门中有一个正职、若干个副职，有很多的主管，但只有少数的员工。而其中还有几个副职拥有正职待遇。如果用宽带薪酬，就能很好地解决这种问题。尽管某个人行政级别不高，假设只是员工层级，但可以拿很高的工资，甚至可以比部门经理的工资都高。

还有一种情况，某些员工不适合或者不愿意当领导，就让他们从事技术岗位，便能充分发挥其技术优势，给企业带来良好的效益。如果让他们当领导，反而会是企业的一种损失。但是如果不让他们当领导，在传统的窄带薪酬体系下又不能很好地对他们进行激励，怎么办呢？宽带薪酬体系就很好地解决了这个问题。

在宽带薪酬体系设计中，员工不是沿着企业唯一的行政等级层次往上走，相反，他们在自己职业生涯的大部分时间或者所有时间里可能都是处于同一个薪酬宽带，他们在企业中的流动是在同一职级内的，随着能力的提高，他们将承担新的责任，只要在原有的岗位上不断改善自己的绩效，就能获得更高的薪酬，即使是被安排到低层次的岗位上工作，也一样有机会获得较高的报酬。某些人尽管是员工层级，但他们的工资可以足够高，甚至比部门经理、比总经理的工资都高，这就是宽带薪酬的魅力。

窄带薪酬和宽带薪酬的对比图如图 6-1 所示。

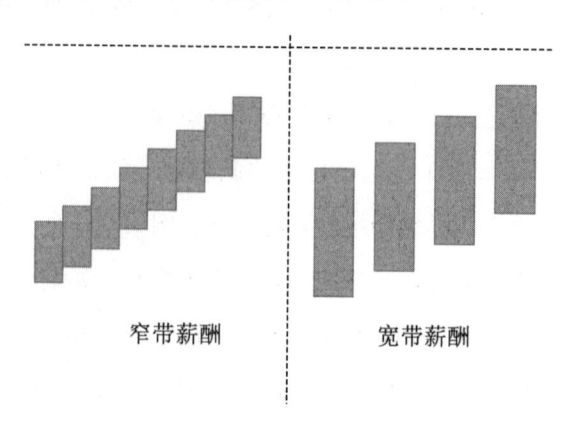

图 6-1　窄带薪酬和宽带薪酬的对比图

6.1.2 上下限的计算

薪酬带宽指的是职级最高值和最低值的差异，一般用百分数表示，计算公式如下：

带宽 W=(最高值 MAX- 最低值 MIN)/ 最低值 MIN

一般来说，在宽带薪酬中，每个薪酬等级的最高值与最低值之间的区间变动比例要达到100%或100%以上。

一种典型的宽带型薪酬结构可能只有几个等级的薪酬级别，每个薪酬等级的最高值与最低值之间的区间变动比例可能达到200%~300%。而在传统的薪酬结构中，这种薪酬区间的变动比例通常只有40%~50%。

有了中位值以后，就可以很容易地计算出各职级的最高值和最低值。当然在设计最高值和最低值的时候，也需要考虑带宽的问题，由于带宽没有统一的确定标准，所以在这里设计上下限的时候可以多考虑一些情况，然后再根据企业的实际情况选择适合的带宽。某企业带宽设计中的最高值和最低值见表6-1。

表 6-1 某企业带宽设计中的最高值和最低值 单位：元

中位值	带宽50%最低值	带宽100%最低值	带宽150%最低值	带宽50%最高值	带宽100%最高值	带宽150%最高值
4000	3200	2667	2286	4800	5333	5714
5000	4000	3333	2857	6000	6667	7143
6000	4800	4000	3429	7200	8000	8571
7000	5600	4667	4000	8400	9333	10000
8000	6400	5333	4571	9600	10667	11429
9500	7600	6333	5429	11400	12667	13571
11000	8800	7333	6286	13200	14667	15714
12500	10000	8333	7143	15000	16667	17857
15000	12000	10000	8571	18000	20000	21429
18000	14400	12000	10286	21600	24000	25714

在实际应用的时候，要对表6-1中的薪酬数据取整，一般以百元或者千元为依据取整数，如14667，取整后为15000。

带宽为多少才合适呢？在设计的时候我们可以采取预估的方式进行调节，首先用 100% 的带宽进行预测，如果合理则万事大吉，否则需要增加带宽的数值，直到出现一个比较合理的值为止。

什么情况下算合理呢？就是看企业员工现在的薪酬水平，如果员工现在的薪酬的绝大部分（如 90%）在薪酬带宽之内，就算合理，否则就是有问题，需要调大带宽，一直到绝大多数员工的薪酬位于带宽之内。

这里介绍一个简单的公式，按照这个公式可以计算薪级的下限和上限。

假设企业某职级的中位值是 M，带宽是 W，这两个数值是已知的，中位值可以根据上述方法进行计算得出，带宽根据企业的具体情况进行设定，然后根据上述两个已知量计算职级的最低值 MIN 和最高值 MAX，公式如下：

$$MIN = 2M/(2+W)$$
$$MAX = 2M - MIN$$

或者：

$$最低值 = 2 中位值 /(2+ 带宽)$$
$$最高值 = 2 中位值 - 最低值$$

> **总结：**
>
> 宽带薪酬是现代企业必备的薪酬体系。

6.2 如何建立薪酬体系——薪级多少才合理

确定了中位值、最大值、最小值之后，就可以把最小值和最大值的这个带宽切割成我们所需要的组成部分：薪级。

按照以前的实践标准，一般会把整个薪酬带宽切割成 7~9 个等级。如果按 7 个等级划分，切割的时候叫四分位，按下四分位、中下四分位、中位值、中上四分位、上四分位来进行切割。也就是说，最后的薪资构架表有 7 个组成部分。

进行切割的时候，很可能有很多尾数，如 1247，为了便于操作，采取四舍五入的方法把那些零头给它设成零，即设成 1200 或者 1300，以便于之后财务发工资，毕竟给一个员工制定的薪酬标准是 1247 总是感觉有点别扭。

薪级的数量划分方法也有两种，一种是所有的职级划分统一数量的薪级，另一种是不同的职级划分不同数量的薪级。在划分不同数量薪级的时候，一般倾向于低职级可以多划分一些薪级，高职级可以少划分一些薪级。

将所有职级都划分为 7 个薪级的划分方法见表 6-2。

表 6-2 将所有职级都划分为 7 个薪级的划分方法

	职等1	职等2	职等3	职等4	职等5	职等6	职等7	职等8
薪级1	1等1级	2等1级	3等1级	4等1级	5等1级	6等1级	7等1级	8等1级
薪级2	1等2级	2等2级	3等2级	4等2级	5等2级	6等2级	7等2级	8等2级
薪级3	1等3级	2等3级	3等3级	4等3级	5等3级	6等3级	7等3级	8等3级
薪级4	1等4级	2等4级	3等4级	4等4级	5等4级	6等4级	7等4级	8等4级
薪级5	1等5级	2等5级	3等5级	4等5级	5等5级	6等5级	7等5级	8等5级
薪级6	1等6级	2等6级	3等6级	4等6级	5等6级	6等6级	7等6级	8等6级
薪级7	1等7级	2等7级	3等7级	4等7级	5等7级	6等7级	7等7级	8等7级

将不同的职级划分为不同数量的薪级的划分方法见表 6-3。

表 6-3 将不同职级划分为不同数量的薪级的划分方法

	职等1	职等2	职等3	职等4	职等5	职等6	职等7	职等8
薪级1	1等1级	2等1级	3等1级	4等1级	5等1级	6等1级	7等1级	8等1级
薪级2	1等2级	2等2级	3等2级	4等2级	5等2级	6等2级	7等2级	8等2级
薪级3	1等3级	2等3级	3等3级	4等3级	5等3级	6等3级	7等3级	8等3级
薪级4	1等4级	2等4级	3等4级	4等4级	5等4级	6等4级	7等4级	8等4级
薪级5	1等5级	2等5级	3等5级	4等5级	5等5级	6等5级	7等5级	8等5级
薪级6	1等6级	2等6级	3等6级	4等6级				
薪级7	1等7级	2等7级	3等7级	4等7级				

同样，在带宽的设计问题上也可以这么操作，就是所有的职级可以用统一的带宽，也可以设计成不同的带宽。一般倾向于低职级的带宽可以略窄，高

职级的带宽可以略宽。

有了中位值、带宽、薪级数量，就可以计算出各薪级之间薪酬的差异值了，然后汇总成职级薪级表，见表6-4。

表 6-4 职级薪级表

	职级 1	职级 2	职级 3	职级 4	职级 5	职级 6	职级 7	职级 8
薪级 1	2200	2600	3200	3800	4550	5400	6500	11000
薪级 2	2450	2950	3600	4250	5100	6050	7300	12000
薪级 3	2700	3300	4000	4700	5650	6700	8100	13000
薪级 4	3000	3650	4400	5150	6200	7350	8900	14500
薪级 5	3300	4000	4800	5600	6750	8000	9700	16000
薪级 6	3600	4350	5200	6100	7300	8700	10500	17500
薪级 7	3900	4700	5600	6600	7900	9400	11300	19000
薪级 8	4200	5050	6000	7100	8500	10100	12100	20500
薪级 9	4500	5400	6400	7600	9100	10800	13000	22000

具体到划分薪级的时候，可以有以下4种划分方法，这4种方法在我们实践的过程中都可以采用。

6.2.1 标准等额划分法

所谓标准等额划分法，就是企业在同一职级内，每晋升一个薪级，涨工资的额度都是相同的，如每次晋升都是涨100元。具体设计时，可先画出一条直线，标出最小值、中位值、最大值；再算出最小值和中位值的平均数就是25分位（或四分之一分位），中位值和最大值的平均数就是75分位（或四分之三分位）；接着算出最小值和四分之一分位的平均值，就是八分之一分位，算出四分之一分位和中位值的平均值，就是八分之三分位，以此类推。

第一步，标出最小值、最大值和中位值，如图6-2所示。

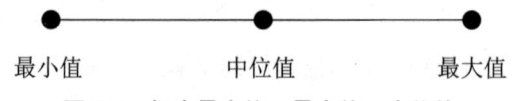

图 6-2 标出最小值、最大值、中位值

第二步，计算并标出四分之一分位和四分之三分位，如图 6-3 所示。

最小值　四分之一分位　中位值　四分之三分位　最大值

图 6-3　计算并标出四分之一分位和四分之三分位

第三步，计算并标出八分之一分位和八分之三分位，如图 6-4 所示。

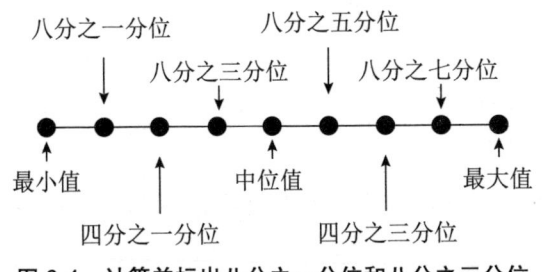

图 6-4　计算并标出八分之一分位和八分之三分位

6.2.2　非标准等额划分法

第一步与标准等额划分法相同，先在一条直线上标出最小值、中位值、最大值，如图 6-5 所示。

最小值　　　中位值　　　最大值

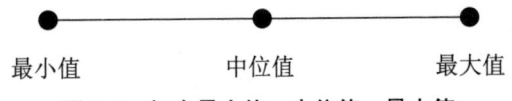

图 6-5　标出最小值、中位值、最大值

第二步，根据设计好的薪级，进行等额划分，如图 6-6 所示。

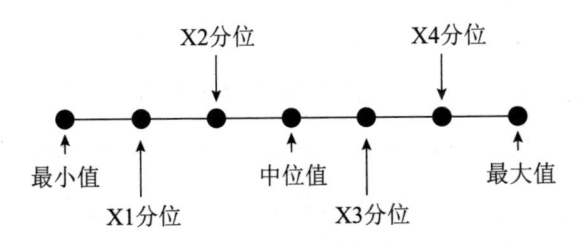

图 6-6　进行等额划分

以上两种方法都可以采用简单的计算方法，具体步骤如下：

第一步，确定最小值、中位值、最大值。

第二步，确定薪级数量，如一共设计几个薪级。

第三步，计算薪级额度。假设一共有 N 个薪级，等额划分法计算出来的薪级差 = (最大值 − 最小值)/(N−1)。

第四步，根据最小值和薪级额度，计算每一个薪级的数值。

第五步，对所有数值取整。

第六步，验算准确性。

6.2.3　等比划分法

这种方法就是在同一职级内，每次晋升的幅度是一样的，如每次涨 10%。具体步骤如下：

第一步，确定最小值、最大值。

第二步，确定薪级数量，如一共设计几个薪级。

第三步，计算薪级幅度。假设一共有 N 个薪级，用等比划分法计算出来的薪级差 = (最大值 / 最小值)^[1/(N−1)]−1。具体计算时可以使用 Excel 自带的公式。

第四步，对所有数值取整。

第五步，验算准确性。

6.2.4　组合划分法

所谓组合划分法，就是将等额和等比相结合的划分方法，这种方法在实际应用中也比较常见。这里需要注意的是，前面较低的几个薪级应该采取等额的方法，后面较高的几个薪级应该采取等比的方法，这样就能更好地避免两种方法的缺点，并且利用好两种方法的优点。

6.2.5 薪级的难题

薪级设计主要有以下几个难题。

（1）一家企业的每个职级设为多少个薪级合适？

（2）档差（薪级差）设为多少合适？

（3）先确定薪级数量还是先确定档差？

（4）重叠率设为多少合适？

（5）职级差设为多少合适？

下面尝试对其中几个问题进行解答。

第一个问题，薪级设为多少合适？尽管许多企业设计的薪级数量是7~9，但我更倾向于没有标准答案。因为一家企业的薪级数量取决于两个因素，一个是带宽，一个是档差。带宽是根据企业的实际情况，从100%开始通过测试、试错等方式慢慢测试出来的。薪级设为多少合适？这是由第二个问题决定的，档差不同时，即使使用同样的带宽，薪级的数量肯定也不一样。

第二个问题，档差设为多少合适？档差的作用是在给员工涨工资时作指引。也就是说，设置的档差要能在给员工涨工资时起到良好的激励作用。一般的企业在给员工涨工资时，一次会涨一级至两级工资。也就是说涨一级至两级工资能起到激励员工的作用。那么档差到底设为多少才能起到激励员工的效果呢？档差设为10%左右是企业和员工普遍能接受的结果。如果企业给员工涨工资的额度比较少，可以适当降低档差，但最低不能低于5%；如果公司给员工涨工资的额度低于5%，那么对员工的激励效果就不明显。

这个问题其实也可以参考社平工资的涨幅。从1991年社平工资的统计数据来看，北京市的社平工资涨幅大约在10%左右。

第三个问题，先确定薪级数量还是先确定档差？按照6.2.3小节的步骤，一般是先确定薪级数量，然后再计算档差。但在实际应用中，应先估算档差，再根据档差估算薪级数量，然后根据薪级数量计算具体的档差。假设给员工涨一次工资的最小幅度是5%，100%的带宽，如果采取等差序列，那么大约可以将档差分成21级（100/5+1）；如果采取等比序列，那么大约可以将档差分成15级。

这里有一个等比序列的估算公式，叫作"72法则"。"72法则"最早应用于投资领域，是一个用来估算投资金额多长时间可以翻一倍的公式。投资金额多长时间可以翻一倍，取决于两个因素：一个因素是投资时间（期数），另一个因素是投资收益率（当期投资收益率）。当投资时间与投资收益率的乘积等于72的时候，我们就认为投资正好翻一倍。假设投资的年收益率是10%，大概7年可以翻一倍；假设投资的年收益率是6%，大概12年可以翻一倍。

在设计薪酬的等比序列时也可以使用"72法则"。如果设计的档差增幅是10%，大约7级薪酬就可以翻一倍，也就是说如果带宽是100%的话，档差若是设定为10%，那么薪级就应该设计成8级（72/10+1）；档差若是设定为5%，那么薪级就应该设计成15级（72/5+1）。

最后分享给大家两个分级对照表，等差序列分级对照表（带宽100%）见表6-5，等比序列分级对照表（带宽100%）见表6-6。

表6-5 等差序列分级对照表（带宽100%）

档差	薪级数量	级差（金额）
5%	21	带宽/20
6%	17	带宽/16
7%	15	带宽/14
8%	13	带宽/12
9%	12	带宽/11
10%	11	带宽/10
11%	10	带宽/9
12%	9	带宽/8

表6-6 等比序列分级对照表（带宽100%）

档差	薪级数量	级差（比例）
5%	15	5%
6%	13	6%
7%	11	7%

续表

档差	薪级数量	级差（比例）
8%	10	8%
9%	9	9%
10%	8	10%
12%	7	12%

总结：

不要纠结薪酬分为多少个级别，应该先确定薪级的涨薪幅度。

6.3 跨区域分／子公司的员工如何定薪

许多企业都在外地设有分／子公司或者办事处，这种跨区域的分／子公司和办事处员工的薪酬如何设计呢？

下面分两种情况进行讲解：一种是子公司员工的薪酬设计，另一种是分企业和办事处员工的薪酬设计。

6.3.1 子公司员工的薪酬设计

由于子公司是独立核算的法人单位，一般总企业会根据企业的战略来确定子公司的薪酬原则：有的是只控制子公司的薪酬总额，而不管子公司内部各岗位的薪酬如何设置；有的是只控制子公司的高管薪酬，而对高管以下职级员工的薪酬不过问；有的是既控制子公司的薪酬总额，又控制子公司高管的薪酬；还有的是把子公司所有人员的薪酬都纳入集团的薪酬体系里。这些方法都是可行的。如果只控制子公司的薪酬总额，可能会导致子公司某些人的薪酬高于集团同级别员工的薪酬，其实这种结果也是合理的，毕竟多劳多得，集团员工的薪酬不一定要高于子公司同级别员工的薪酬。

所以，子公司的薪酬体系设计与前面所讲的企业薪酬体系设计一样，都需要按照薪酬体系设计的完整步骤操作。

6.3.2 分企业和办事处员工的薪酬设计

由于分企业和办事处不是独立的企业法人，更像是企业的一个部门，所以这里把分企业或者办事处看成企业的一个部门进行薪酬设计就可以了。

分企业和办事处员工的薪酬设计要坚持两个原则：内部公平性和外部竞争性。通过岗位价值评估可以解决内部公平性，也就是说，在进行岗位价值评估的时候，可把分企业和办事处的核心岗位一并纳入进来评估，这样就能得到这些核心岗位在总企业内的位置。

通过区域差异可以体现外部竞争性。体现区域差异最有效的指标是社平工资。之前我在给深圳的一家企业做薪酬咨询的时候，这家企业在汕头还有一家分企业。为了体现区域差异，我查询了深圳和汕头两个城市的社平工资，前三年汕头和深圳社平工资的比值是 0.51，也就是说，汕头的社平工资是深圳社平工资的51%，而这家企业在我为其设计薪酬体系之前，按同等级别计算，汕头分企业的薪酬是深圳总企业薪酬的 55%，这是非常合理的。

其实许多企业在进行企业管理的过程中，总结了许多有效的经验，尽管当时既没有通过岗位价值评估考虑职级差异，也没有通过社平工资考虑外部竞争，但在实际操作中却得出了相当合理的结果，这些企业的管理经验是值得我们学习的。

在近代科学诞生的几千年当中，人类的活动基本都遵循这样一个模式：生产、技术、科学。也就是说，先凭经验进行生产；再在生产过程中慢慢提炼出技术；最后在改进技术的过程中研究出科学。虽然这是一个凭经验办事的过程，并且走了不少的弯路和错路，但长期得到的经验也是值得我们学习的。牛顿告诉我们，自然界存在着规律，且规律是能够被人们认识的。

所以，牛顿改变了这个延续了几千年的生产模式，总结出了新的活动规律：科学、技术、生产。也就是说，先研究出科学；再根据科学研究出技术；最后根据技术进行工业生产。这一生产模式的改变，使得英国在短短几十年的时间里超过了世界上其他的国家，这就是科学的力量。

现在，许多企业在管理过程中也遵循着这样一种模式：管理、知识、制度。也就是说，先凭经验进行管理；再在管理过程中总结经验；最后在总结经验的过程中制定制度。这也是一个凭经验管理的过程，必然也会走不少的弯路和错路。企业管理中也存在着规律，并且这个规律是能够被我们认识的。

所以，提高管理效率的新模式是：制度、知识（经验）、管理。首先请专家制定适合企业发展的制度；然后学习这一制度，研究出适合企业管理的知识，并把这一知识作为经验；最后根据经验来进行管理或者改进管理。这一模式的产生，会使任何一家企业的管理效率提高几倍、几十倍，甚至数百倍。

就像深圳的这家企业，其分企业和总企业薪酬比例的关系是通过多年的经验总结出来的，尽管结果也是正确的，但效率十分低下，至少需要几年的时间总结经验，而如果使用"制度、知识（经验）、管理"的新模式，只需要几小时就能得出同样的结果。

6.3.3　城市差异系数

在确定跨区域子公司、办事处员工的薪酬水平时，还有一种简单的操作方式是根据地区差异系数来设计，这种方式也被很多企业所采用。现在许多管理咨询企业也会根据一些数据推出地区差异系数。一般地区差异系数是以北京的薪酬作为基数1，再将其他地区的薪酬水平与北京的薪酬水平进行对比，从而得出其他地区的薪酬差异系数。其实这种地区差异系数主要是根据城市之间的社平工资计算出来的，所以读者也可以根据社平工资自己设计城市差异系数。某年社平工资及城市差异系数见表6-7。

表 6-7 某年社平工资及城市差异系数

城市	月社平工资/元	城市差异系数	城市	月社平工资/元	城市差异系数	城市	月社平工资/元	城市差异系数
北京	8467	1.00	海口	5755	0.68	扬州	5972	0.71
深圳	8348	0.99	保定	5320	0.63	镇江	6293	0.74
广州	8218	0.97	廊坊	6472	0.76	南昌	6057	0.72
上海	7132	0.84	石家庄	5719	0.68	上饶	4865	0.57
蚌埠	5661	0.67	唐山	5570	0.66	大连	6824	0.81
合肥	6457	0.76	邢台	4953	0.58	沈阳	6182	0.73
福州	6261	0.74	张家口	5195	0.61	呼和浩特	5257	0.62
龙岩	5351	0.63	南阳	4323	0.51	东营	5775	0.68
泉州	5104	0.60	新乡	4074	0.48	济南	5850	0.69
厦门	6288	0.74	郑州	5874	0.69	临沂	5775	0.68
漳州	5540	0.65	大庆	6215	0.73	青岛	6962	0.82
兰州	5477	0.65	哈尔滨	5629	0.66	泰安	5775	0.68
东莞	5135	0.61	黄石	4067	0.48	威海	5195	0.61
佛山	6059	0.72	荆州	3869	0.46	潍坊	5775	0.68
惠州	5908	0.70	武汉	6640	0.78	烟台	5775	0.68
江门	5509	0.65	襄阳	4124	0.49	淄博	5775	0.68
清远	6110	0.72	常德	4950	0.58	太原	5129	0.61
汕头	4732	0.56	长沙	7099	0.84	宝鸡	4811	0.57
佛山	6059	0.72	株洲	5118	0.60	西安	6481	0.77
肇庆	5436	0.64	延吉	4554	0.54	咸阳	4383	0.52
中山	5670	0.67	长春	6011	0.71	成都	6608	0.78
珠海	6751	0.80	常州	6645	0.78	天津	7073	0.84
桂林	5475	0.65	湖州	4591	0.54	昆明	6363	0.75
柳州	5413	0.64	淮安	6645	0.78	曲靖	6126	0.72
南宁	6290	0.74	南京	6645	0.78	杭州	5092	0.60
安顺	5015	0.59	南通	6645	0.78	嘉兴	5092	0.60
贵阳	5379	0.64	苏州	7279	0.86	金华	5092	0.60
凯里	5379	0.64	无锡	6645	0.78	宁波	5092	0.60
遵义	5379	0.64	徐州	6645	0.78	绍兴	5092	0.60
重庆	6106	0.72	温州	6323	0.75	台州	4870	0.58

注：按照这种方法操作，各个城市差异系数大致上都是合理的，但上海市的城市差异系数明显偏低，这是社平工资的统计口径的问题，进行调整即可。

以上这些说的是在当地招聘员工的情况下可按照这种方式进行薪酬设计，

但在实际应用中，有许多企业办事处的员工是从总企业委派过去的，这些员工的薪酬又该如何设计呢？

6.3.4 案例1：企业家的困惑

有一次，我给一些白手起家的创业者们讲课。其中一位老板问我，他的企业总部在沈阳，分公司里有一位家住上海的高管。他想让这位高管去企业总部沈阳上班，并承诺，高管在沈阳上班的待遇与在上海时的一样，即上海是什么待遇，在沈阳就给予他同样的待遇，但这名高管还是不愿意到沈阳上班。这位老板问我，遇到这种情况该怎么办呢？

下面来分析原因：

如果其他条件一样，那么大部分人都是不愿意离开自己的家乡而去其他地方工作的，毕竟人对自己的家乡、自己的老家都有深厚的感情，谁也不愿意抛家舍业地离开家乡去其他地方工作。这么简单的一个道理却困惑了这名企业家好多年。

怎样弥补这些离家的人的损失呢？或者说用什么方式补偿他离家的负面薪酬呢？最简单的方式就是提高薪酬了。但薪酬给多少、怎么给，也是一门学问。

假设上海的城市差异系数是1，沈阳的城市差异系数是0.7，企业在上海和沈阳各有一家子公司，城市差异系数是针对同样的岗位而言的，在上海招聘的员工如果薪酬是1万元，那么在沈阳招聘一个同岗位的员工薪酬就是7000元。这是指各自在当地招聘，但若是异地调任呢？

假如要把一位沈阳的员工委派到上海上班，应该给沈阳的员工什么样的工资呢？有人说应该跟上海的工资一样，都给1万元。这是错误的。如果沈阳的这位员工到上海工作需要把工资涨到1万元的话，那等这位员工回到沈阳的时候，薪酬又该如何发放呢？如果将其薪酬降回7000元的话，员工肯定会不满意。如果不降回7000元呢？对企业来说人力成本就会增加，更何况这对于其他同岗位也拿7000元工资的员工来说，是不公平的。

所以，这位从沈阳调到上海的员工的薪酬应该是：派出地的工资＋派驻地的补贴。也就是说，沈阳的这位员工调到上海以后，其工资维持现状，依然是7000元，但还应发放派驻上海的补贴。补贴的原则是一线城市高，二线城市适当降低，三四线城市再次降低。但是对于一些艰苦的地方，补贴应该给得更高。

再来分析另一个问题，上海的员工如果派驻到沈阳，薪酬应该如何发放？发放原则与沈阳派驻到上海是一样的：派出地的工资＋派驻地的补贴。也就是说，保持上海的工资不变，但要再加上沈阳的驻外补贴。

继续思考，假设沈阳的驻外补贴是一个月4000元，那么上海的员工到沈阳除了有10000元的薪酬收入外，每个月还有4000元的补贴收入，也就是说，他每月的总收入是14000元。而沈阳当地的同级员工每月收入却只有7000元，这是否导致了另外一种不公平？毕竟这两位员工的能力和业绩是完全一样的。

事实上，这是公平的。上海员工的收入之所以高，是城市差异系数和驻外补贴导致的。就像我们国家在21世纪90年代的时候，有许多外资企业或者合资企业在国内建厂，国外的主管和国内的主管的收入差异也是巨大的，这是否合理呢？答案依然是合理的。假设同样的主管岗位，国内的薪酬是3000元，国外的薪酬是3000美元，如果把国外的一名主管派驻到中国国内上班，他的薪酬肯定不能低于3000美元，此外还要给他一部分派驻到中国的驻外补贴。只有这样这些主管才愿意到外地上班。

但沈阳的员工可能不会这么想，他们的想法是干同样的活儿、拿同样的业绩，收入为什么不一样？所以，最好的处理方式是，尽量招聘本土化的员工。其实外派制度更多是一种临时的政策，如果本土的员工能够胜任，企业就应该使用本土化的员工。

6.3.5　案例2：同一企业三个地方的员工如何定薪

我曾服务过的一家企业，企业总部在湖南长沙，总部下面有两家子公司，一家在湖南湘潭，一家在广西钦州。广西钦州的员工主要是湖南湘潭的员工外

第6章 薪酬分级

派的。该企业三个地方的薪酬完全一样，但这种薪酬制度是不合理的。

按照当地的社平工资进行测算，长沙的城市差异系数是0.84，湘潭的城市差异系数是0.62，钦州的城市差异系数是0.61。下面试着分析一下，假设同等岗位的员工，长沙的工资是8400元，湘潭只需要6200元，钦州只需要6100元。但现在三个城市员工的薪酬水平是完全一样的，如果按照湘潭和钦州的薪酬水平设计，长沙是很难招聘到员工的，所以这家企业只能按照长沙的薪酬水平付薪，但对于湘潭和钦州的子公司来说，会支付更高的人工成本。

后来他们企业的领导跟我说，钦州的这些员工，大多数是从湘潭派驻的，大家离家舍业，是不是应该给予一些补偿？是应该给予补偿，每月给每位员工发2000元的补偿就比较合理，甚至还可以多发一些补偿。

好像是这个道理，但实际上却不尽然。

第一个原因，如果派驻钦州员工的合理薪酬为8400元的话，其薪酬结构应该是6200元的工资加上2200元的驻外补贴，而不是8400元的工资，若是2200元的补贴不足以补偿他们的话，还可以把补贴标准加大。

第二个原因，对于在钦州当地招聘的员工的薪酬标准应该是6100元，而不是8400元，按照8400元给付员工薪酬的话，企业付出的人力成本就过高了。

第三个原因，对于在湘潭当地招聘的员工的薪酬标准应该是6200元，而不是8400元。

所以，对于湘潭外驻钦州的那部分员工来说，这家企业给付的薪酬不够；对于在钦州和湘潭本地招聘的那部分员工来说，这家企业给付的薪酬又太多了。什么是公平？合理地定薪才是真正的公平。

由于企业总部在长沙，所以这里把长沙的系数作为基数1，湘潭的系数调整为0.74，钦州的系数调整为0.72。由于0.74和0.72比较接近，我们也没有必要设计那么小的差异，所以这里把湘潭和钦州的系数统一设成0.74。也就是说，同样岗位的员工，湘潭和钦州员工的收入是长沙员工的74%。对于驻外的员工来说，企业统一制定驻外补贴标准，无论是谁，调到哪个地区，都按照这个地区的补贴标准给付驻外补贴。这样就解决了所有的问题。

6.3.6 案例3：总部的薪酬系数不是最高时如何给员工定薪

我还服务过另一家企业，其总部在海口，总部下面有两个办事处，一个办事处在北京，另一个办事处在三亚。对于这三个地方的工资水平，北京最高，三亚次之，海口最低，北京的社平工资大约是海口的148%，三亚的社平工资大约是海口的107%。

该企业的薪酬现状是，三个地方的员工的薪酬都一样，大概是按三亚的标准，但是这样的薪酬标准在北京是很难招聘到合适的员工的。于是，该企业在职级上给北京的员工设定得高一些。例如，如果水平相当的员工在三亚和海口定级为中级工程师，在北京就会定级为高级工程师。这样就解决了北京招聘难的问题。实际上这是不合理的。

因为对于同样水平的员工来说，在北京和在海口的定级不同，尽管解决了薪酬低招聘难的问题，但却产生了更大的麻烦。

所以我重新为该企业设计了职级体系和薪酬体系：能力相同、职务相同的员工统一定为同样的职级，不再有职级的差异；三个地方采取不同的地区系数，以海口为基数1，北京基数定为1.48，三亚基数定为1.07。

我以为这样挺合理的，大家应该都能接受，但实际情况却不是这样的。海口的员工不满意，因为他们的收入相对而言是最低的。他们的理由是，海口是总部，总部员工的工资就应该高于分/子公司以及办事处员工的工资。这纯属无稽之谈。从来没有任何一家企业的薪酬设计原则是总部员工的薪酬要高于分/子公司员工的薪酬。但人们主观的印象似乎确实是总部员工的薪酬要比分/子公司员工的薪酬高，这是为什么呢？

因为一般来说，大多数企业对总部（集团）员工的要求要高于分/子公司的员工。例如，对总部人力资源部经理的要求要高于分/子公司人力资源部经理的要求，所以总部人力资源部经理的工资要高于分/子公司人力资源部经理的工资，即使企业总部的城市差异系数低于分/子公司的城市差异系数，也是如此。这种情况是因为总部人力资源部经理的职级高于分/子公司人力资源部经理的职级，他们不是处于同样的职级。

但对于同样职级、同样能力的员工，他们的薪酬主要取决于城市差异系数，而不是总部和分部。例如，对于总部在海口、分部在北京的这家企业，各有能力相同的两个司机（或者会计、出纳），北京的司机（或者会计、出纳）的收入一定会高于海口的司机的收入（或者会计、出纳）。

总结：

- 跨地域的薪酬体系应该考虑城市薪酬差异。
- 异地定薪的原则是派出地的工资加派驻地的补贴。

第 7 章

薪酬结构

第 7 章 薪酬结构

7.1 薪酬结构设计的原则

7.1.1 薪酬结构越简单越好

对于薪酬，员工更看重的是薪酬的多少，而不是薪酬由哪些部分构成。只要薪酬总额合理，员工的满意度就会高。但在总额既定的情况下，员工对薪酬的构成也会有自己的看法，如果薪酬划分得过细，员工对薪酬的每一个部分都可能会有自己的看法，从而产生一些额外的问题。所以，薪酬结构设计的原则是越简单越好。其中涉及两个心理学概念，一个是心理账户，另一个是简单思维。

7.1.2 心理账户

如果读者有炒股的经历，可以设想一下：如果分别以 100 元的价格买入了贵州茅台和五粮液两只股票各 100 股，其中贵州茅台和五粮液各投入 1 万元，总投资 2 万元。一个月后，两只股票的价格发生了变化。第一种情况是两只股票均涨价 10%，市值分别是 1.1 万元，总市值 2.2 万元，总收益率 10%。第二种情况是茅台涨了 30%，达到 1.3 万元，五粮液赔了 10%，只剩下了 9 千元，总市值依然是 2.2 万元，总收益率也是 10%。这两种结局，哪种结局会更让人满意呢？

大多数人会认为第一种结局让自己更满意，因为两只股票都赚了。他们会认为第二种结局不如第一种结局，因为第二种结局的五粮液赔钱了。所以，在卖出股票的时候，对于第一种情况，大多数人会把两只股票都卖掉，收获10%的投资收益；但对同样收益的第二种结局，大多数人采取的策略是卖出赚钱的股票，留下赔钱的股票。尽管第二种结局的收益率与第一种结局相同，但操作思路却完全不同。

因为在人们买入一只股票后，每只股票的买入价格就会在人们心中变成自己的心理价格，盈亏都是以这只股票的当时买入价格为基点，如果要卖出亏损的股票，一想到买入的价格那么高，就会很心疼、很犹豫。之所以会出现这种情况，是因为很少有人会把自己买入的股票作为一个整体看待。

再假设一种情况，你跟爱人计划去看电影，于是提前花100元买了两张电影票。当要出发的时候，发现电影票不知道什么时候给弄丢了，这时候你是否会再买两张电影票继续实现看电影的计划呢？许多人这时候会放弃看电影的打算，因为买的电影票已经丢了，如果再买两张电影票，成本就变成了200元，这下看电影的成本就太高了。

换一种情况，你与爱人没有提前买票，当要出发去看电影的时候，发现丢了100元，这时候你是否会继续实行看电影的计划呢？大多数人会选择继续看电影，因为丢的钱不能算到电影票的身上，丢的不知道是哪方面的钱，所以不应该影响看电影。这是一种心理账户。

薪酬结构也存在心理账户的问题。例如，企业给员工的年薪是100万元，不分任何单项的工资。员工对于这100万元的年薪会很满意。另一家企业给员工的年薪也是100万元，但100万元里面包含每天10元的饭钱，每天20元的打车钱，员工会怎么想？有些员工就会有一点埋怨，埋怨饭钱给得太少，打车钱给得不够。因为当员工明确地知道饭钱是每天10元的时候，他们的心理账户就发生了"化学反应"，就会主动把这10元跟饭钱划等号，然后再看每天饭钱10元是否合理。

有的企业为了激励员工，增加了报酬的精确性，把每一件事情都标价，基本工资3000元，岗位工资2000元，学历工资300元，工龄工资100元，加班一小时10元，额外做一件事情奖励若干。这样，员工自然就会把每项工作与具体的报酬划等号,他们做任何一件事情也都会与金钱挂钩,如果没有等额金钱的激励,他们就会产生不满的情绪。

某次有一个含精装修的新楼盘开盘,我在参观了样板间之后,好奇地询问了一下装修费的标准。开发商的置业顾问说,他们的装修费是含在房价里的,不单独计价。这也是一个心理账户的问题。如果分别告诉顾客楼房的价格和装修的价格,顾客就会在心中反复盘算房价和装修价格的合理性。这时候无论开发商把装修价格定得高、定得低还是定得合理,总有一些顾客会对装修价格或者房价产生不满,所以打包在一起的报价策略是最优策略,如此一来,顾客就没有了对应的心理账户。

7.1.3 简单化

我在给某家企业设计薪酬体系时,该企业有个值班的岗位,整个企业只有这个岗位是有值班费的,这个制度从2005年开始一直实施了十多年。这家企业在海口和三亚两个城市都有这个岗位,但是由于两个地方的消费水平有差异,三亚的消费水平较高,值班费是一天20元,海口的消费水平相对三亚稍低,值班费是一天10元。

当我对两个地方的员工分别进行访谈时,两个地方的员工都对值班费表达了自己的看法。海口的员工认为,同样都是值班一天,为什么三亚比海口多10元;三亚的员工认为,20元值班费还不够买个盒饭的,何况物价这十年涨了那么多,而值班费没有涨,不科学。双方就为了这10元的差异,整整吵了好多年。

我的解决方案是,取消值班费,所有员工按照新的薪酬体系定薪,值班是这个岗位的正常职责,薪酬总额里面包含了值班费。自此以后,再也没有听到有员工对值班费不满了。

我在给国家电网的一家子公司做咨询项目的时候,通过该企业的工资条,发现员工工资由以下内容构成:岗位工资、技能工资、工资、学徒工资、学徒津贴、职务津贴、误餐费、月度绩效工资、高温津贴、加班工资、运行费、值班费、超时补贴、津贴——其他、山区补贴、优秀人才津贴、营业网点补助、月奖、安全奖、未休年假补助、季度绩效奖金、过节费、营销奖、精神文明奖、基建奖、党风廉政奖、运行奖、指标奖、目标奖、电费回收奖、百日安全奖、线损奖、争创优先奖、保两会奖、度夏奖、比赛奖共36项。

这些项目太多了，太多的项目会让问题变得更复杂。

我认为，工资的构成只保留以下三项就可以了：

第一项，基本工资。基本工资是企业对员工的基础保障，保障员工的基本生活，让员工获得一定的安全感，所以一般要有基本工资项（个别企业的业务人员没有基本工资，但最好设置基本工资，因为每个城市都有最低工资标准的限制）。

第二项，绩效工资。绩效工资的作用在于激励，对于干得好的员工应该予以正激励，对于干得不好的员工应该予以负激励。如果没有绩效工资，对员工的奖惩就没有了依据，所以一般企业应该设置绩效工资。

第三项，年终奖。年终奖是一年结束后根据企业的业绩完成情况，对员工的表现加以表彰，毕竟一年结束了应该做个总结，所以年终奖也是要有的。

有三项常见的工资项目，我建议予以取消：

第一项，学历工资。根据员工的不同学历给予不同的工资补贴。

以前这项工资应用比较广泛，现在使用这项工资的企业越来越少了。毕竟大家都明白了一件事情，就是企业给员工的报酬主要看的是员工给企业带来的业绩，而不是学历。学历再高，没有业绩，一样不能拿高薪，而即使没有高学历，但业绩好，一样也可以给高薪。

现在学历工资更多地体现在应届生的招聘上，企业在招聘应届生时，一般会对硕士、本科、专科定不同的薪酬水平，过几年后，这项工资会被取消。毕竟，对于应届生来说，招聘的企业很难界定他们的能力，这时学历以及学校就可作为判断他们能力的一项比较容易量化的指标，尽管不能做到百分百准确，但有极大的参考作用。

第7章 薪酬结构

第二项，工龄工资。工龄工资也叫年功工资，就是根据员工的工作年限，给予员工一定的工龄工资。工龄工资的表现方式一般是一年工龄给员工加多少钱，工作年限越长，拿得越多。企业给予工龄工资的范围大约在10~100元之间，个别企业会给得比较多，我见过工龄工资最高的大约200元/年。工龄工资的作用是鼓励员工长期为企业服务，干得越久，拿得就越多，但其实工龄工资的作用不大，甚至会产生一定的负面作用。

如果工龄工资给得比较多，如超过100元，对于新成立不久的企业来说问题不大，因为成本不高，但对那些时间较长的企业来说，问题就多了。许多国企成立的时间已经超过五六十年，许多员工的工龄也已经超过了三四十年，我见过工龄最长的一名员工达到42年，从16岁开始工作。对于这些工龄较长的员工来说，如果100元/年，40年就是4000元。我们知道，工龄工资是不能考核的，也就是说无论干得好、干得坏都得给，还有基本工资也是不考核的，这样基本工资和工龄工资这两项合起来就是一个不小的数字。所以，这对于员工的管理来说就是一个很大的问题。

有的企业比较聪明，设计了封顶的工龄工资，也就是超过5年或者10年，工龄工资就不再增加了。这种薪酬设计很好地解决了年限较长的老职工的问题，但同样也存在其他的问题。设置工龄工资的目的是什么呢？是为了鼓励员工更长久地为企业服务。但如果设计封顶，是不是违背了工龄工资的目的呢？

还有的企业给员工支付的工龄工资较低，如10元、20元，这样看起来好像就没有问题了。实际上这种激励的问题是激励作用太低了。员工为企业服务一年，换来的认可是10元、20元，这样员工就不会在乎这些激励。

企业如果要体现对老员工的激励，有以下两种方式。

第一种方式，与员工绩效结合起来，干得好涨工资，干得不好降工资。这种方式是对老员工最好的激励，并且避免了员工的滥竽充数，更有助于企业的发展。干得好的员工我们一般给他的薪酬涨幅在10%左右，这个涨幅远远大于工龄工资的涨幅，所以员工会更满意。还是那句话，员工在乎的是企业给员工多少钱，而不是给的是什么钱。这种方式的结果是，干得不好的员工薪酬可能就不会有晋升。

试想一下，如果一位员工干得不好，为什么要给他涨工资呢？有人说，物价在涨，所以工资也要涨。我们继续思考，如果不给这些员工涨工资，这些员工会怎么做呢？时间长了，他们可能会嫌工资少而主动离职，他们主动离职不正是我们所希望的吗？如果不涨工资他们也不离职，涨了工资他们还会离职吗？所以给干得好的员工以足够的激励，给表现不好的员工以惩罚，这种方式的好处远远大于坏处。

第二种方式，给予员工一次性激励。所谓一次性激励，就是核算一下员工的工龄工资，当员工服务到一定年限以后，给予一次性奖励。例如肯德基，当员工干满3年的时候，企业会为员工定制一个3克左右的金饰；员工干满5年，企业会给员工定制一个10克左右的金饰；员工干满10年，企业会送给每一位满10年的员工一个钻石戒指。3克左右的金饰，价值大约1000元，平均到一个月的价值也就20元，一个月20元，员工感觉不多，但三年送一个3克的金饰，对员工来说就是一个不错的认可。

第三项，保密工资。许多技术类企业都会设计保密工资，即为了保守企业的核心机密而签订协议的一种补偿。我见过的保密工资大多是10~30元每个月。设计这种保密工资的问题是：一家企业什么样的核心机密能用保密工资保守？设计保密工资能不能保守住核心机密？如果能保守住核心机密，保密工资需要给付多少？

对于前两个问题，我不认为企业的核心机密能用保密工资的方式保守住，如果这么简单，企业的商业机密就太容易保密了。对于第三个问题，我认为一个月几十元的保密工资对于保守秘密没有多大的用处。所以，我觉着保密工资更多的是一种心理安慰。

简单化也符合人性的心理学。人类的思维有两种，一种叫作快思维，另一种叫作慢思维。这两种思维共同决定着人类的行为。但人性本能是懒惰的，能用快思维的时候绝不会用慢思维，因为慢思维很费力，而快思维是人类数十万年进化出来适合生存的最有效手段。快思维主要是根据人类以往的经验和本能做出决策，如碰到危险的第一反应是躲避，计算类似"1+1"这种简单的数学题。慢思维则需要发动整个大脑深层次的意识，如计算"327×168"这种复杂的问题。

现在来计算一道简单的数学题：一个乒乓球拍和一个乒乓球一共价值 11 元，球拍比球多 10 元，请问球拍和球分别是多少钱？

答案非常简单，但大多数人都计算错了。

如果你的答案是球拍 10 元、球 1 元，你就回答错了。绝大多数人首先想到的是这个答案，但进一步分析就会发现问题，如果球拍和球分别是 10 元和 1 元的话，其差价就是 9 元，而不是 10 元。这就是用快思维思考问题。

人类进化史的本能决定了人类在能用快思维解决问题的时候绝不会用慢思维，因为在采集社会，如果都用慢思维解决问题，那人类可能早被消灭了。但作为企业管理者，则应该多用慢思维思考问题。

既然人类的本能决定着人会习惯性地用快思维思考问题，那么在制定制度时就必须简单化。简单到每个人都能明白的制度就是好制度。

在我咨询的生涯中，有不少企业的制度又长又晦涩难懂，还有几家企业的制度是只有制度的制定人能够看懂，除此之外其他人都看不懂，这样的制度是不会发挥作用的。

简单化之所以重要，还有一个原因是，许多员工不会算账，稍微复杂一点他们就很难计算清楚。

7.1.4 福利的必要性

过节给员工发放福利，一种是发 1000 元现金，另一种是发等值 1000 元的礼物，大家愿意选哪种呢？估计所有人都会选择 1000 元现金吧。毕竟 1000 元现金可以买任何自己想买的东西，而 1000 元的礼物却不一定是自己想要的。即使这些礼物正好是自己想要的，让员工选择的话，他们依然会选择现金。这种情况符合金钱效用最大化的原则。那是不是企业不应该给员工发任何实物福利，而应该把所有的福利都兑换成现金呢？

试想一下，中秋节那天，你的同学邀请所有老同学去他家里聚会。他准备了丰盛的晚餐，还有白酒、红酒、啤酒助兴，这一天大家过得非常快乐，回忆了许多上学时的幸福时光。临分别前，你大致判断了这一餐人均大约需要100元，你们家去了3个人，所以就拿出了300元，说："这是我们3个人今天的饭钱。"估计所有人都会愣在那里了。主人还有其他的客人都会不知所措，结果你执意要留下这300元，理由是主人忙活了一天，又花费了不少钱，所以不表示一下不合适。

而根据人们的心理，送任何东西都不如折算成现金，给现金是最合适的，所以你基于这个原因把要准备的礼物折算成了现金。我相信，如果你这么做的话，你的亲戚朋友再也不会邀请你去他们家做客了。当然，我相信你也不会这么做。通常的做法是在参加朋友聚会的时候带上你认为的价值相符的礼品，或者过一段时间，再邀请他们到你家做客，这叫作礼尚往来。

不要说中国这个礼仪之邦，任何国家的亲戚朋友之间都有礼尚往来的风俗。这个礼尚往来一定不是一单一结，尤其不能用现金结算。

为什么不能用现金结算呢？

这是因为人们同时生活在两个不同的世界里：一个世界由社会规范主导，另一个世界则由市场规范制定法则。社会规范包括人们之间的友好请求：你能帮我一个小忙吗？你能捎我一段路吗？它是友好的，界限不明的，不要求即时回报的。另一个世界与此截然不同，是所谓的市场规范。这里不存在友情，而且界限十分清楚，崇尚等价交换，需要进行利益比较和即时偿付。

在我身上就发生过许多次类似的事情，有企业想请我去讲课或者作为评审专家审核他们企业的管理体系，但由于预算的限制，给予的报酬很低，远远低于市场价格，遇到这种情况我都会断然拒绝。也有好多企业请我去做同样的事情，但没有一分钱的报酬，我却会答应。我也很诧异，对我来说，明明第一种情况比第二种情况要好得多，但我却会拒绝第一种情况而接受第二种情况。

后来仔细研究了心理学之后，我终于想明白了。第一种情况，对方付费了，

第7章　薪酬结构

无论付费多少，都相当于一种报酬，结账之后两不相欠，但对我来说我明显吃亏了，我心里不平衡，所以我会拒绝。第二种情况，对方没有付费，我属于去帮忙的，这样就成了对方欠我一个人情，尽管这个人情不一定要还，但我心里会平衡，所以一般来说我会答应。

那如果你们企业预算不多，还想请专家指示应该怎么办呢？有一次某石油集团战略部邀请我去做专家评审，我毫不犹豫地答应了。评审大约两个小时后，大家一起吃了午饭，临分别时，对方领导给我包了个红包，说预算有限，没有劳务费，只是给个打车钱。这样一来我的心情更好了。

某读书会请我去讲课的时候，也没有谈到报酬问题，等我当天讲完课程之后，对方负责人拿出了一份合同，说："冯老师，我们这里有一份授课合同，麻烦您看一下有没有问题，如果没有问题请您签一下字。"我一看，上面写的是这次课程的分成方式，我毫不犹豫地签了合同。一直到现在我每年还能从该读书会领取到那天讲课的分成。

这两家企业分别用了两个心理学的技巧，一个是社会规范，另一个是预期管理。其实从我个人来看，还有一个全面薪酬的概念在发生作用。某石油集团和读书会，对我来说都是一个不错的平台，所以我也愿意跟这种平台进行互动，尽管报酬不会很高（当时不知道有报酬），但对我整体而言，全面薪酬是合理的。

活动结束后，有一点象征性的报酬，尽管低于我自己的正常课酬，但超出了我一开始的预期（我的预期是免费服务），所以我的满意度就更高了。几年下来，我在某读书会的平台上的收入已经远远超出了我的正常课酬，这又是一个意外惊喜。

心理学专家做过一个测试，他们假装正在搬家，然后让路人帮忙抬一个不是很重的东西。他们对第一批实验人员说的是"自己抬不动，希望对方能帮忙抬一下"，没有提任何报酬的事情。对第二批实验人员说的内容跟对第一批人说的几乎一样，只不过在最后加了一句"帮忙抬完之后，会给5元钱的报酬"。令人意想不到的是，第一批人中的大多数人都帮忙了，而第二批人中的大多数人都拒绝了。其实从理性和经济的角度考虑，对于路人来说，给第二批人的条件应该是优于第一批人的，但结局却恰恰相反。这就是社会规范原理。

还有两种方式也能让路人愿意帮忙：一种方式是把 5 元钱换成一个小礼物，这依然属于社会规范的范畴，人们依然愿意帮忙；另一种方式是把报酬提高，人们也愿意帮忙，这时体现的是市场规范。这里也有一个问题，就是当专家告诉路人这个小礼物的价值时，人们依然不会选择帮忙。这是因为，一对标价格，社会规范就变成了市场规范，而人们对市场规范的要求是等价交换。

所以，企业在给员工付薪时，也不能完全忽视福利的作用。因为如果只给付现金收入的话，员工心中想的就是等价交换，我付出了 1 万元的劳动，企业给付了 1 万元的报酬，两不相欠。当员工收到的是非现金性报酬时，社会规范原理就发生了作用，这时员工想到的不是等价交换，而是社交属性，即亲情及企业文化。企业福利会明显地增加员工对企业的认同感，提升员工工作的积极性。

许多企业在年会上会给员工准备一份礼物，在设计抽奖环节时，为了突出奖品的价值，还会告诉员工准备的礼物价值多少、准备的奖品价值多少，殊不知，这种方式降低了社会规范的作用，提升了市场规范的主导性，有时候是得不偿失的。

有一家幼儿园，学生家长在放学接孩子时经常迟到，后来幼儿园想出了一种办法，通过罚款的方式让家长尽量不迟到，如迟到一次罚款 50 元。这种办法的效果怎么样呢？在罚款之前，老师和家长之间是社会规范，家长迟到了会内疚，但罚款以后，这种情况变成了市场规范，家长会认为理所当然。甚至于有时会因为一件不是很重要的事情，家长也迟到，并且家长再也没有了内疚的尴尬。后来幼儿园取消了罚款，让幼儿园想不到的是，迟到的现象依然存在，甚至迟到的现象更多了。因为这时候社会规范和市场规范都失效了。

有些企业是采取罚款的方式来惩罚员工迟到的问题，借助于社会规范和市场规范的理念，我们知道，这属于市场规范的作用范畴，效果不会很好，并且员工会有怨言。但为什么在有些企业效果很好呢？效果好不是罚款在起作用，而是考勤制度后面更严厉的惩罚措施在起作用，如累计迟到 10 次便开除。

第7章 薪酬结构

所以我的建议是，对于员工迟到不要采取罚款的方式，更多的是要靠社会规范来培养员工的习惯。如果社会规范不起作用，就应该用很严厉的市场规范来惩戒。

社会规范的作用不仅于此，如果社会规范做到位，不仅可以让员工努力工作，而且会反过来回馈企业。而在市场规范下，员工对企业的忠诚度会减弱。如果一到下班时间，企业的员工就冲出了办公室，说明该企业是市场规范的企业。这种情况下，不要对员工的社会规范有更高的要求，换言之，等价交换。

所以，如果要提高员工的积极性，就必须从社会规范着手，充分发挥社会规范的作用，如准备丰盛免费的午餐、精美的下午茶、方便舒适的班车等。这些成本的付出所带来的效益，要远远大于市场规范所带来的效益。

所以，企业在年终对员工进行激励时，正确的做法是不让员工选择，直接发放相应的福利，如直接送给优秀员工"迪拜十日游"，这样，比把"迪拜十日游"折换成现金更能增加员工的工作幸福感和对企业的忠诚度。试想一下，给你1万元和让你到迪拜进行十日游，哪个能让你记住的时间更长、能让你的工作积极性更高呢？显然是后者。但不要跟员工强调这次迪拜游价值1万元，否则，就加强了市场规范的作用，降低了社会规范的作用。

总结：

- 薪酬结构的设计原则是越简单越好，不要搞得太复杂，越复杂问题越多。
- 简单的薪酬结构包含基本工资、绩效工资和年终奖，这种简单的薪酬结构对于大多数企业而言已经足够了。
- 社会规范的福利能给企业带来意想不到的收获。

7.2 销售人员的薪酬体系如何设计——激励永远是主旋律

在薪酬方案设计中，销售人员的薪酬方案看似简单实则最难，其薪酬方案的选择取决于多种因素：行业特性、产品生命周期及对销售技巧的要求等。科学合理的薪酬结构可以有效地提高销售人员的工作积极性，达到对销售人员最大的激励作用。那么销售人员的薪酬结构有哪些？什么样的薪酬方案才能最大限度地激发销售人员的积极性呢？我总结了销售人员的5种薪酬方案，并对每种薪酬方案的结构进行了分析，希望对大家有所帮助。

1. 纯业务提成制

"纯业务提成制"也叫佣金制，指的是销售人员的工资收入没有固定工资的部分，全部由浮动工资部分组成，即销售人员的工资由销售人员一定比例的业务提成构成。

该薪酬管理模式的优点比较显著：激励性强、操作简便、维护成本低。但是在该薪酬模式下，销售人员面临全部的销售风险，一旦受经济和市场因素影响，其收入会非常不稳定，并且此种情况下销售人员会受经济利益驱使，热衷于进行有利可图的交易，为了其个人的短期收益，可能会出现损害企业形象及长远利益的情况。同时，该薪酬模式还可能引发销售人员之间的恶性竞争，削弱了销售队伍的稳定性和凝聚力。

2. 纯工资制

"纯工资制"指的是销售人员的工资收入就是由企业核定给予其的基本工资，不存在与其销售业绩挂钩的工资收入部分。该薪酬模式设计的依据是平衡企业内部岗位之间存在的相对价值关系。

"纯工资制"能够较好地体现企业内部的相对公平性，在保障销售人员的收入水平和企业控制自身的销售成本与费用方面具有良好的效果。但"纯工资制"与销售人员的销售业绩不存在联系，不能够有效调动销售人员的主观能动性，且其平均式的分配方式会造成企业销售团队内部出现消极行为，不利于企业销售目标的顺利达成。

3. 底薪＋奖金制

"底薪＋奖金制"指的是销售人员的工资收入由企业按期支付的基本工资和完成一定销售目标的奖金两部分构成。基本工资的获得是稳定的，奖金是指在销售人员完成初期制定的销售目标之后给予的激励奖赏。

这种薪酬管理模式的优点是在确保销售人员有保障收入基础上，通过奖金激励为销售人员设定一系列与企业发展相关的指标，引导其合理的销售行为，促进了企业的和谐、持续发展。但由于在该薪酬模式下，销售人员的当期销售额与薪酬并不直接关联，会使销售人员对销售额的获得缺乏必要的动力。

4. 底薪＋业务提成制

"底薪＋业务提成制"是指销售人员的工资收入由企业按期支付的基本工资和与其销售业绩直接挂钩的销售提成两部分构成。一般情况下，销售越是困难，销售业绩对销售人员的主观能动性依赖越大，则相应的销售业务提成比例就会越高。

该薪酬模式在为销售人员生活提供基本保障的同时，对销售业绩良好的销售人员也具有很大的激励作用，这是目前许多企业广泛采用的一种销售人员的薪酬模式。但是，该薪酬模式会使销售人员时刻关注自身利益，从而忽视了销售团队的凝聚力和企业的整体利益。

"底薪＋业务提成制"的薪酬模式又可分为"高底薪＋低提成"与"低底薪＋高提成"两种薪酬管理模式。前者更注重销售人员的稳定性，用较高的稳定工资收入稳定销售人员与企业之间的工作关系；后者以销售人员的工作业绩为导向，以销售人员的业绩核定其绝大部分的工资收入。

5. 底薪+业务提成+奖金制

"底薪+业务提成+奖金制"是指销售人员的薪酬收入由企业按期支付的基本工资、根据销售业绩发放的业务提成及完成企业一定销售目标后发放的奖金三部分构成。

该薪酬模式同时综合了基本工资、业务提成和奖金三种报酬的优势，能充分发挥薪酬在调动销售人员主观能动性方面的激励作用。其中，业务提成能激励销售人员追求优秀的业绩，而奖金则会促使销售人员更加关注其销售行为。但是该薪酬模式在无形中增加了企业的薪酬管理成本，增加了薪酬制度操作的专业性，并且销售额、业务提成率、奖金发放率等方面的核定也存在较大的困难。

7.2.1 按销售额还是按利润设计提成

在设计绩效工资（或者提成工资）的时候，经常会有人问我，是按销售额为基数还是按利润为基数设计提成更合理呢？

如果我们是一家空调销售企业，企业的利润就是空调销售的差价减去其他的成本费用。假设空调进货价1000元/台，销售价1500元/台，如果不考虑营业税的话，空调的销售差价就是500元/台。企业利润计算起来有点复杂，假设企业一年能销售1万台空调，企业的销售收入就是1500万元，销售差价是500万元（这个叫作毛利润），去掉管理人员的工资、房租、水电费、所得税等费用后就是企业的净利润，假设企业这些费用合起来大约有300万元，那么企业的净利润就有200万元（500-300）。

第一个问题，如果按照利润计算提成，应该按照毛利润计算还是按照净利润计算呢？所谓净利润就是去掉管理等费用后的利润。如果按照净利润计算提成的话，你会发现有许多费用是销售人员控制不了的，如房租、所得税、管理人员的工资等。这些销售人员控制不了的费用，让销售人员背锅，肯定不合适。

第7章　薪酬结构

以京东为例，如果京东的业务人员的提成比例以净利润为标准，京东所有的业务人员都不可能拿到一分钱的提成，因为京东自成立以来到2019年一直都是亏损的，这么做显然是不合理的。所以如果按照企业利润计算提成，应该是按照毛利润计算。

第二个问题，我们在给员工设计绩效工资或者提成工资的时候，按照销售额和利润中的哪一个设计更合理呢？下面以提成工资为例计算一下（绩效工资本质上与提成工资是一样的）。

给业务人员制定薪酬的原则与给其他人员制定薪酬的原则是一样的，都是基于内部公平和外部公平。所谓的外部公平，就是用什么样的薪酬水平招聘什么能力的员工。假设其他员工设定的标准是50分位，销售人员也设定50分位水平的话，那就参考市场上50分位销售人员的薪酬水平。如果市场上50分位销售人员的薪酬为10000元/月，这10000元的构成是5000元基本工资+5000元提成工资，所以我们企业给同样水平的员工的工资也应该是5000元基本工资+5000元提成工资，否则就违背了我们企业的薪酬策略，导致要么招不到合格的人才，要么企业付出了过高的成本。接下来要计算的就是这5000元工资应该怎么给，或者说提成比例是多少。

假设我们企业的业务人员共10人，这10人各方面条件都一样，也就是说其收入都是5000元基本工资+5000元提成工资，每人的任务也是一样的。

先来看按销售额为基数设计的提成工资。由于每人的工资是一样的，任务也是一样的，所以每人的销售任务应该是150万元（1500/10），提成比例是4%（0.5×12/150），如果按照销售量计算的话，每人的销售任务是1000台（10000/10），每台的销售提成是60元，这里60元（1500×4%）与4%的提成比例意义相同。

再来看以利润为基数设计的提成工资。假设条件同上，每人的销售任务应该是50万元（500/10），提成比例是12%（0.5×12/50），也就是说提成比例应该按照销售利润的12%计提。

现在再来验证一下上面两个提成比例的设计对业务部门或者企业有没有

影响。假设某个业务员能力突出，一年销售了 3000 台空调，提成比例是多少呢？如果按数量计算提成的话，一台空调 60 元，3000 台空调的提成工资是 18 万元（60×3000）；如果按销售收入计算提成，提成比例是 4%，提成工资也是 18 万元（1500×3000×4%）；如果按销售毛利计算提成呢，提成比例是 12%，提成工资也是 18 万元（500×3000×12%）。所以无论按哪种方式计算提成，对员工来说最后的结果都是一致的，对企业的影响也是一模一样的。所以，从企业的角度来看，无论是按收入计算提成，还是按毛利计算提成，或是按数量计算提成，结果都是一样的，没有什么区别。

但是对员工来说，管理制度应该越简单越好，也就是说员工根据制度应该能计算出自己挣多少钱，所以从这个角度来看，无论是按销售额还是按数量来计算，都比按毛利计算更合理。按数量计算最简单，其次是按收入计算，最复杂的是按毛利计算。

按销售额或者数量计算与按毛利计算相比还有两个好处，一个好处是有利于企业机密的保护，因为如果按毛利计算的话，就需要告诉员工所卖产品产生了多少毛利，这样员工自己也能算出企业的产品进价。另一个好处是不容易产生误解，即使企业愿意把企业的毛利告诉员工，有的员工对毛利的计算也会报以怀疑的态度，所以按销售额或者数量计算更容易得到员工的认可。按销售额或者数量计算之所以好，直白地说就是这两种方法计算起来比较简单。

按销售额和按数量计算哪种方法更好呢？这个就得分情况了。如果员工对产品的销售价格没有定价权的话，按销售额和数量计算的结果是一样的，从简单粗暴的角度考虑，按数量计算比按销售额计算更适合；但如果员工对销售价格有定价权，两者计算的方法会有一定的差异，那样还是按销售额计算更合理。

假设我们对空调的售价给予员工一定的权利，员工只要在 1200 ~ 1800 元/台的范围内销售都是可以的。面对这种情况，应该如何计算提成呢？肯定不能按照数量计算。如果按照数量计算的话，员工会尽量卖 1200 元/台，因为对于他们来说，卖 1200 元/台和 1800 元/台没有任何区别，所以应该按照销售额计算。如果按照销售额计算提成，员工就会尽量卖 1800 元/台，这样才能保证企业利益的最大化。

所以，我们在设计薪酬体系的时候不是一成不变的，而是应该根据不同的情况区别对待。薪酬政策就是一个导向，导向正确，员工的行为就能与企业的利益相一致；导向错误，员工的行为可能就与企业的利益相反。

7.2.2　提成和绩效工资本质上是一样的

我们再模拟一下绩效工资的情况。

假设企业采取的工资构成是5000元基本工资+5000元绩效工资的方式，如果按销售数量进行考核，多劳多得，每人的任务是1000台，平均每月应该是83台（1000/12，假设每月的销售额是平均的）。假设一个员工一年销售了3000台，他一年的绩效收入大概是多少呢？3000台平均到每月大概是250台，完成任务绩效的300%，所以绩效工资是1.5万元（5000×300%），一年的绩效收入是18万元（1.5×12）。与采取提成工资的计算结果相同。

当然，有的企业采取了绩效工资封顶（像央企受到工资总额的限制必须封顶）或者保底的计算方式，那就人为地改变了收入的计算方法，如果提成工资也采取封顶或者保底的计算方式的话，本质上还是一样的。

7.2.3　业务员的提成设计原则

许多人认为，业务员的提成属于业绩导向，也就是说，业务完成得好，拿得多；业务完成得不好，拿得少，所以没法设计。实际上这种观点是错误的，业务员的工资也是设计出来的。

任何人在薪酬上最看重的是最终能从企业中拿到多少收入，而不是薪酬的构成方式。也就是说，如果两家企业的付出差不多的话，从A企业获得100万元，从B企业只能获得50万元，绝大多数人都会选择去A企业，而不是考虑这100万元和50万元是怎么构成的。

明白了这个原则，所以我们在设计业务人员的薪酬的时候，应该先预估业务人员的薪酬总额，然后拆分成基本工资和提成工资两部分。

假设一个业务人员在竞争对手那里大约能挣50万元，同样的付出在我们企业也应该能获得50万元，只有这样，企业才能获得想要的员工。

由于我们企业和竞争对手销售产品的难易程度不同，所以工资的构成以及提成比例都应该不同才对。

假设两家业务人员的薪酬都由基本工资和提成工资两部分构成，我们试着用数学公式来证明。

由于业务人员在两家企业的工资总额应该是一样的，所以有：

● 我们的工资总额＝竞争对手的工资总额。

● 我们的基本工资＋我们的提成工资＝竞争对手的基本工资＋竞争对手的提成工资。

假设两家企业的提成工资都是按照销售收入计算，所以有：我们的基本工资＋我们的销售收入×我们的提成比例＝竞争对手的基本工资＋竞争对手的销售收入×竞争对手的提成比例。

这里又有两种情况，一种是我们企业的基本工资和竞争对手的基本工资一致，一种是我们企业的基本工资和竞争对手的基本工资不一致。两家企业的基本工资是一样的，但由于两家企业产品销售的难易程度不一样，所以产品的销售额肯定不一样。销售额不一样，提成比例也就不一样，从而有：我们的销售收入×我们的提成比例＝竞争对手的销售收入×竞争对手的提成比例（假设两家企业的基本工资一样）。

在具体设计基本工资和提成比例的时候，一般有三种策略。

第一种，高基本工资，低提成工资。这种激励方式的优点是员工的保障性好，离职率低，缺点是员工的竞争性差，如果企业的业务表现不佳，企业的人工成本占比将明显提升。

第二种，低基本工资，高提成工资。这种激励方式的优点有两个，一个优点是能培养狼性的团队，员工的干劲足；另一个优点是如果企业的业务表现不好，企业的人工成本降低明显。这种激励方式的缺点是员工的稳定性差，没有安全感。

第一种和第二种策略各有利弊，对于不同的员工选择的策略也不一样。刚入职的新员工，由于能力差、没有资源，业务量较少，他们更愿意选择第一种具有稳定性的企业。对于有经验、有能力、有资源的老员工来说，由于有业绩支撑，他们更愿意选择第二类高提成的企业。

企业老板本质上属于第二类员工，他们的基本工资为零，甚至于是负值（建设企业要有投入），但他们的提成足够高。所以当提成足够高的时候，基本工资就可以降低。

第三种，混合策略。混合策略就是企业内的员工同时采取这两种方式，可以让员工自己选择。大多数新员工会选择第一种方式，稳定有保障，当能力资源准备充分以后，员工会主动转向第二种方式。如果老员工依然采取第一种方式，只有一种解释，就是能力不够。所以，许多企业硬性规定在企业工作一定时间后的老员工，自动切换成第二种提成方式。例如，大多数保险企业的业务员采取的就是这种策略，刚来的新员工可以给予较高的基本工资，当转正以后基本工资就会大幅度下滑，甚至没有基本工资。

当然，从理论上来说还有另外两种薪资方式，就是高工资＋高提成和低工资＋低提成的方式。理论上分析没错，但这两种方式在实践中很少有。低工资＋低提成的方式肯定招不到合适的员工，基本工资也低，提成也低，理性的员工肯定不会到这种企业去。高工资＋高提成的方式倒是很好地解决了这个问题，但这种方式明显地提升了企业的人工成本。高工资＋高提成的方式其实脱离了我们前面假设的前提，属于用高于竞争对手的薪酬招聘员工。

如果两个企业的工资总额不相等，我们企业采用高于竞争对手的薪酬招聘员工，即我们的基本工资＋我们的销售收入 × 我们的提成比例 > 竞争对手的基本工资＋竞争对手的销售收入 × 竞争对手的提成比例，这种方式会提高企业的人工成本。

7.2.4 亏损的业务是否要有提成

企业一般都会有不同的业务板块，每个业务板块的业绩差异比较大，有的业务盈利比较多，有的业务盈利比较少，有的业务甚至是亏损的，这种情况应该如何设计提成呢？

碰到这种情况，大多数老板的解决思路是有利润的业务有提成，没有利润的业务没有提成，利润高的企业高薪酬，利润低的企业低薪酬，这种做法看起来也有道理，实际上也需要仔细斟酌。

在具体分析这些业务的时候，至少需要考虑三方面的因素：一是企业战略，二是行业状况，三是企业的历史。应该根据不同的情况设计不同的薪酬方案。

1. 企业战略

不少企业都会制定自己的发展战略，在制定发展战略的时候，有的业务可能就被定义成微利甚至亏损的业务。例如，为了支持企业其他业务的发展而采取短期甚至长期的亏损策略。如果这种情况也给较低的薪酬，就是有问题的。这种情况下，一般适合采取较高的固定工资，辅助较低的变动工资的方式来实现。

2. 行业状况

行业的问题更加突出，如果制定薪酬时不考虑行业的发展情况，企业在管理上一定会出现更大的问题。典型的周期性行业，如钢铁、煤炭等，更突出的是金融行业，尤其是券商、基金。券商行业有句名言"三年不开张，开张吃三年"。

2017年股市行情走出了两个极端的状况，蓝筹企业股价暴涨，创业板企业股价大幅度下滑，于是基金、券商也发生了极大的分化。有的基金、券商买入了蓝筹企业，赚得盆满钵满，有的基金、券商买入了创业板，赔得很惨。赚得盆满钵满的企业发放了大量的奖金、提成，薪酬发放最高的券商企业是安信信托，高管之外的员工人均年薪酬达到了181万元；不挣钱的企业的薪酬

第7章　薪酬结构

大幅度下滑，最多下滑60%。而在接下来的几年熊市中，安信信托的业绩一路下滑，年年亏损，终于到了被托管的窘境。

这种情况就是有问题的，首先企业的效益的好坏跟行业有很大的关系。另外，业绩的好坏有很大的波动性、随机性，与其说是经理人能力强，倒不如说是运气好。

针对这种大起大落的行业，我的建议是不要跟当年的业绩挂钩，应该成立长效基金，不要看一年的业绩，而是把周期拉长，如三年或五年，企业成立专用基金，经理人每年的业绩提成的大部分存入长期专用账户，三年或五年以后按业绩情况滚动提取，这样会有效地避免短期的业绩波动。类似的情况还有国企领导者的薪酬也是这样的。

2018年，我在给浙江的一家制造企业进行薪酬咨询时也碰到类似的情况。

这家企业属于传统的制造业，其生产的产品是塑胶地板，主要出口欧美等发达国家。这个业务在国内属于刚起步阶段，利润较高，尤其是行业增长率更高，最近连续三年每年的利润率都超过30%，而这家企业的销售增长率比行业略高些。

2017年，企业实际的销售额是0.96亿美元，我们的任务是制定2018年的销售激励政策。

在我给这家企业制定销售激励政策之前，企业给员工制定的政策是先定目标，超过目标的有提成，没有超过目标的话，拿基本工资。老板给员工定了两个目标，一个目标是保底目标1.3亿美元，另一个是挑战目标1.5亿美元。1.3亿美元是必须要完成的目标，如果整个团队完成了1.3亿美元的销售任务，只拿基本工资；如果超过了1.3亿美元，但低于1.5亿美元，按比例提成；超过1.5亿美元给予一次性的奖励，不再有额外的提成。

经过初步分析，这种方案可能存在两个问题，一个问题是销售额在0.96亿~1.3亿美元时的基本工资是多少？因为1.3亿美元才有基本工资（1.3亿美元以下当时的政策没有说明，这也是许多企业在制定制度的时候最大的一个问题，因为没有穷尽所有可能性，下一节我们会讲到这个问题），如果2018年完成了 1 亿美元多一点的话，销售人员大概率可能比 2017 年的收入还低，这是不是不合理？因为业绩提升了，收入反而下降了。第二个问题是销售额超过了 1.5 亿美元，只给一次性奖励，那如果完成 1.5 亿美元以后，是不是员工就没有工作积极性了？

这两个看似有问题的地方其实都有符合逻辑的地方。

第一个问题，如果员工的销售业绩在 0.96 亿美元到 1.3 亿美元之间，收入比 2017 年的完成 0.96 亿美元的收入低是否合理？看起来不合理，但我认为是合理的。因为行业增长率高，历史上前三年的行业增长率都超过 30%，假设我们企业只是行业中一个中游的企业，也就是能获得行业平均水平，跟上大部队的步伐，今年也应该比去年增长 30% 以上，大约是 1.3 亿美元。今年的 1.3 亿美元其实相当于去年的 0.96 亿美元，更何况我们企业的增长率还超过行业的增长率，所以我认为合理。

第二个问题，一次性激励，类似于提成工资封顶的问题。许多企业在给销售人员设计薪酬提成的时候，都是上不封顶，也就是干得越多拿得越多。假设提成比例是 10%，完成 100 万元，拿 10 万元的提成，完成 1 亿元，拿 1000 万元的提成。从理论上来说，这无可厚非，但从实践的角度，其实有些情况是无法完成的。例如，一个业务员以前每年完成的销售收入大约是 100 万元，他今年完成 1000 万元的概率基本上等于零，完成亿元的概率更属于天方夜谭。所以如果给他按照 1000 万元或者 500 万元封顶，实际上跟不封顶没有什么区别。

在企业的实际操作中，还有一个明显的问题需要考虑，就是企业的产能等其他限制。这家企业的工厂 2017 年已经是满负荷生产，工人天天加班，当年一直加班到小年那天才放假，也就是业绩如果再大幅度增长的话，即使能卖出去，但产品也不能生产出来，过多的销售可能还带来客户的不满意。与其这样，不如趁现在这个机会，筛选一下客户。

3. 企业的历史

我服务的一家酒店的情况比较特殊。这家酒店除了客房、餐饮之外还有

第7章 薪酬结构

其他三个业务板块，一个是康体健身，主要是保龄球馆；一个是内部超市，主要是集团内职工用每月的内部充值卡消费；还有一个是酒店外的驴肉火烧店。这三个业务板块的业务状况有着天壤之别。

康体健身业务，中国在 21 世纪 90 年代兴起打保龄球，现在几乎没有人打保龄球了，所以保龄球馆盈利几乎不可能，即使还有其他的一些娱乐设施，但要盈利的难度也很大。内部超市，由于集团一共上万人，集团职工的饭费每月都发到充值卡中，但并不是每个职工都能把充值卡中的钱都用在餐饮上，所以剩余的钱一般都会到超市中消费，所以内部超市尽管不大，但是月月盈利。驴肉火烧店，也是这家企业一个比较有意思的产物，一个四星级酒店里竟然有一个驴肉火烧店。主要是这家企业的领导喜欢吃驴肉火烧，所以在内部设置了这么一个产品，尽管与酒店本身不太匹配，但由于符合客户的需求，所以能勉强维持，不至于亏损，但也没有什么盈利。

这三个业务都是采取按营业利润提成的方式，于是三个业务板块的员工也贫富不均。康体健身业务由于每月都亏损，所以这一业务板块的所有员工都没有业务提成，年底也没有奖金。内部超市由于每月都盈利，所以员工每月都有不少的业务提成，年底还有高额奖金。驴肉火烧店由于有少许利润，所以员工也有少量的业务提成，年底也会有一部分奖金。

这三个业务的问题是，业务的利润与员工的努力程度基本没有关联性，也就是说员工努力不努力，业绩基本上都是这种情况（严格地说，驴肉火烧店应该有一定的关联性），所以员工提成与业务利润现状挂钩是不合适的。

即使提成与业务利润挂钩，也不是按照盈利多少挂钩的，应该考虑到三个业务的现状，完成现状给基本工资，超过的部分给予一定的提成。我给这家企业的建议是根据企业这三项业务的实际情况确定第二年的任务，完成任务拿基本工资，超过任务拿提成。

康体健身以亏损为标准，只要实现了少亏，就可以有提成，假设前一年亏损 500 万元，就以亏损 500 万元为基数，第二年只要亏损额少于 500 万元就可以有提成，假设第二年只亏损了 400 万元，少亏的这 100 万元可以作为基数计算提成。

内部超市必须超出去年的任务才能拿到提成（也可以把任务稍微降低），假设前一年超市实际利润是 200 万元，可以按 150 万元为计算基数，只要超过 150 万元的就可以有提成，低于 150 万元的部分没有提成。

驴肉火烧店也以去年的实际完成部分为基数，因为驴肉火烧店微利，所以以 0 为基数，只要有利润就有提成。

年终奖金的发放也根据三个业务分别处理，假设 2017 年康体健身实际亏损 300 万元，内部超市盈利 180 万元，驴肉火烧店盈利 50 万元。按照以前的做法，康体健身没有年终奖金，驴肉火烧店有一部分年终奖，内部超市的奖金最高。按照我的思路，尽管内部超市盈利 180 万元，但比上一年的盈利 200 万元还少了 20 万元，所以不仅不能奖，还应该罚。尽管驴肉火烧店只盈利了 50 万元，但与上一年相比增长了 50 万元，所以应该奖。尽管 2017 年康体健身依然处于亏损状态，但由于它比上一年少亏损 200 万元，所以不仅应该奖励，还应该大奖。该企业三项业务的激励政策见表 7-1。

表 7-1 该企业三项业务的激励政策

	康体健身	内部超市	驴肉火烧店
2016 年盈利	亏损 500 万元	盈利 200 万元	盈亏平衡
2017 年盈利	亏损 300 万元	盈利 180 万元	盈利 50 万元
以前的激励政策	没有提成，没有年终奖金	有提成，年终奖金最高	有提成，有年终奖金
现在的激励政策	有提成，年终奖金最高	可以有提成，没有年终奖金	有提成，有年终奖金

7.2.5 双任务模式——如何设计合理的双任务

许多企业都采取双任务模式，所谓双任务模式，就是给员工设定两个销售目标，一个是基准目标，就是保证完成的目标；另一个是挑战目标，就是努力完成的目标。其本质就是绩效管理的分段评价，也就是说，在基准目标以下，设定一个提成比例 A，在基准目标和挑战目标之间，再设定一个提成比例 B，

第 7 章 薪酬结构

在挑战目标之上，再设定一个提成比例 C。这里的诀窍是 C>B>A，并且是 C 要远远大于 B，这个模式的激励效果才能有效地发挥。

这里提出一个问题供大家一起来讨论，C 的提成比例最高可以是多少？假设一家企业的净利润率是 10% 的话，C 能否超过 10% 呢？

当我抛出这个问题的时候，绝大多数的老板和人力资源的专业人士都认为 C 不能超过企业的净利润率，因为大家觉着如果超过 10%，企业可能会亏损，卖得越多亏得越厉害。真的是这样吗？我们用一个小案例来分析一下。

假设有一家饭店，该饭店每月的营业收入为 100 万元，我们在计算该饭店的利润的时候，首先要去掉企业的增值税，为了更像一家企业，我们按照与营业收入相关的比例来计算该饭店的增值税，而不是按固定收入计算（实际上大多数饭店的增值税都是按照固定税额来征收的）。该饭店在营业额为 100 万元时的其他各项成本见表 7-2。

表 7-2　该饭店的其他各项成本

项目	金额/万元	说明
收入	100	
增值税	5	营业额的 5%
食材	30	营业额的 30%
房租	10	
人工	30	需要 100 名员工，每人的工资为 3000 元
能源（水电煤气）	5	营业额的 5%
折旧	10	固定资产如设备、汽车等资产的折旧，每月折旧 10 万元
成本合计	90	5+30+10+30+5+10=90
净利润	10	100-90=10
净利率	10%	10/100=10%

从表 7-2 中得知，这家饭店的净利润是 10%。假设这家饭店的老板为了提升销售业绩，愿意将营业收入超出 100 万元的部分给员工 12% 的提成，我们看看会有什么变化。

当第一个月实施的时候，有些员工半信半疑，有些员工则采取了行动，所以营业额只增长了 10%，达到了 110 万元，而第二个月，由于所有员工看到了效果，都努力工作，营业额比一开始提升了 50%，达到了 150 万元，第三个月营业额大幅度提升，达到了 200 万元。三种营业额情况下的不同效果见表 7-3。

表 7-3　三种营业额情况下的不同效果

项　　目	金额 / 万元				说　　明
收入	100	110	150	200	
增值税	5	5.5	7.5	10	营业额的 5%
食材	30	33	45	60	营业额的 30%
房租	10	10	10	10	
人工	30	33	45	60	按营业额，营业收入每增加 1 万元，增加 1 人
能源（水电煤气）	5	5.5	7.5	10	营业额的 5%
折旧	10	10	10	10	固定资产如设备、汽车等资产的折旧，每月折旧 10 万元
成本合计	90	97	125	160	增值税 + 食材 + 房租 + 人工 + 能源 + 折旧
净利润	10	13	25	40	收入 - 成本合计
净利率	10%	11.82%	16.67%	20%	净利润 / 收入
提成	0	1.2	6	12	增加部分的 12%
去掉提成后的净利润	10	11.8	19	28	净利润 - 提成
去掉提成后的净利率	10%	10.73%	12.67%	14%	净利润 - 提成 / 收入

从表 7-3 可以看出，即使企业的营业额只增长了 10%，企业发放提成前的净利率就达到了 11.82%，去掉提成后的净利率达到了 10.73%，企业的净利润也从原来的 10 万元增长到了 11.8 万元，企业的净利润增加了 1.8 万元，增长幅度达到 18%；当营业额增长到 150 万元的时候，企业发放提成前的净利率达到了 16.67%，去掉提成后的净利率达到了 12.67%，净利润也从 10 万元增长到了 19 万元，增长幅度是 90%；当营业额增长到 200 万元的时候，企业发放提成前的净利润增长到了 28 万元，去掉提成后的净利率达到了 14%，净利润也从 10 万元增长到 28 万元，增幅达到 140%，也就是说，随着营业额的增长，伴随着净利润的大幅度增长，净利率也将逐步提高，这就是财务的神秘之处。换言之，有时候只需让营业额增长一小部分，就可打败你的竞争对手。

第7章 薪酬结构

所以，在设计销售人员的薪酬结构时，尽管大胆地给予更高的提成吧，更高的提成能让员工有更高的积极性，而积极性的提高，将为企业带来更好的业绩，从而使企业在竞争中处于有利的地位。

提成最高能到什么水平？提成的比例上限是企业产品的毛利率，只要不超过企业产品的毛利率，企业就不会亏损。所以，对于企业老板和人力资源来说，在设计企业产品销售提成的时候，毛利率是企业提成的上限。

还是饭店这一案例，假设老板的战略是跟竞争对手抢市场，所以老板采取的策略是把所有的增量利润全部分配给员工，也就是老板只保留10万元利润，超过10万元的利润全部以提成的方式分配给员工，我们看看结果的变化。新策略下的成本变化见表7-4。

表7-4 新策略下的成本变化

项　　目	金额/万元				说　　明
收入	100	110	150	200	
增值税	5	5.5	7.5	10	营业额的5%
食材	30	33	45	60	营业额的30%
房租	10	10	10	10	
人工	30	33	45	60	按营业额，营业收入每增加1万元，增加1人
能源（水电煤气）	5	5.5	7.5	10	营业额的5%
折旧	10	10	10	10	固定资产如设备、汽车等资产的折旧，每月折旧10万元
成本合计	90	97	125	160	增值税+食材+房租+人工+能源+折旧
净利润	10	13	25	40	收入-成本合计
净利率	10%	11.82%	16.67%	20%	净利润/收入
提成	0	3	15	30	超过10万元的部分
去掉提成后的净利润	10	10	10	10	净利润-提成
收入增加	0	10	50	100	
增量部分提成比率		30%	30%	30%	净利润-提成/收入

从表7-4可以看出，不管如何计算，增量部分的提成比率都是30%。那么

30%是如何计算出来的呢？

我们把上述的成本进行分类，就可以发现，成本其实可以分成两部分，一部分是固定成本，另一部分是变动成本。固定成本包括房屋和折旧，变动成本包括税、食材、人工、能源，当然提成也属于变动成本。成本分类见表7-5。

表7-5 成本分类

项　　目	金额/万元				说　　明
收入	100	110	150	200	
固定成本	20	20	20	20	房屋、折旧
变动成本	70	77	105	140	税、食材、人工、能源
变动成本率	70%	70%	70%	70%	变动成本/收入
增量部分提成比率	0	3	15	30	
收入增加	0	10	50	100	
增量部分提成比率		30%	30%	30%	增量部分提成/收入增加

从表7-5可以明显地看出增量部分提成比率=100%-变动成本率。

也就是说，我们在给员工设计增量部分的提成时，只要能控制住变动成本即可，换言之，对于增量部分的提成，把变动成本扣除，将剩下的以提成的方式分配给员工，即使这样计算，企业的利润也不会有任何损失。

> **总结：**
> - 销售人员的薪酬结构一般采取较低的固定薪酬加上较高的变动薪酬的方式。
> - 给员工设计增量部分的提成，只要能控制住变动成本即可。

7.3 收入结构

7.3.1 固定收入和变动收入的结构问题

固浮比，就是指固定收入和变动收入的比例问题，这也是大家经常有疑

第7章　薪酬结构

问的地方。至于固浮比为多少合适，没有一个定数，我认为固定收入和变动收入的比例问题属于艺术范畴。每家企业都有自己的情况，我所见过的，比例从二八到八二都有。固浮比最低可以到20%、10%，甚至为0，即该企业没有固定收入；固浮比最高可以到80%、90%，甚至为100%，即全部是固定工资。不能说哪个好哪个坏，在固浮比为100%的企业中，有国有企业，有外资企业，也有私营企业。在实际中我们不提倡企业采取这种固浮比过高的结构。

固定收入和变动收入的比例设置，有三个原则，第一个原则是业务部门和职能部门的区别，业务人员的变动收入所占的比重要高，职能人员的变动收入所占的比重要低；第二个原则是高管和基层的原则，基层人员的变动收入所占的比重要低，高层管理人员的变动收入所占的比重要高；第三个原则就是要参考企业的现状，不能与现状差距太大。

第一个原则，许多企业基本上都是这么做的，因为高比例的变动收入，意味着收入与个人绩效有很大的关联，个人干得好，就可以得到更高的收入，个人干得差，收入也会随之下降。所以，更高比例的变动收入，可以更大程度地调动员工积极性。由于业务人员主要靠业绩提成，所以变动收入比重高是合理的，而职能人员的工作与销售业绩的关联度不是很高，所以变动收入的比重比较低。

要分析第二个原则，首先要知道这两部分收入的作用。固定收入的作用是保障，就是保障员工的生活，变动收入的作用是激励，激励大家努力工作，多劳多得。因为每个人都要养家糊口，至少要维护自己以及自己要抚养和赡养的人的收支平衡，而基层人员的薪酬总收入相对比较低，所以如果固定收入占的比重低的话，他就没有安全感。高层管理人员的薪酬总收入比较高，即使固定收入所占的比重稍低，固定收入的绝对额也较高，即使绩效工资和奖金收入不高，靠基本工资养家糊口肯定也没问题。

高层管理人员固定收入低的第二个原因是，高层管理人员类似于业务人员，要靠业绩说话，业绩不好，收入不可能过高。所以，基层员工的固定收入占比较高，高层管理人员固定收入占比较低。

7.3.2　平时和年终的结构——合理才是硬道理

平时发多少工资，年终发多少工资，这个很少有人考虑，但其实这也是一个很重要的问题。为什么这么重要的问题许多人没有考虑？因为大多数人认为年终奖的多少取决于企业业绩，所以年终奖是不确定的，没法提前预判。

年终奖的发放额度，实际上有两种情况，这两种情况需要我们区别对待。

第一种情况，就是年终奖与企业业绩高度挂钩。企业效益好，员工的年终奖高；企业效益不好，员工的年终奖低。例如，2017年某企业的游戏研发团队成员，平均每人得到了100个月的年终奖。这种情况适合狼性的团队，尤其是民营企业。如果企业要设计这种跟业务高度挂钩的年终奖制度，必须提前定规则，而不是等年终结果出来以后再出台规则。如果等年终结果出来以后再出台规则的话，每个员工拿到的奖金不能低于原有制度规定的薪酬额度。

第二种情况，就是年终奖与企业业绩挂钩的程度不是很紧密。例如，央企、国企的工资总额一般是固定的，如果年终奖与企业业绩的联系比较紧密，工资总额很可能会超出国资委规定的工资总额范围，这是坚决不允许的。还有一类企业，员工的年终奖与企业的业绩挂钩也不用太紧密，就是那些企业的业绩与员工的努力程度关联度不大且业绩高度受政策影响的企业，如行业增长率较高的企业。

我服务过的两家企业，一家是军工生产企业，军工企业的特点是受政策影响大，如果政府采购预算低，整个行业都受影响，如果某年政府采购预算增加，整个行业也会大幅度增长。另一家企业是传统制造企业，这家企业最大的特点是处于行业增长期，最近几年行业增长率都在30%左右，企业领导属于稳健进取型的，企业的增长只要与行业增长一致就可以了。

这两种类型的企业，就不适合采取年终奖与企业业绩高度挂钩的模式。如果采取了高度挂钩的模式，在行业增长高的年份，员工的收入会大幅度提升；而在行业增长低甚至下滑的年份，员工的收入也会大幅度下降。这里面的关键问题是企业的效益与员工的努力程度关联度不高，不是员工努力企业业绩就

第 7 章　薪酬结构

好,员工不努力企业业绩就不好。

对于员工来说,员工更看重的是从企业获得了多少薪酬,而不是薪酬以什么形式在什么时间发放。所以我们在给员工设计薪酬的时候,首先应该关注薪酬总额的合理性,确定了工资总额以后,再把工资总额固浮比划分成固定收入与浮动收入以及平时收入与年终奖金的构成。

假设两家企业各方面条件都是一样的。一家企业给员工的月薪是 1 万元,年终奖是 6 万元,薪酬总额是 18 万元,另一家企业给员工的月薪是 1.5 万元,没有年终奖,薪酬总额也是 18 万元。如果不考虑个人所得税的问题,你会选择哪家企业呢?理性的员工一定是选择第二家,因为第二家可以先把薪酬拿到手。从经济学的角度考虑,现金是有时间价值的,今年的 1 元钱的价值要高于明年的 1 元钱的价值。另外,确定的 1 元钱的价值也要大于不确定的 1 元钱的价值。所以,选择第二家是明智的。

但是年底的时候,第二家企业的员工会怎么说呢?可能有一部分员工会说:"企业真抠,到年底了一点表示都没有,看人家友商多大方,人家今年给员工发了 6 个月的奖金。"同样,第一家企业的员工也有怨言,他们会说:"我们企业的工资真低,看竞争对手的工资比我们高 50%。"

其实不管怎么设计薪酬,总有一部分员工不满意。因为人在抱怨的时候,总是挑对自己有利的因素说,而很少从全局思考问题的真相。

成语"朝三暮四"说的就是薪酬的分配问题。有一个养猴子的人,由于预算紧张,所以他想控制猴子每天的粮食。于是他跟猴子商量说:"我早上给你三个水果,晚上给你四个水果,你看怎么样?"猴子说:"那不行,这样不好,我不同意。"养猴子的人又跟猴子商量说:"那我早上给你四个水果,晚上给你三个水果,你看行吗?"猴子说:"这样很好。"

猴子当然不懂水果的时间价值,他们只是看到早上比晚上多拿一个水果,就认为分配是合适的。

员工其实也一样,尽管大家更看重薪酬的多少,但同样的薪酬,如果分配结构更合理,也会大幅度提升员工的工作积极性。

建议大多数企业应该在工资总额中留出 1~3 个月的工资以年终奖的形式发放，这样的效果最好。也就是说，如果某个员工全年的价值是 18 万元，我们计划留出三个月的工资作为年终奖，那么平时发放的工资应该是 1.2 万元 [18/(12+3)]。这样，一年 12 个月发放了 14.4 万元的工资，然后年底有 3 个月（即 3.6 万元）的奖金，合起来正好是 18 万元。

这么设计的话，这 3.6 万元的激励效果还是没有与企业效益挂钩，如何让年终奖与企业效益挂钩呢？

假设企业有 100 个人，100 个人的年终奖大约是 300 万元（全体员工 3 个月的工资），企业的正常利润是 3000 万元，我们就可以这么设计：企业以年利润的 10% 作为年终奖。所以，当企业的利润是 3000 万元的时候，员工的奖金就是 300 万元，正好等于全体员工 3 个月的工资；当企业的利润是 6000 万元的时候，员工的奖金就增加到了 600 万元；而当企业的利润是 1500 万元的时候，员工的奖金就降到了 150 万元。这样就实现了员工奖金与企业效益挂钩的目的。

7.3.3 长期激励——国人误用了股权激励

当期收入，主要是指一年内可以拿到的收入，就是我们说的年薪。预期收入是指一年以上的未来收入，主要是指股权和期权。股权、期权收入对中高层的激励效果更好，对基层的激励效果不明显。所以，当期收入和预期收入的问题，本质上就是期权的分配问题。主要是针对创业型或者成长型的企业，这些企业由于处于创业期，没有高的现金收入来吸引更高的人才，就可以考虑股权、期权，用未来的高期权收入替代现在的低现金收入。例如，小米初期就是用期权的方式来获取高级人才的。

我服务的一家上市企业，企业在上市之前做了全员的股权激励，他们企业上市后，即便是一个基层员工，其股票价值都是数百万元，高管的股票价值都是数千万元，甚至数亿元。这家企业员工的收入其实不是很高，但员工的离职率很低，员工的积极性也很高，因为大家更看重未来的股票价值。

这种企业也有自己的问题，一个问题是后进入企业的员工的薪酬问题，由于后进入企业的员工没有股权，所以如果薪酬低了肯定不容易招人，而给较高工资的话，这些人与老员工之间的薪酬就会产生差异。第二个问题是等企业上市以后，大多数员工的股票就可以变现了，当员工的股票可以变现的时候，有一部分人就会丧失斗志，甚至会离职，不利于企业的长期发展。

有的老板问我："冯老师，如果我现在没有很好的待遇，但又不想稀释我的股权怎么办呢？"这种情况，我们叫"既要马儿跑得好，又要马儿不吃草"，最后的结果就是马儿给累死了。

7.4 员工薪酬给付原则

7.4.1 给付原则

员工看重的不是薪酬是由哪些内容构成的，而是薪酬的总额是否能够体现自己的付出，如果能体现自己的付出，员工就会满意，否则就不满意。所以我们在设计员工的薪酬时就必须把握住这个原则，就是总额满意，总额设计完之后再进行结构的拆分。

对于企业员工的薪酬设计来说，最好的方式是计件制薪酬，如果不能按照计件制设计，可以按照项目制付薪，如果项目制薪酬也不行，最差的方式就是计时制薪酬。

计件制薪酬是典型的按结果算账，完成一件产品或者事情可以按照完成的结果付费，多劳多得，计算清晰。计件制薪酬适合标准化的作业方式，如果一家企业的业务是标准的作业方式，又是不断重复的工作，就可以采取计件制的付薪方式，如生产工人。大多数销售人员的提成工资也可以看作一种计件工资，即卖出一件产品给付一件产品的报酬。

项目制薪酬是按项目付费，就是根据一个项目最终完结的情况给付员工一定的报酬。有些产品或者服务无法做到标准化,但是有明显的时间起始与结束节点,这种情况就可以采取项目制薪酬,如咨询行业、IT企业的业务操作、房地产等项目。项目制薪酬是结果导向,如果把一个项目看成一个产品的话,其实项目制薪酬就是一个周期比较长,稍微复杂的计件制薪酬。

计时制薪酬就是按照时间给付薪酬,大多数非业务岗位以及无法标准化的业务岗位都是采取的计时制薪酬。由于计时制薪酬是根据员工的工作时间计算报酬的,所以容易导致员工多耗工时的问题。

在具体选择是计件制、项目制还是计时制的时候,主要考虑的是哪种计薪方式最能衡量员工的真实付出。

7.4.2 案例1:根据什么付薪

我服务过的客户是一家国企,他们的业务是为企业的产品进行检测,出具检验合规报告。对于其中的检验人员的工资一直是他们最头疼的问题。一开始采取的是按照检测的收费标准计算员工的薪酬,如果企业某项业务的收费高,员工的检测工资就高;如果某项业务的收费低,员工的检测工资就低。

这种薪酬方式的好处是,做到了员工的薪酬与企业业务效益挂钩,企业能很好地控制人工成本。但这种方式也有明显的问题,就是员工的付出与所得不匹配。该企业业务收费不仅仅取决于人工成本,还取决于设备。

有些检测工作需要依赖进口高端设备,尽管这种检测业务人工耗时不长,但对客户的收费也比较高,而有些检测人工耗时较长,但收费较低。如果按照以前的付薪方式,很明显对于检测人工耗时较长但收费较低的业务的员工是不公平的。所以我给的调整方案是根据员工的付出付薪,而不是根据业务的收费标准付薪。

对于检测的操作人员来说,我首先想到的是计件制,但调研以后发现他们的产品大多数是非标准化的产品,无法做到计件。既然不能计件,也就只剩下项目制薪酬和计时制薪酬两种方式了。该企业的检测项目有上千种,考虑到该企业的管理水平,还是先给企业设计了计时制的计薪方式。

既然是计时制,所以如果两个员工的价值是一样的,同样的时间付出给付同样的标准。如果两个员工的价值是不一样的,比如有的岗位是普通操作工,不需要培训就能上岗,有的岗位需要具备一定的技能才能操作,如需要学习一年才能出徒,这种岗位的员工的工资相对较高。

7.4.3 案例2:业务不同,薪酬设计原则也不同

我服务的另一个客户是一家IT类企业,2016年我为该企业解决了企业的内部公平性问题,2018年我第二次去这家企业的时候,企业的收入和利润仅仅用了两年的时间就翻了一番。这次由于企业取消了工资总额的限制,所以要做到跟外部市场接轨,也就是要解决外部公平性问题。薪酬跟外部市场接轨,首先要考虑业绩的问题,也就是企业只有保持业绩的持续增长,薪酬才能与市场接轨,而要保持业绩的持续增长,就需要对销售人员和研发人员采取激励性的薪酬体系。

于是,针对企业的业务人员、销售人员和职能人员,我分别设计了三种不同的薪酬模式。

1. 业务人员

之前业务相关岗位最大的问题是采取了"基本工资+绩效工资"的方式,这种模式对于业务人员来说相对保守,对业务人员的激励性较弱。为了提高业务人员的工作积极性,可以采取"基本工资+绩效工资+业绩提成"或者"基本工资+业绩提成"的模式。为了让这种模式更大地发挥公平公正的作用,就必须对现有业务的类型采取不同的策略。

第一类,完全市场类业务,也就是需要与市场上其他竞争对手完全竞争的业务,这种业务的薪酬给付可以采取市场上的薪酬标准,制定合理的付薪标准,根据业务的完成情况付薪(计件制)。

第二类，服务类，即企业原有的一些不需要做销售而只需要提供一般服务的业务，这些业务可以参考职能部门的薪酬类型付薪（计时制）。

第三类，介于市场和服务之间的业务，如一部分企业的业务需要员工去支持谈判的，并且谈判的水平可能会影响标的额大小的业务。这种类型的业务采取前两者结合的给付标准，标准合同额度内的部分采取固定的激励方式，超出标准合同额度外的部分采取浮动的激励方式（项目制）。

2. 研发部门

与业务部门相似，我们把研发的所有项目也分成若干类别，但划分的依据不同。

第一类是市场类项目，市场类项目又分成营利性项目和非营利性项目。营利性项目提前设定营利目标，超出目标的部分可以按某种方式与研发人员共同分享利益；非营利项目提前设定预期目标（如亏损不超过多少，下降不超过多少），减亏的部分也与研发人员共同分享。

例如，某研发项目 2018 年亏损 10 万元，如果以 2018 年的亏损基数作为目标，只要能减亏就算成功，假设 2019 年实际亏损 3 万元，减亏 7 万元，这 7 万元便可以拿出来与研发人员进行利益共享。类似的可以有提前多久完成、成本降低多少等思路。

第二类是战略类项目，战略类项目指那些基于企业战略的需要，目前处在培养期，短期甚至长期仍然无法盈利的项目。这种项目的研发人员的激励措施采取单独的薪酬体系，以保障这部分员工的积极性（项目制）。

3. 职能部门

由于企业是一个整体，所以除了业务、研发之外的其他职能部门的薪酬也需要根据企业的战略思路进行相应的调整。这些岗位也分两个层面思考，第一个层面是完成自己的本职工作应该给予什么样的薪酬（计时制）；第二个层面是职能部门员工的发展晋升问题，也就是职能部门的成长之路应该如何确定。

7.4.4 存量分配和增量激励

存量分配就是已经发生的业绩的分配，增量激励就是在原有基础上增量的业绩的分配。例如，一家企业 2021 年的利润是 1 亿元，对于 2022 年来说，这 1 亿元的利润就属于存量分配，如果 2022 年的利润是 1.2 亿元，多出来的 2000 万元就是增量激励。这里的分配原则是存量激励保证历史薪酬，增量激励保证增量薪酬。

假设 2021 年全体员工的年现金总收入是 3000 万元，那么这 3000 万元对应的就是 1 亿元的利润，而增加出来的 2000 万元利润应该与员工的增量激励相匹配。大家可能更关心额度定为多少合适，依然是那个标准原则，合理的钱招到合适的人。

具体来说，这增量的部分需要考虑几个因素。

第一个因素是自然增长，也就是随着社会的发展，企业每年自然增长的那部分，这部分对应的薪酬也是薪酬的自然增长。一般来说，我国 GDP 的增幅在 10% 左右，社会平均工资的增幅也在 10% 左右，所以我认为这部分可以看成是 1:1 的比例，也就是说，对于自然增长的部分，员工增量薪酬的增幅与企业利润的增幅可以保持一致或者略低。如果上述企业的自然增幅恰好等于 GDP 增幅的话，也就是大约有 1000 万元的利润属于自然增长。

第二个因素是超额增长，也就是超过 GDP 增幅的部分。对于上述企业，超过 1000 万元的剩余 1000 万元是企业的超额增长。这一部分应该如何分配呢？这一部分的分配相对复杂。

我们都知道，员工的薪酬应该分两部分，一部分是与企业效益无关的，一些员工与企业之间是雇佣关系，不应该考虑企业的效益；另一部分是与企业效益有关的，也就是说企业效益好，员工跟着额外涨的那部分。所以，我们得到一个公式，员工薪酬＝固定薪酬（A）＋变动薪酬（B），这里的固定薪酬是指与企业效益无关的部分，变动薪酬是指与企业效益紧密相关的部分。与增量利润相关的薪酬部分应该是变动薪酬部分。变动薪酬与利润的比例关系可以根据历史数据进行分析，找出规律。

假设 2020 年企业的利润是 8000 万元，员工的年现金总收入是 2700 万元，这 2700 万元是由 2000 万元的固定薪酬和 700 万元的变动薪酬构成的。再假设 2020 年的自然增长依然是 10%，也就是说 800 万元（8000×10%）是自然增长额，1200 万元（10000-8000-800）是超额增长额。按照上述逻辑，800 万元的自然增长额对应 10% 的工资增幅，即 80 万元。根据 2020 年和 2021 年收入情况计算薪酬分配，见表 7-6。

表 7-6　2020 年和 2021 年收入情况

	2020	2021			
		基数	自然增长	超额增长	合计
企业利润/万元	8000	8000	800	1200	10000
对应薪酬/万元	2000+700	2760	80	139	3000
比例	33.75%	34.5%	10%	11.58%	30%
薪酬结构	2000 万元（固定）+700 万元（变动）	2000 万元×1.03（固定）+940 万元（变动）			

注：2021 年 8000 万元的基数的对应薪酬不是 2700 万元，而是按照 3% 的 CPI 增幅计算固定工资部分，即 2000×1.03+700。

于是，根据 2020 年和 2021 年的收入情况可知，薪酬与超额增长的部分的比例大约是 11.58%。

按照这个逻辑，可以制定 2022 年薪酬的分配规则，也就是说，在设计薪酬的时候，应该把薪酬分为三部分：与基数相关的、与自然增长相关的、与超额增长相关的。假设 2022 年 1.2 亿元利润包括三部分：2021 年的 1 亿元利润作为 2022 年基数、1000 万元的自然增长以及 1000 万元的超额增长。2021 年和 2022 年收入情况见表 7-7。

表 7-7　2021 年和 2022 年收入情况

	2021	2022			
		基数	自然增长	超额增长	合计
企业利润/万元	10000	10000	1000	1000	12000

第7章 薪酬结构

续表

	2021	2022			
		基数	自然增长	超额增长	合计
对应薪酬/万元	3000	3061.8	100	115.8	3277.6
对应比例	30%	30.6%	10%	11.58%	27.31%
薪酬结构	2060万元（固定）+940万元（变动）	2060×1.03万元（固定）+1134.8万元（变动)			

需要强调的是，以上只是我们的分析逻辑，而给员工设计的薪酬制度却不能分成这么多内容。我们前面说过，给员工设计的薪酬应该越简单越好，而上述逻辑对于普通员工来说太复杂了，许多员工是搞不懂的。所以，我们给员工设计的最终的薪酬制度应该是非常简单的。

简单而言，就是基本工资可以按照3%的幅度增加，变动工资按照利润的增加额的一定幅度增长，或者按照利润总额的一定比例计提。如果按照利润的增加额计提，比例大约是56.74%（1134.8/2000）；如果按照利润总额计提，比例大约是9.46%（1134.8/12000）。

所以，薪酬制度的两种设计方式如下：

第一种，变动工资取决于企业的增量利润，按照企业增量利润的56.74%（实际中一般取整50%或者55%）计算。

第二种，变动工资取决于企业的利润总额，按照企业利润总额的9.46%（实际中一般取整9%或者10%）计算。

一般来说，按照总额定规则比按照增量定规则更合理一些，或者说更不容易出错。

总结：

- 员工在乎的是企业给付的薪酬是否符合自身的付出。
- 计件制是典型的为结果付薪，适合那些标准化程度较高的业务。
- 项目制类似于一种大型的复杂的计件制。
- 企业有增量，员工才有增量。

第 8 章

薪酬制度

8.1　薪酬管理制度的内容——10%的差异决定了90%的价值

完整的薪酬制度一般包括两部分内容：一部分是薪酬设计，另一部分是薪酬管理。

薪酬设计，是指根据企业的实际情况，设计符合企业现状以及在一定发展阶段内的需求的制度。主要是根据岗位价值评估，确定企业内各职位的相对价值，即设计职等；根据企业的战略设计企业的薪酬总额；根据不同岗位差异，设计岗位的薪酬等级以及薪酬结构。

薪酬管理，是指企业的薪酬管理机构及权限，即岗位调整、薪酬调整等这些工作由哪些岗位来执行以及由哪些岗位来设计。员工干到什么程度可以涨工资，干到年底可以拿多少钱，以及什么样的员工不涨工资等。

8.1.1　确定薪酬调整的范围和标准

普调是最差的一种调薪方式，没有之一。也就是说，没有比普调更差的调薪方式了。普调为什么不好呢？经历过的企业都知道，如果一家企业实施的是普调的方式，企业的哪些人会满意，哪些人会不满意呢？结果显而易见，企业里面做得好的员工肯定不满意，做得不好的员工倒可能满意。实际上，如果企业真采取普调的方式，表现不好的员工也不会满意，尤其是那些习惯性把普调作为调薪方式的企业。

既然大家都知道普调的效果不好，但为什么还有不少企业依然会采取普调的方式？主要是因为这些企业不知道如何给员工涨工资，当然也不排除有些企业不愿意担当，怕担责任，采取了一种最省事的解决方案。毕竟普调也有自己的解释，就是大家都是大家庭的一员，何必分得那么清呢？

既然任何一种调薪方式都比普调有优势，所以要做得更好，我们就不能普调。不普调也就是一部分人调薪，一部分人不调薪，需要我们提前制定好薪酬调整的范围以及标准。

1. 薪酬调整的范围

薪酬调整的范围有两个含义，一个是薪酬额度变动的范围，另一个是员工变动的比例。

要想厘清薪酬额度变动的范围，首先要考虑薪酬的整体变化，也就是薪酬总额的增长幅度。

确定薪酬总额的增长幅度，不同的企业采取的策略应该是不一样的。

对于国企来说，薪酬总额是固定的，相对来说，每年工资的涨幅也是固定的，所以国企薪酬的变动范围相对容易确定，原则就是不能超过主管单位（一般是国资委）规定的薪酬总额的增幅。最新的指导文件是国务院印发的《国务院关于改革国有企业工资决定机制的意见》（以下简称《意见》）。

《意见》中指出："企业经济效益增长的，当年工资总额增长幅度可在不超过经济效益增长幅度范围内确定……企业经济效益下降的，除受政策调整等非经营性因素影响外，当年工资总额原则上相应下降"。也就是说，企业的工资总额增幅与企业效益挂钩，企业效益增长，工资总额增长，企业效益下滑，工资总额下降。所以，我们应该首先预估企业效益的增长幅度（跟企业老板确认）。

假设企业董事长或者总经理认为企业未来一年或者两三年内的效益增长大约是10%，我们在设计工资总额增幅的时候，就可以按6%~8%设计，预留出一定的安全空间，以便在效益增长不及预期的情况下可以灵活处理。为了避免极端情况的出现，我们在制定制度的时候，可以加上一个前提条件，即"企业在完成预期业绩的情况下……"。

私营企业不受工资总额的限制，所以在薪酬设计上相对灵活。私营企业在考虑工资总额增幅的时候，主要应该参考市场上尤其是竞争对手的工资涨幅，只要企业薪酬的人均增幅与市场接轨即可。

2. 薪酬调整的标准

确定了工资总额以后，就可以接着确定薪酬的涨幅以及人员的数量。

一般企业在薪酬调整上，会把员工分成优、良、中差四个标准（或者优、良、差三个标准），每种标准员工的薪酬涨幅是不一样的。于是有：工资总额增长比例＝绩效得优的薪酬增长比例 × 绩效得优的员工比例 ＋ 绩效得良的薪酬增长比例 × 绩效得良的员工比例 ＋ 绩效得中的薪酬增长比例 × 绩效得中的员工比例 ＋ 绩效得差的薪酬增长比例 × 绩效得差的员工比例。

如果用字母替代，上面的公式可以换算成：工资总额增长比例＝$A \times S1 + B \times S2 + C \times S3 + D \times S4$。其中，$S1+S2+S3+S4=100\%$。

一般企业在设计薪酬体系的时候，绩效得优的员工薪酬会增长得高一些，绩效得良的员工薪酬会低一些，绩效得中的员工薪酬不增也不减，绩效得差的员工薪酬可能会降。假设绩效得中的员工薪酬不增也不减，也就是 C 的数值是 0，大多数企业也不想给太多的员工降薪，所以 S4 也等于 0，如此一来，上面的公式就变成了：工资总额增长比例 ＝$A \times S1 + B \times S2$。

在工资总额的增长比例一定的情况下，如果 A 和 B 的数值大了，S1 和 S2 的数值必然相应地就提高了；如果 A 和 B 的数值小了，S1 和 S2 的数值必然相应地就降低了。所以，在设计薪酬涨幅和员工优秀和良好的比例时要思考这个问题。

如果一家企业的老板比较激进，他的做法就是让一小部分人先富起来，所以就应该把 S1 和 S2（优良员工比例）的比例降低，提升 A 和 B（涨薪幅度）的比例，也就是给一小部分人涨薪，这些人的涨薪幅度要高。

如果一家企业的老板比较稳健，他的做法就是让大多数人共同富裕，所以就应该把 S1 和 S2（优良员工比例）的比例增加，降低 A 和 B（涨薪幅度）的比例，也就是给大多数人涨薪，大家涨薪的幅度不太高。

假设一家企业的效益增长是 10%，工资总额增长是 8%，在设计薪酬涨幅时，因为要留出安全量，所以设计的薪酬涨幅最好略低于 8%，如 6%，即 A×S1+B×S2=6%。

如果老板是激进型老板，我们首先判断表现优秀的员工的涨薪幅度，假设是 30%；然后判断良好的员工的涨薪幅度，假设是 15%；最后设计 S1 和 S2 的比例，一般 S2 的员工比 S1 的员工要多一些，所以模拟后 S1 的比例是 10%，S2 的比例是 20%。结果就是给总计 30% 的员工涨薪，其中得优秀的员工占员工总数的 10%，涨幅是 30%，得良好的员工占员工总数的 20%，涨幅是 15%。最后的结果是，30%×10%+15%×20%=6%。

如果老板是稳健型老板，我们就应该先判断给多少人涨薪才合理，假设老板的期望是 80% 的员工要涨薪，然后再分析给员工涨多少。前面说过一般 S2 的员工比 S1 的员工要多一些，所以可以假设 30% 的员工得优，50% 的员工得良。然后再模拟优和良的涨薪比例，模拟后 A 的涨幅是 10%，B 的涨幅是 6%。结果就是给总计 80% 的员工涨薪，其中得优秀的员工占员工总数的 30%，涨幅是 10%，得良好的员工占员工总数的 50%，涨幅是 6%。最后的结果是，10%×30%+6%×50%=6%。

同样是工资总额 6% 的涨薪幅度，不同风格老板的涨薪策略比较见表 8-1。

表 8-1　不同风格老板的涨薪策略比较

		优	良	中	差
激进型	薪酬涨幅	30%	15%	0	-5%
	人员比例	10%	20%	70%	0（一般不会设计成 0）
稳健型	薪酬涨幅	10%	6%	0	-5%
	人员比例	30%	50%	20%	0（一般不会设计成 0）

第8章 薪酬制度

有时候我们在设计这个环节的时候，已经提前设计好薪级的涨幅了，这时候如果先定给多少人涨薪的话，最后测算出来的薪酬涨幅可能会跟我们提前设计的薪酬涨幅不一致，如刚才这个案例，我们测算的薪酬涨幅是6%，而设计的薪酬的涨幅可能是5%，这里面有1%的差异，但我们在制定制度时，又不能给员工设计一次1.2级的晋升。

针对这种情况，我们的策略是根据测算结果进行调整，薪级涨幅为5%的涨薪策略如表8-2所示。

表8-2 薪酬涨幅为5%涨薪策略

		优	良	中	差
稳健型	薪酬涨幅	10%	5%	0	-5%
	人员比例	35%	50%	20%	0（一般不会设计成0）

相应的公式为 $10\% \times 35\% + 5\% \times 50\% = 6\%$。

8.1.2 薪酬如何调整

员工薪酬的调整一般有两种情况，一种是全体员工的薪酬调整，另一种是个别员工的薪酬调整。

1. 全体员工的调整

全体员工的薪酬调整，一般叫作普调，也就是对所有员工的薪酬都进行调整。前面说过，普调是最差的一种调薪方式，但有三种情况是可以进行普调的。

第一种情况，企业在整体效益得到明显改善的时候，一般会对所有员工的整体薪酬进行大幅调整。

因为当员工的收益与企业的收益一致的时候，员工会得到更明显的激励作用，员工也会更积极。我一个朋友在福田汽车工作，以前他们企业员工的薪酬不是很高，后来，企业的效益得到大幅度的提升，有一年产品销量从30万台提高到了 80 万台，从那年开始，他们的薪酬也有了大幅度的提升。这种情况是合理的，如果企业效益得到了快速的发展，但员工的收入没有明显的改善，会导致许多员工不满意，甚至会造成一部分员工离职。

企业效益好了，员工的收入要提高，但是，企业效益差了，员工的薪酬一般不能降低，这就是薪酬的刚性，也就是说，员工的薪酬只能涨不能降，这也是企业老板所要承担的风险。如果企业效益连续下降，危及企业的生存时，薪酬还是可以降的，毕竟，与企业破产倒闭比较起来，员工离职带来的危害要小得多。

2007 年，我在给一家国有企业做咨询的时候，当时这家企业主要员工的月收入是 3000 多元，而当地市场上同样工种的员工月收入只有 800 元，所以，这些员工的薪酬收入是导致企业连年亏损的主要原因。要想让企业扭亏为盈，一个最好的方法就是降低员工薪酬，当时最流行的是国企改制，一般是买断员工工龄，员工自谋职业，就是所谓的下岗。还有另一种方法，就是国有企业改成私营企业，国企改私企最有效的方式就是让企业所有员工用买断工龄的那部分钱入股，购买国有企业的股份，这样可以最大限度地降低社会不稳定因素，保证就业。企业要生存，要盈利，前提是薪酬收入与市场接轨，盈利后再给大家按照股份进行分红。所有员工在权衡利弊之后，都选择了降低薪酬的方法。当然，这个过程是艰难的，但毕竟也是一种出路。所以，员工降薪酬，尤其是全员降薪酬的时候，一定要慎重，并且要讲究策略，以免造成不必要的震荡。

第二种情况，就是当外部薪酬有明显变化或者企业的工资明显低于外部薪酬水平的时候，也需要进行普调。

当企业所在地区的市场薪酬有了明显的变化（一般是薪酬增长）时，企业的薪酬也要进行一定幅度的增长。企业可以每年都做一次市场薪酬调查，这样就可以掌握当地的市场薪酬数据状况，当数据表明薪酬定位不符合市场薪酬水平时，就可以对员工进行一次整体调整，以达到企业的薪酬定位。也可以通过企业的招聘情况来判断工资的高低，当招聘员工比以前困难时，说明薪酬可能低了，也就意味着薪酬定位发生了变化，这时候也应该进行员工的普调。

第8章 薪酬制度

员工普调的第三种情况是根据企业的发展战略，当企业的发展战略有明显的改变以后，企业的薪酬也要有所调整。这种调整首先是薪酬定位的调整，当薪酬定位调整以后，根据薪酬定位确定员工薪酬调整幅度就可以了。

薪酬普调的实现一般也有三种方法。

第一种，就是把现有员工的薪酬普遍调高一级。例如，某个员工原来的职级是3等5级，调整成3等6级，原来3等6级的调整成3等7级。这种方法的好处是简单，大家都升了一级，处理起来容易。但这种方法也有自己的问题，就是大家都升了一级，使本来就不多的薪级可晋升的空间更少了，员工失去了涨薪的空间，更大的麻烦是那些本来已经位于薪级最高级的员工的处理，他们已经到了最高级，怎么再涨一级呢？当然我们也可以把最高级增加一级或者几级，如本来有7个薪级，我们调整为9个薪级，这也是一种方法。

第二种，就是把所有薪级的工资按照一定的比例进行调整。例如，计划工资总额增长10%，就在现有薪酬体系的基础上，把每一个职级的工资都增长10%，员工原有的职级不变，这种方法避免了第一种方法的问题，但也有问题，问题就是所有薪级的员工的工资都增长了10%以后，现有薪酬体系就打乱了原有薪酬体系的设计原则。还有一个问题是工资的下限也提升了10%，相当于低薪级的员工的工资得到了提升。

第三种，也是我最提倡采用的，就是在原有的基础上重新进行薪酬体系的调整，或者说重新模拟薪酬曲线，重新设计薪酬体系。员工在现有薪酬的基础上重新入级，这样既能保证薪酬体系的流畅性，也能避免第一种方法存在的问题。

2. 个别员工的调整

所谓个别员工的调整，就是针对个别员工的具体情况，进行薪酬的调整。个别员工的调整一般有两个原因，一个是岗位的调整，另一个是考核成绩。

企业在经营管理的过程中，无论是由于轮岗制，还是由于员工能力提高导致的晋升，或者是由于其他因素，岗位的调整一般都伴随着薪酬的调整，如果岗位晋升，但薪酬不涨，对员工也起不到激励的作用。

岗位的调整有三种情况，一种是低岗位调到高岗位，一种是高岗位调到低岗位，还有一种是同级岗位的调动。

如果是同级岗位的调动，薪酬一般不用变动，维持现状即可，剩下的两种情况比较复杂。

我们先说低岗位到高岗位的变动。一个员工从低岗位调到高岗位，一般是由于这个员工的能力较强，领导对该员工较认可，所以让他担任更高的岗位。这种情况下，最好的方式是薪酬也要跟着增长，具体的操作就是在新的岗位职级上，找一个比他原来岗位的薪酬稍高的薪酬即可，不能降低，也不能不涨。但我至少见过两个企业的领导，只给员工晋升岗位而不涨薪酬，他们的理由是晋升了岗位就是对员工的一种激励，所以不用重复激励。这种做法是错误的。

有一次，一个企业的老板跟我说，如果有人主动要求到更高的岗位上去工作，但不要求涨工资，这种情况应该如何处理？他说他们企业有个销售经理，有一次跟他说能不能让他当销售总监，并且这个员工知道企业比较困难，所以不要求涨工资，只要当总监就成。

我反问这个老板，他想要到更高的岗位上的用意是什么？这个老板说，这个员工可能想跳槽。我们知道了原因，这个事情就好办了。

假设我们企业销售经理的薪酬与市场上薪酬比较接近，如1万元。竞争对手如果要从我们企业挖人，大概会给销售经理增加20%的薪酬，也就是1.2万元。那么对销售经理来说，在我们企业挣1万元，在竞争对手那里挣1.2万元，他是否会跳槽呢？不一定。20%的涨幅对于大多数人来说是可有可无的。离开自己干得比较顺的企业跳槽到一家新企业，好像20%的工资增幅的吸引力不够。所以大多数人可能不会离开，除非这个员工在企业干得比较窝火。

在该企业，销售经理的合理薪酬是1万元，那么销售总监的薪酬多少合理呢？大概是1.5万元吧。如果该企业销售总监的薪酬是1.5万元，竞争对手会给多少钱挖人呢？假设也是20%的涨幅，大概会给到1.8万元。竞争对手给销售总监1.8万元，其实跟给销售经理1.2万元的薪酬是一样的效果。所以，

第8章 薪酬制度

一般情况下，一个正常的销售总监也不会为了 20% 的工资涨幅跳槽。

如果我们同意了这个员工的要求，也就是让他当企业的销售总监，但是只给他销售经理的钱，也就是 1 万元，会是什么样的结果？竞争对手因为知道这个员工在我们企业是销售总监，所以会用 1.8 万元挖他，而他在我们企业只挣 1 万元，差了 8000 元，所以最终的结果一定是这个员工离职去竞争对手那里当总监了。

明白了这个道理，我们就知道如何处理了。

如果我们的目的仅仅是保留住这个员工，我们采取的策略是不给他晋升职位，只给他涨工资。工资涨到多少呢？涨到 1.1 万元就可以了。以前他在我们企业拿 1 万元，竞争对手给他 1.2 万元，他还在犹豫，现在他在我们企业拿 1.1 万元，而竞争对手依然给他 1.2 万元，所以他肯定不会离职。

如果我们需要一个总监，并且这个员工确实有能力当总监，那么我们就可以培养这个员工，可以让他当总监，但一定要赋予总监的薪酬，而不是干总监的岗位拿销售经理的薪酬。

岗位的调整还有一种情况，就是高岗位调到低岗位，这时候的薪酬应不应该降低呢？

员工从高岗位调到低岗位，一般有两个原因，一个原因是该员工的考核成绩不理想或者该员工的能力达不到，我认为这种情况可以降低员工的薪酬；另一个原因可能是我们企业某些特殊岗位上需要某个特定员工去支撑，我认为这种情况就不能降低员工的薪酬。

我还碰到一种情况，就是员工主动要求去低岗位工作。

有一次我在一家企业做咨询的时候，一个员工主动要求去较低的岗位工作。他跟我说，他是有信仰的，他的信仰要求他不能撒谎，而他目前的岗位是销售，销售如果不撒谎的话，就很难出业绩，所以他想去一个不用撒谎的岗位工作，如行政。

我听了以后，就跟他说："您目前的销售岗位的职级是 3 级，给您定的是 5 档，所以您是三等五级，行政岗位目前的职级是 2 级，如果您去行政的话，只能给您定 4 档的工资，也就是二等四级，大约降薪 20%。如果您愿意，那么就得降薪，如果您不愿意，我无权干涉您的信仰，但是您是我们企业的员工，所以您也有义务完成我们企业的工作，至于信仰和工作如何权衡，我相信您应该有这个能力。"

最后，这个员工经过考虑，还是去了行政岗位。这种情况下，不降白不降，把他降低的工资拿出来加给别的员工，对其他员工也是一种激励。

总结一下，如果是同级岗位的变动，薪酬可以不变，如果是低岗位调到高岗位，薪酬也要跟着涨，如果是高岗位调到低岗位，要根据情况降或者不降。岗位调整的三种情况见表 8-3。

表 8-3 岗位调整的三种情况

	低岗位到高岗位	高岗位到低岗位	同级岗位
薪酬情况	涨	视情况降或者不降	不变

除了岗位的变化，影响员工薪酬变动的第二个因素是绩效考核的结果。

制度比较完善的企业，年底一般都有绩效考核，根据绩效考核的结果确定员工薪酬是否调整，以及调整的幅度。企业应该根据什么来调整员工薪酬以及奖金的发放呢？确定员工薪酬是否需要调整以及调整幅度的最好依据就是绩效考核的结果，奖金发放的最有效依据也是员工绩效考核的结果。

如果做得合理，这些都需要在制度里提前确定，就是先有薪酬调整制度和奖金分配制度，然后年底根据提前确定的奖惩制度进行分配。如果没有绩效考核，员工薪酬的调整、年终奖金的发放，就只能是"拍脑门"，"拍脑门"发放奖金的后果就是会造成大多数人的不满。

个别员工的调整，由于考核导致的升一级的情况比较容易处理，比较容易出现问题的是跨职级的调整。

某企业的薪酬职级表见表 8-4，假设某个员工现在的职级是 3 等 5 级，现工资 6000 元，如果由于岗位变动，调整到了 4 等，我们可以把其入级到 4 等 3 级，工资也是 6000 元，不增也不减，这种比较容易处理。

/ **第8章** 薪酬制度 /

表8-4 某企业的薪酬职级表　　　　　　　　　单位：元

职等 薪级	1	2	3	4	5	6
1	2000	3400	4000	4800	5600	6800
2	2250	3800	4500	5400	6300	7600
3	2500	4200	5000	6000	7000	8400
4	2750	4600	5500	6600	7700	9200
5	3000	5000	6000	7200	8400	10000
6	3250	5450	6500	7800	9100	10800
7	3500	6100	7000	8400	9800	11600
8	3750	6350	7500	9000	10500	12400
9	4000	6800	8000	9600	11200	13200

如果某个员工现在是3等6级，现工资是6500元，调整成4等后应该如何处理，一般会有三种意见，第一种是就低不就高，调整后变成4等3级，这种情况比较少见，对员工来说是负面的激励，尽管岗位职等提升了，但是工资却降低了，员工的积极性会受到影响；第二种意见是就高不就低，调整后变成6600元，涨了100元，员工容易接受，老板也容易接受。但如果该员工是4等6级，工资是7800元，这种情况调整成5等，应该是多少级？如果按照就高不就低的原则，变成8400元，增长了600元，增长的幅度是否过大？于是就有了第三种意见——就近原则，看离哪个薪级比较近，就入哪个薪级。但这种情况也有问题，如果调整后正好处于两个薪级中间呢？假设现在的工资是8000元，调整后，就低的话，是7800元，就高的话，是8200元，其实再好的原则也会有一些棘手的问题。

这三种意见无论是哪一种，都会出现一些问题，我的意见是企业不管采取哪种意见，只要定好统一的原则即可，以后的操作只要按照原则来，就不会出现大的问题。

还有一种情况比较特殊，就是企业薪酬普调的时候，正好赶上员工的晋级。还是上面这个薪酬职级表，经过重新设计，演变成表8-5所列的职级表。

表 8-5 新的职级表

职等 薪级	1	2	3	4	5	6
1	2200	4000	4500	5500	6400	7700
2	2400	4500	5000	6100	7200	8600
3	2700	5000	5500	6700	8000	9500
4	3000	6000	6100	7400	8800	10400
5	3300	6600	6700	8100	9600	11300
6	3600	7000	7300	8800	10400	12200
7	3900	7400	7900	9500	11200	13100
8	4200	7800	8500	10200	12000	14000
9	4500	8200	9100	10900	12800	14900

按照表 8-4 原职表，有一个员工原来的职级是 2 等 6 级，工资是 5450 元，该员工年终考核成绩为优，晋升到 3 等，我们应该如何为该员工对级呢？

我们先看第一种方法，按照表 8-4 原职级 2 等 6 级，即 5450 元，晋升到 3 等，如果企业采取的是就高不就低的原则，应该是 3 等 4 级，即 5500 元，绩效考核成绩为优，晋升一级，所以应该是 3 等 5 级，即 6000 元。按照表 8-5 新的职级表应为 3 等 5 级，即 6700 元。

第二种方法，按照表 8-4 原职级 2 等 6 级，即 5450 元，绩效考核成绩为优，晋升一级，2 等 7 级，即 6100 元，晋升到 3 等，采取就高不就低的原则，应该为 6500 元，3 等 6 级。按照表 8-5 新的职级表应为 3 等 6 级，即 7300 元。

第三种方法，按照表 8-4 原职级 2 等 6 级，即 5450 元，对应表 8-5 新职级表应为 3 等 3 级，即 5500 元，绩效考核成绩为优，晋升一级，3 等 4 级，即 6100 元。

第四种方法，按照表 8-4 原职级 2 等 6 级，即 5450 元，对应表 8-5 新职级表应为 2 等 6 级，即 7000 元，晋升一级，2 等 7 级，即 7400 元；然后再晋升到 3 等，就高不就低，3 等 7 级，即 7900 元。

这四种方法在实践中都被采用过。但这四种方法，出现了四种不同的结果，哪种是正确的呢？

第三种方法一般是企业为了硬性降低员工的工资而采取的手段，这种方法最大的好处是可以降低员工的职级，调整后员工工资的涨幅较低，有利于企业降低成本，但不利于激励员工，所以企业一般不采用。

第四种方法，无形之中增加了企业的人工成本，并且缩小了员工未来涨薪的空间，也不是很好的方法。

我个人认为，第一种和第二种方法都是可以采用的。就是先晋升薪级再对级职等或者先对级职等再晋升薪级都是可取的。从成本的角度来讲，第一种方法对老板更有利，能有效地降低人工成本；从对员工的激励程度来讲，这两种方法的差异不大。

所以，我们最好的策略是先给员工涨薪级，然后再比对相应的职等。这样，企业可以在激励员工的同时较大程度地节省人工成本。

> **总结：**
>
> 普调是最差的调薪方式。

8.2 年终奖的分配

8.2.1 如何设计奖金的二次分配

二次分配是指在企业把奖金分到各个部门后，部门再把奖金分到每个员工。

有些企业实施二次分配的时候，直接把奖金发到各部门，这种方式一样会产生问题。由于每个领导的管理风格不同，所以他们可能会采取不同的分配策略。有的领导是强势领导，严格按照多劳多得原则分配；有的领导是老好人性格，大家平均分配；有的领导有私心，跟自己关系好的多分，关系不好的少分。于是，各个部门各自为政，不少人可能会有怨言。

为了规避这种不同的风格带来的负面影响，我们有必要在企业层面制定统一的规章制度，保障二次分配的公平合理。

具体来说，有三种方法可以保障公平合理。

1. 权重式结合

权重式结合，就是把个人的绩效得分和团队的绩效得分按一定的权重进行分配，个人占一定的比重，团队占一定的比重，最后加权平均。例如，绩效考核中个人占20%，团队占80%，如果个人的绩效成绩是100分，团队的绩效成绩是80分，加权平均后该员工的最终成绩是100×20%+80×80%=84分。个人和部门的权重分配表见表8-6。

表8-6 个人和部门的权重分配表

个人权重	所在团队/部门得分权重
20%	80%
30%	70%
50%	50%
70%	30%
80%	20%

个人和团队权重高低的原则是，职位级别越高、职责范围越大，则团队所占权重就越大，反之，则较低。毕竟，职位级别越高的人，我们更应该考核他的团队，而职位级别越低的人，更应该考核个人。

2. 分布式结合

分布式结合是按照团队绩效考核成绩的结果，对团队内成员采取不同的分配比例，原则上是团队得分高，则有较高比例的员工可以得高绩效；团队得分低，则只能有较低比例的人得高绩效。这种方式最大的优点是把个人业绩和团队业绩高度结合，团队好，个人业绩好的概率大；团队差，个人业绩差的概率大。缺点是只有一部分干得好的员工能享受更大的团队福利,而不是每个人都能享受福利。个人和团队分布式结合分配比例见表8-7。

表8-7 个人和团队分布式结合分配比例

部门＼员工	优	良	中	差
优	30%	40%	30%	0
良	20%	40%	30%	10%
中	10%	40%	30%	20%
差	5%	25%	40%	30%

我在为某家企业设计薪酬时结合了绩效系数,绩效系数是这么设计的,优:1.15系数,良:1.08系数,中:1系数,差:0.85系数。

也就是说,如果员工考核得优,可以获得1.15倍的绩效工资;如果得良,可以获得1.08倍的绩效工资;如果得中,可以获得1倍的绩效工资;如果得差,只能获得0.85倍的绩效工资。

然后根据这种设计测算薪酬成本的变化,测算结果为:如果部门成绩为优,需要增加成本约7.7%;如果部门成绩为良,需要增加成本约4.7%;如果部门成绩为中,需要增加成本约1.7%;如果部门成绩为差,则成本约降低1.75%。

有的同学会问一个奇怪的问题,如果整个企业的所有部门成绩都是优,是不是企业的整体成本都提升了,企业怎么办?

如果企业的所有部门成绩都是优的话,确实企业的人工成本会有所提升,但这种情况企业是亏了还是赚了?企业是不是从这里获得的好处更多呢?

3. 系数式结合

系数式结合是按照部门的考核成绩设计一个系数,然后按照个人的考核成绩设计一个系数。如果个人业绩好,部门业绩也好,加倍奖励;如果个人业绩差,部门业绩也差,最终个人成绩更差。

采用系数式结合方法时考虑的原则是,如果看中团队或部门的业绩,就提高团队或部门的系数;如果看中个人业绩,就提高个人的系数。个人和部门绩效水平系数见表 8-8。

表 8-8 个人和部门绩效水平系数表

奖金系数	部门绩效水平系数				
个人绩效水平系数	1	1.5	2	2.5	3
卓越	1.5	1.5	2.25	3	3.75	4.5
优良	1.2	1.2	1.8	2.4	3	3.6
中等	1	1	1.5	2	2.5	3
待改进	0.8	0.8	1.2	1.6	2	2.4
不合格	0	0	0	0	0	0

假设员工个人的绩效水平系数是 1.2，其所在部门的绩效水平系数是 2，则其奖金系数由个人和部门的两部分绩效综合得出，该员工的绩效成绩是 2.4。

这种方式最大的优点也是把个人业绩和团队业绩高度结合。如果团队好，整个团队所有人都有正向的加成；如果团队不好，整个团队都有负向的加成。缺点是好的团队里可能有人浑水摸鱼，如果运气不好碰到差的团队，即使个人优秀，其结果可能还不如好团队的一般员工甚至还不如差员工。

在设计奖金的二次分配时，这三种方法都可以采用。从难易的程度来看，第一种方法最简单，第三种方法最复杂。第三种方法需要测算的数据更多，出现设计失误的可能性也较大。

8.2.2 智猪博弈

在博弈论经济学中，"智猪博弈"是一个著名的纳什均衡的例子。智猪博弈如图 8-1 所示，假设猪圈里有一头大猪、一头小猪。猪圈的一端有猪食槽，另一端安装着控制猪食供应的按钮，踩一下按钮就会有猪食进槽。无论谁踩按钮，另一头猪都会在食槽边等着。如果大猪踩的话，小猪会在食槽边等着，由于小猪吃得慢，等大猪赶到食槽边，小猪吃不完，所以大猪还能吃到一部分猪食；如果小猪踩的话，大猪会在食槽边上等着，由于大猪吃得快，等小猪跑到食槽边的时候，大猪把所有的猪食都吃完了。现在的问题是，如果你是小猪，你采取的策略是踩还是不踩按钮呢？如果你是大猪，你采取的策略是踩还是不踩按钮呢？

图 8-1　智猪博弈

我们试着分析一下：小猪只有两个选择，即踩或者不踩。如果小猪选择踩的话，由于大猪会吃光所有的猪食，所以小猪肯定吃不到猪食。对小猪来说，这叫有付出没回报，小猪肯定不乐意。

小猪还有第二种选择，不踩。如果小猪选择了不踩，大猪也有两种选择，踩或者不踩。如果大猪也选择了不踩，对小猪来说，是没付出没回报，小猪至少是能接受的，因为自己没有付出所以没有得到回报，很正常。其实大猪还有第二种选择，就是踩。这对小猪来说，叫作没付出有回报，这对小猪来说是好事。

所以，对小猪来说，选择踩是有付出没回报，得不偿失；选择不踩，无论大猪选择踩还是不踩，小猪最差的结局是没付出没回报，可以接受。所以，对小猪来说，不踩是明智的选择。

既然小猪选择了不踩，那么大猪会选择踩还是不踩呢？大猪也有两个选择，踩或者不踩。如果大猪选择不踩，现在就是比谁比谁更狠，谁比谁禁饿。如果大猪选择踩，由于小猪吃得慢，所以大猪也能吃到一部分，即有付出有回报。比较起来，有付出有回报比没付出没回报要好得多。所以，聪明的大猪一定会选择踩。

大猪和小猪博弈的结果就是，小猪不会去踩按钮，会一直等待着吃猪食，而大猪则一直在踩按钮，踩完按钮，当然也会吃一部分猪食，这就是智猪博弈，也叫智猪均衡。

企业的奖金发放，其实也存在着"智猪博弈"现象。小猪就像那些不怎么干活的"坏员工"，总是等着搭别人的便车，自己能躲就躲，能少干就少干；而大猪就像那些勤勤恳恳、任劳任怨的"好员工"，不管什么工作，总是冲在前面。

管理者发奖金的时候，一般会怎么发呢？一般会有三种策略，第一种策略是大猪和小猪拿同样的奖金，这是"老好人经理"经常干的事儿，这样肯定不合理，最后的结果是大猪不满意，甚至离职，而留下的都是不怎么干活的小猪，这样的企业一定是干不好的。第二种策略是大猪拿所有的奖金，小猪一分钱没有，这是"强势经理"干的事儿，这样的结果是小猪不满意，发牢骚，如果管理者没有很强硬的手段和令人信服的证据，很难摆平这些小猪。所以，大多数人会采取第三种策略，就是给大猪一大部分奖金，给小猪一小部分奖金，这样基本上就不会有人不满意，其实这也是"智猪博弈"的选择结果。

但这种双方都满意的结果就一定公平吗？小猪没有付出，凭什么得到奖金？难道仅仅为了让小猪满意？这样的小猪留在企业里有什么意义呢？他们离职不是对企业更有益处吗？所以，如果从公平性角度来考虑，第二种策略是公平的，即大猪独享所有奖金，小猪一无所获。就像电视剧《亮剑》里的李云龙分猪，有本事你就吃肉，没本事一边儿玩去。但这种情况必须有两个前提，缺一不可：一个前提是企业的考核体系是完善的，管理者很容易判断出谁是大猪，谁是小猪；另一个前提是需要有一个李云龙那样的有个人魅力和绝对权威的领导者，或者说强势的企业文化。

智猪博弈也给了我们另一种思考，就是我们在设计制度时尽量做到不给小猪有机可乘，让他们真正做到"多劳多得，少劳少得，不劳不得"。

8.2.3 奖金如何分配

我们再来讨论另一个问题，就是对员工进行奖金分配时采取平均分配还是按实际情况差异分配的问题。我相信绝大多数人都会认为按实际情况进行差

第 8 章 薪酬制度

异分配是合理的。但问题是，如果有两个部门，一个部门是按实际情况采取差异分配，而另一个部门采取平均分配的方式，那根据实际情况采取差异分配的部门的员工会不会有不同的看法？

假设两个部门，A 部门和 B 部门，每个部门的奖金额度都是 2 万元，每个部门内各有两个人，这两个人按照能力和业绩分别称为优秀者和落后者。优秀者能力强，业绩好；落后者能力较差，业绩也较差。A 部门领导属于老好人，采取了平均分配的方式，也就是优秀者和落后者尽管能力有差异，业绩有差异，但最后每个人都拿到了 1 万元。B 部门的领导按照每个人的能力和业绩，采取差异化分配，优秀者的奖金为 1.5 万元，落后者的奖金为 5000 元。

如果采取差异化的分配方式，B 部门的领导可能会说："我们部门有的员工就会不平衡，他认为我对他们太严格了，如果他去别的部门，领导会给他 1 万元，而在我的部门只能拿到 5000 元。"那么如果采取差异化的分配方式，B 部门的两个员工，哪个会不满意，哪个会满意呢？很明显，在 B 部门内，优秀者会满意，落后者会不满意。A 部门的两个员工，哪个会满意呢？哪个会不满意，A 部门满意的是落后者，而优秀者会不满意。因为优秀者的价值没有得到体现，久而久之，优秀者也将变成落后者。这就是，不好的制度能够使优秀者变成落后者。

B 部门领导又抛出了第二个问题：如果是这种结果，我们部门的员工会不会跳槽？答案是会的。跳槽分两种情况，一种是企业内流动，一种是企业外流动。如果员工有自由选择部门的权利，A 部门的优秀者由于不满意，会选择去 B 部门，而 B 部门的落后者由于不满意，会选择去 A 部门，所以 A 部门将从"优秀者+落后者"变成"落后者+落后者"，而 B 部门将从"优秀者+落后者"变成"优秀者+优秀者"。所以 A 部门的业绩将越来越差，而 B 部门的业绩将越来越好。

如果员工选择外部流动，A 部门离职的员工将是优秀者，这是我们不愿意见到的，并且很可能去了竞争对手那里去，而 B 部门离职的员工则是落后者，这是我们所希望的，并且最好的结果也是去了竞争对手那里。

8.2.4 涨工资的比例——工资涨幅的三个可比数据

自 1987 年以来，中国的经济发展速度较快，1997 年之前的通货膨胀率也较高，但在 1997 年之后，通货膨胀率一直比较平稳，大致在 2%~3%，这个数值一般与银行存款利率较接近。也就是说，我们手中持有的现金，如果不做任何投资的话，每年大约会以 2%~3% 的速度贬值。如果我们的薪酬没有任何变化的话，相当于我们的购买力每年会贬值 2%~3%。1987—2020 年我国 CPI 走势图如图 8-2 所示，1987—2020 年我国 CPI 数据表见表 8-9。

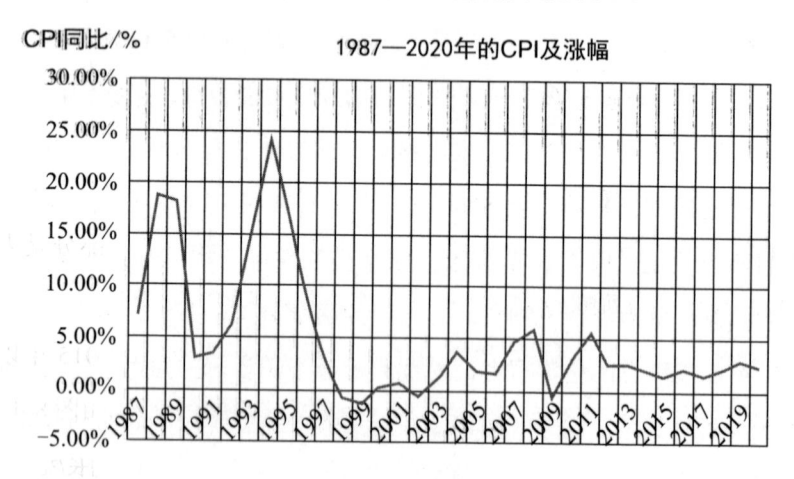

图 8-2 1987—2020 年我国 CPI 走势图

表 8-9 1987—2020 年我国 CPI 数据表

时间	CPI 涨幅	时间	CPI 涨幅	时间	CPI 涨幅	时间	CPI 涨幅
1987	7.23%	1996	8.31%	2005	1.78%	2014	1.92%
1988	18.81%	1997	2.79%	2006	1.65%	2015	1.44%
1989	18.25%	1998	−0.77%	2007	4.82%	2016	2.00%
1990	3.05%	1999	−1.40%	2008	5.93%	2017	1.59%
1991	3.56%	2000	0.35%	2009	−0.73%	2018	2.07%
1992	6.35%	2001	0.72%	2010	3.18%	2019	2.90%
1993	14.61%	2002	−0.73%	2011	5.55%	2020	2.42%
1994	24.26%	2003	1.13%	2012	2.62%		
1995	16.79%	2004	3.82%	2013	2.62%		

/ 第 8 章　薪酬制度 /

我国自 1978 年以来，经济增长较快，每年 GDP 增幅约 10%。因实行供给侧改革降档增速，自 2015 年以来，每年 GDP 平均增幅约 6.8%。1978—2018 年我国 GDP 及增幅如图 8-3 所示。

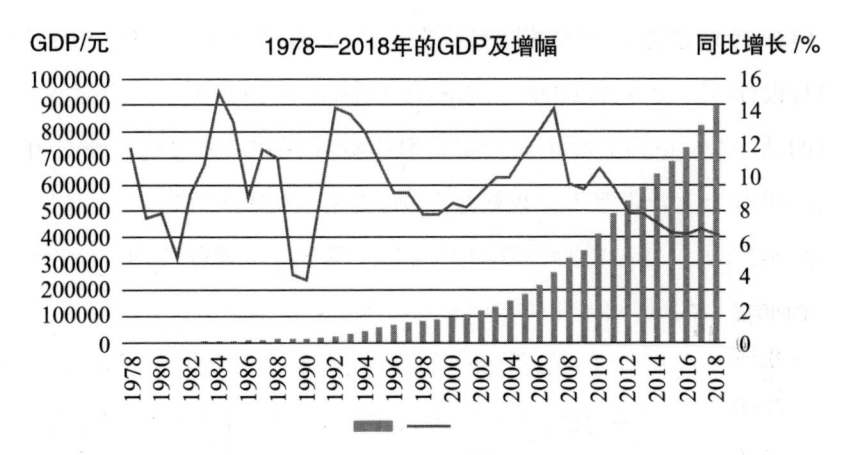

图 8-3　1978—2018 年我国 GDP 及增幅

GDP 的增长来自两部分，一部分是人员数量的增长，另一部分是人均产出的增长。如果要与薪酬相关联，人均产出增长的关联性更合理。

自改革开放以来，人均 GDP 的增长幅度大约在 8.5%，而 2015 年以后的增长幅度大约在 6.3%。1978—2018 年我国历年人均 GDP 及增幅如图 8-4 所示。

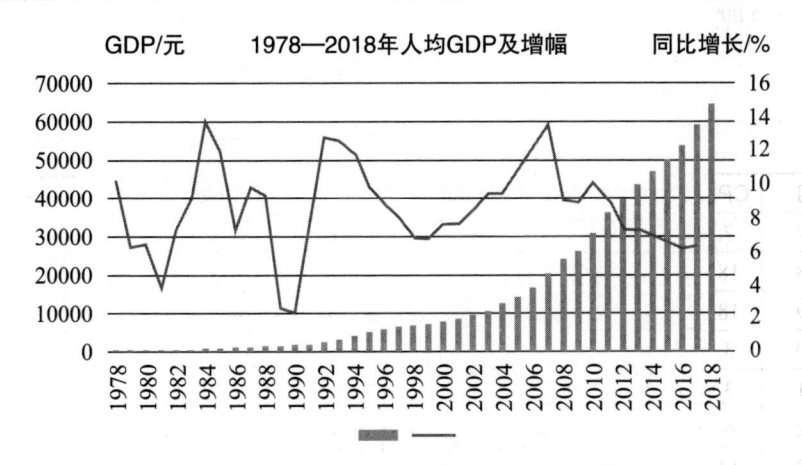

图 8-4　1978—2018 年我国历年人均 GDP 及增幅

这里有一个概念需要说明一下，GDP 分为名义 GDP 和实际 GDP，名义 GDP 是用生产物品和劳务的当年价格计算出来的全部最终产品的市场价值。

而实际 GDP 是用前一年作为基准年的价格计算出来的当年全部最终产品的市场价值。简单地理解，就是名义 GDP 没有考虑通货膨胀的影响，实际 GDP 去掉了通货膨胀的影响。

国家统计局在公布数据的时候采取了名义 GDP 和实际 GDP 相结合的方式，数据总额用的是名义 GDP，GDP 增幅用的是实际 GDP。也就是说，我们通常熟知的 6.3% 是指去掉了通货膨胀率的实际 GDP，如果用名义 GDP 计算的话，应该加上通货膨胀率，也就是在 9% 左右（6.3%+2.5%）。

我们在给员工发工资时，发的是现金，现金每年是贬值的，所以如果要对标，与名义 GDP 增幅做比较相对合理一些。

我们以北京社平工资为例，2007 年以后北京社平工资的平均涨幅约 9.9%，2015 年之后的增幅也在 10% 左右，所以我们可以认为最近 10 多年北京社平工资的增幅在 10% 左右。这个数值与名义 GDP 的增幅比较接近（不同城市社平工资涨幅有所差异，有的城市最近几年的增幅与 CPI 接近，如东北的某些三四线城市）。北京社平工资及增幅如图 8-5 所示。

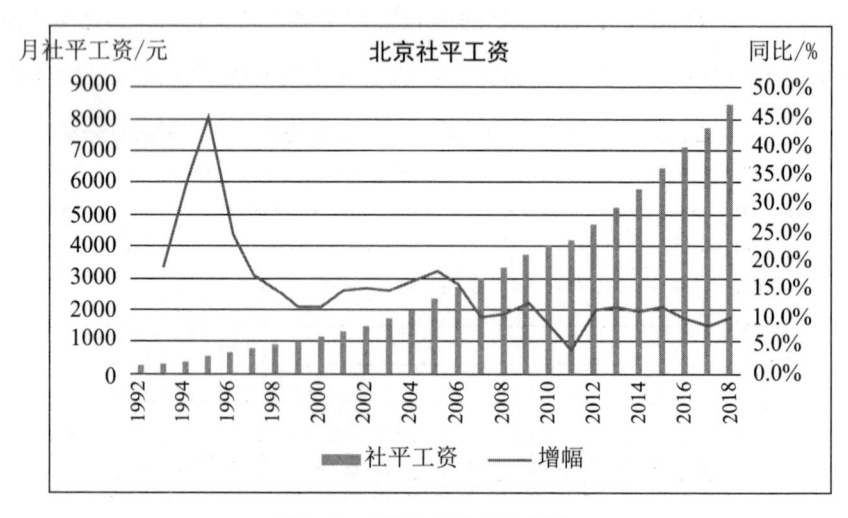

图 8-5　北京社平工资及增幅

通过 CPI、GDP、社平工资的数据分析，我们发现，社平工资的增幅大约等于名义 GDP 的增幅，也就是实际 GDP 与 CPI 二者的和。从逻辑上也可以解释，社会员工的收入增幅大致等于社会产出的增加幅度，目前大约是 10%。

第 8 章　薪酬制度

需要注意的是，这 10% 的幅度或者说名义 GDP 的增幅是全社会的平均增幅，具体到每一个地区、每一个企业或者每一个行业，却不一定是完全的比例关系。有的行业（企业）处于快速增长阶段，员工的收入增幅自然增长得就快一些；而有的行业（企业）处于零增长甚至负增长阶段，员工的收入增幅自然增长得就慢一些。

总结：
- 让员工的收入与社会持平是企业的社会责任之一。
- 奖金分配不均会导致员工满意度降低。

第 9 章

薪酬入级和测算

第 9 章　薪酬入级和测算

9.1　员工的薪酬入级——员工薪酬入级不合理，一切都是零

9.1.1　老员工的入级

本书前几章的内容都是针对岗位而言的，本章将主要分析针对员工个人的薪酬入级情况。先了解一下社会收入结构的分布状况。良好的、稳定的社会结构叫作纺锤形结构，也可以叫作橄榄形结构或者枣核形结构，就是处于收入两端的高收入人群和低收入人群占的比重较小，而处于中端的中间收入人群占的比重较大，也叫作正态分布。这种结构是比较合理和稳定的，欧美的社会结构即为纺锤形结构。除了纺锤形结构，还有一种是金字塔形结构，也就是高收入人群占的比重很小，中等收入人群占一部分，绝大多数穷人位于金字塔的底端。

企业的收入结构要么是纺锤形结构，要么是金字塔形结构。

纺锤形结构即企业中每一个职等的员工分布都是纺锤形，也就是说，少数人能获得较高的收入或获得较低的收入，大部分人会获得中等收入，这样有利于企业的长期发展。具体来说，我们可以定义，高薪级：中薪级：低薪级 =2：6：2，低薪级一般是那些初任职者或能力目前还未达到职位要求的人员，中薪级一般是能力基本达到职位要求的人员；高薪级一般是那些完全胜任且部分能力超过职位要求的人员。通用电气和阿里巴巴等企业普遍采用的271 比例结构也属于纺锤形结构，只不过不是标准的纺锤而已。

如果企业员工的构成是金字塔形结构，我们可以定义为金字塔模式，如

高薪级：中薪级：低薪级＝1：2：7。

原则确定了以后，我们就可以按照原则设计员工入级的具体细则，人力资源部门可以根据这些细则进行计算，把每个员工按照计算结果入级就可以了。在设计细则的时候，企业可以根据自己的战略和企业文化来设计，有的企业比较重视员工的能力，属于能力导向，能力项就可以占较高的权重；有的企业比较重视员工的态度和行为，属于行为导向，行为项就可以占较高的权重；而有的企业更关注员工的工作结果，属于结果导向，绩效结果就可以占更高的权重，员工入级具体细则表见表9-1，相应的薪级表见表9-2。

表9-1 员工入级具体细则表

标准	权重	1（分值）	2（分值）	3（分值）	4（分值）	5（分值）
同等职位任职年限	20%	0~2年	2~4年	4~6年	6年以上	
同等职位绩效	60%	60分以下	60~80分	80~95分	95~110分	110分以上
知识/技能水平与任职资格的比较	20%	低于要求	满足要求	超过要求		

表9-2 薪级表

薪级	1	2	3	4	5	6	7	8	9
分值	1	1.5	2	2.5	3	3.5	4	4.5	5

假设某员工入级前已经在该职位工作了5年，过去绩效一直比较优秀，而且知识/技能水平也基本符合职位要求。那么，该员工入级时同等职位任职年限得分为3，同等职位绩效得分为4，知识/技能水平得分为2。总分为 $3×20\%＋4×60\%＋2×20\%＝3.4$，对应表9-2，则入级时应当在薪级6。这里注意一个问题，就是入级的时候可以采取就高不就低的方式，也可以采取就近的方式。

如果采取了就高不就低的方式，也就是说入大于等于该分值的那个薪级。例如，分值为3.1~3.5的都入到薪级6。如果采取了就近的方式，分值为3.25~3.5都入到薪级6，分值为3.01~3.25都入到薪级5。至于3.25应该入哪一级，只要在做事情之前提前做好规定即可。注意，一定是先定规则，再入级，而不是

第9章 薪酬入级和测算

出了问题以后才定规则。

在入级的时候,有一种特殊的情况,就是新员工的入级,由于新员工没有绩效结果,所以可以在表9-1中去掉同等职位绩效指标,只用剩下的两个指标就可以了,相应地,同等职位任职年限和知识/技能水平这两个指标的权限分别为80%和20%。

假设某职位刚刚录用一名硕士毕业生,新员工的学历超过了职位任职资格的要求,那么,该员工入级时同等职位任职年限得分为1,知识/技能水平得分为3。总分为$1×80\%+3×20\%=1.4$,入级时应当在薪级2。

当然,这些入级的指标、权重分配以及分值的确定等标准都可以根据企业的实际情况进行调整,而不是简单地使用上面的数值。

结合前面定的分配比例,再介绍一种入级方法。假设某企业某职级中一共有5名员工,这5个人的得分分别是4、3、2、2、1,如果企业采取的是262分配原则(20%的员工入高级,60%的员工入中级,20%的员工入低级),则得分为4的员工入高级(7~9),得分为3和2的员工入中级(4~6),得分为1的员工入低级(1~3)。具体来说,就是在得分区间里就低来入级,这样可以留出晋升的空间,所以上述的结果就是得分为4的员工入薪级7,得分为3和2的员工入薪级4,得分为1的员工入薪级1。

我们在设计新的薪酬体系的时候,一般都可以按照这种纺锤形结构来执行,但在执行的过程中却会出现许多问题。

某年,我给一家IT企业设计薪酬体系,当时他们也是按照纺锤形结构进行分配,许多部门经理为了能给员工争取更多的比例,多次与我沟通,试图让我给他们更多的高职级的比例。经过5年后,由于薪酬体系运行了一段时间,有些情况发生了变化,所以这家企业又让我去重新设计薪酬体系。当我去了之后,这家企业研发部经理跟我说:"我们企业研发人员的工资太低,导致招聘很难,即使招聘到了员工以后,也很难留住。"

因为对于研发人员的竞争,主要来自华为、腾讯等研发巨头企业,他们的工资比较高,这个企业的员工去华为、腾讯后,他们的薪酬通常会涨50%,

甚至翻番。针对这个问题，解决方案有三个，一个是加大招聘力度，当我跟该企业的招聘经理谈这个问题的时候，该企业的招聘经理说，他已经很尽力了，为了招聘这些研发人员经常加班，一年招聘了 30 多个人，但最后走了一半；第二个方案，就是提高这些研发人员的工资，但这样的话，需要有个理由，并且如果是薪酬本身就在中档的话，加几级工资很可能就突破上限了，以后更不好办；第三个方案就是给研发人员制定一个独立于企业的薪酬体系，但这样又不符合管理统一性的原则。

后来，当我拿到这些研发人员的薪酬职级表时，我发现了真正的问题其实不是体系的问题，是他们在操作过程中的失误导致了员工的工资偏低，该企业研发人员薪酬职级表见表 9-3。

表 9-3 研发人员薪酬职级表

级别	2	3	4	5	6
人数	53	23	13	6	2
比例	53%	24%	11%	6%	2%

该企业研发人员的级别分布在 2~6 级，研发人员的构成一般应该属于纺锤形结构。按照我们刚才讲过的纺锤原则，应该是 3、4、5 级占大多数，2 级和 6 级占少数。一开始实施薪酬入级的时候，也确实是按照这个原则做的。但经过了 3 年以后，我们发现 2 级的人数最多，3 级次之，形成了一个金字塔结构。原因是该部门经理在招聘的时候，由于看不清楚应聘人员的真实水平，所以人为地压低新员工的工资和薪级，能放到 2 级的绝不放到 3 级去，长此以往，就形成了我们看到的金字塔结构。

明白了"工资低"的原因之后，我们就知道怎么解决了。工资低的主要原因不是薪酬总体偏低，而是在执行的过程中将员工错误地分级了，所以，我们要采取的措施是在招聘的过程中加大 3、4、5 级人员的比例，而不是调整薪酬体系。这样，困扰该企业多年的一个难题就迎刃而解了。

而在另一家企业，我采取了预留晋升职级的方式来解决研发人员薪酬低的问题。

职级晋升条件：

（1）有岗位空缺。

（2）员工能力绩效达标（得分在 1 以上）。

（3）员工态度绩效达标（得分在 1 以上）。

（4）员工业绩绩效得分为 A。

员工职级晋升比例：

（1）中级晋升高级的比例是 10%。

（2）初级晋升中级的比例是 10%。

（3）助理晋升初级的比例是 8%。

这样，无论在哪个岗位，干得最好的 8%~10% 的员工都可以晋升到更高的岗位。这种方式对研发类的岗位更适合，因为研发类员工的薪酬增长的速度较快，如果只是按照薪级的传统方式增长，很可能导致大范围的离职。用薪级＋职级的双结合方式，可以有效地留住这些薪酬大幅度增长的员工。

按照我们刚才的计算方法，90% 的员工都可以入级到我们设计的薪酬体系里，但还有大约 10% 的员工不能入级到薪酬体系里，这些员工又分成了两类，一类是高于薪酬体系的员工，另一类是低于薪酬体系的员工。

9.1.2 案例：某企业积分制员工评级

我服务过的一家企业，在给员工设计测评工具时，从年度绩效、专业竞赛考试、个人荣誉三个维度进行计算，并以年度发生事项为依据进行积分。

1. 年度绩效

员工的年度绩效按年度绩效考核等级 A、B、C、D 四档进行积分，年度绩效考核等级表见表 9-4。

表 9-4 年度绩效考核等级表

评价项目		赋分值
年度绩效考核等级	A	2
	B	1.5
	C	1
	D	0.5

2. 专业竞赛考试

专业竞赛考试积分按照集团级及省企业级进行积分，专业竞赛考试积分表见表 9-5。

表 9-5 专业竞赛考试积分表

评价项目			赋分值	积分计算
专业竞赛考试	集团级	技术能手	1.6	同一年度内参加多次专业竞赛考试的，就高取值
		个人一等奖	1.2	
		个人二等奖	0.8	
		个人三等奖	0.4	
	省企业级	技术能手	1	
		个人一等奖	0.8	
		个人二等奖	0.4	
		个人三等奖	0.2	

3. 个人荣誉

个人荣誉积分按照综合类表彰及专业、专项工作类表彰进行积分，个人荣誉积分表见表 9-6。

表 9-6 个人荣誉积分表

评价项目		赋分值	积分计算
个人荣誉	综合类表彰	国家级	2	
		集团（省、部）级	1.6	
		企业级	0.8	
		分企业级	0.4	
	专业、专项工作类表彰	国家级	1.2	
		集团	0.6	
		企业级	0.3	

有了这三个表格以后，根据每个人的实际情况进行打分，计算出每名员工的实际分值，然后根据入级规则进行入级即可。

9.1.3 涨薪的技巧——低于薪酬体系员工入级的处理方法

位于企业薪酬曲线下方的员工（即绿圈员工）如图 9-1 所示，这些员工的薪酬明显低于企业的薪酬体系，需要进行处理。

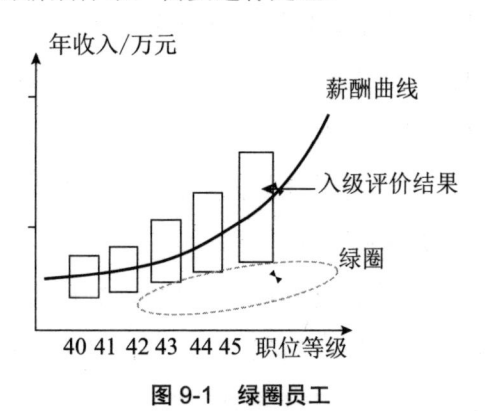

图 9-1 绿圈员工

1. 绿圈员工产生的原因

低于企业薪酬体系的员工的产生原因如下：

（1）尚在试用期或培训期的员工。

（2）快速或新提升的员工，尚处于学习阶段，还未能完全称职。

（3）过去的业绩不佳，薪资增长较慢。

（4）薪资过低。

（5）企业重组或职位调整。

2. 绿圈员工的处理方法

对于绿圈员工，最常见的处理方法就是把员工的工资直接涨上去。但是，涨工资也是有诀窍的，不能一下子涨到头。从对员工的激励效果来看，一下子涨到头是最差的效果。

有数据表示，给员工加薪一次，对员工的激励效果大约可以持续3~6个月，激励效果持续的时间与工资上涨的幅度关系不大。所以，如果一个员工现在的工资是5000元，我们计划给他调高到7000元，就不要一次性给他调整到位，而应该采取"小步快跑"的策略，分多次进行调整，这样比一下子涨到位的效果要好得多。

有一家做销售培训的企业，企业业务员的收入结构是"底薪＋提成"的模式，该企业员工的底薪较低，只有800元。后来这家企业有个副总裁出来自己创业，带走了一大部分员工，尤其是负责销售的员工。为了带走这些员工，该副总裁也出台了高激励的政策，所有员工的底薪从原来的800元一律涨到现在的6500元，按道理说，这应该是赎身的价格了，员工的收入约是原来的8倍，涨薪的力度是我见过的最大的。

如果按照常理，员工应该感激涕零，发誓跟随新老板，但结果却并不尽如人意。过了一段时间，我碰到了其中的一个销售人员，问他现在的情况，他跟我说了一句"就那样"。一句"就那样"透漏出了他真实的心理，就是他对现在的状况其实不是很满意。

为什么会是这样的结果呢？两个原因造成的，一是人的欲望是不断增长的，并且欲望的增长速度远远大于能力和收入的增长速度，所以人会越来越不满足，越来越不幸福；二是每次的激励时间是有限的，就像上面提到的，一次激励的时间大约是3~6个月，激励的时间与激励的额度并不成正比例的关系。

第9章 薪酬入级和测算

所以，时间一长，涨工资对员工的激励作用将逐渐弱化，最后变成零。

有一次我在讲课的时候，也提到了这个案例，当时一个老板听完以后颇有感触，对我说："冯老师，您说得太好了，这个从800元到6500元的事情，我之前就干过，要是早点听到您的课，我也不至于犯这样低级的错误啊。"可见，这个事情绝不是一两个人的个案问题，而是具有一定的普遍性。

有一次，我给一家企业做咨询时碰到一个经典的案例，以前同样的两个员工（我们姑且叫作小王和小李），他们俩的能力差不多，薪酬也一样多，都是6000元。后来企业内部有一个薪酬高的岗位进行内部竞聘，小王竞聘上了，小李没有竞聘上，这样小王的工资就达到了8000元，而小李的工资依然是6000元。尽管当时小李的情绪有些低落，但过一阵子就适应了这种现实。

后来我又去给这家企业做咨询，发现他们俩的工作能力其实并没有太大的差异，我对他们的工资进行了相应的调整，把小李的工资从6000元涨到了7200元（因为有普调，还有员工绩效考评优秀的晋级），小李来到我的办公室，对我万分感激，说没想到领导对他这么认可，一下子能涨这么多。对小王的工资也进行了一些调整，因为他的绩效考评成绩没有达到晋级的标准，所以只进行了普调，涨了800元，最后定的税前工资是8800元。

小王后来也到了我的办公室，跟我描述了他工作的努力，他的成长，以及抱怨了领导对他的偏见，并且还找了他的部门领导，说这次涨工资涨得太少了。其实从现在的收入来看，小王税前收入是8800元，小李是7200元，小王比小李的工资多了1600元，但不满意的却是小王，而小李却很满意，尽管他们俩的能力差不多。

还有一次，我在吉林大学给MBA上课时，有个老板说："既然'小步快跑'能获得更好的激励效果，那我可不可以每次只给员工涨一元钱，这样，2000元我就可以涨2000次？"这样肯定也不行，涨工资也有最低的要求，一般来说，涨一次工资最少的额度不能低于员工现有工资额度的4%~5%，如果低于4%~5%，起不到对员工的激励作用。

任何一家企业的薪酬体系设计完了以后，最好在三五年以后再进行一次调整，以适应企业的现状。

薪酬体系设计看似复杂，其实并不难，只要懂得了薪酬设计的逻辑，即多劳多得，少劳少得，并兼顾内部公平与外部竞争，就能做到公平合理。

有些企业的薪酬问题由于时间堆积较久，问题较多，对于这种企业，一般有两种处理方法。

一种方法是进行一次彻底的改革，就是在设计薪酬体系的时候一步到位，把不合理的摒弃，一次性设计一个符合企业发展现状的薪酬体系，这种方法的好处是能让企业的薪酬在短时间内进入一个完善的体系，以便以后少做一些调整，但问题也比较大，就是员工的动荡会比较大，甚至造成一些负面的影响，如离职率高等。

另一种方法叫作时间换空间，就是根据企业的情况设计一系列阶段性的薪酬体系，每过一段时间调整一次，慢慢地调整到位，这样做的好处就是员工的动荡较小，但薪酬调整的周期较长。至于哪种方法更适合企业，需要看企业的实际情况，不能一概而论，这也是一门艺术。

9.1.4 高于薪酬体系员工入级的三种处理方法

位于企业薪酬曲线上方的员工（即红圈员工）如图9-2所示，这些员工的薪酬标准明显地高出了我们设计的薪酬体系，所以需要进行处理。

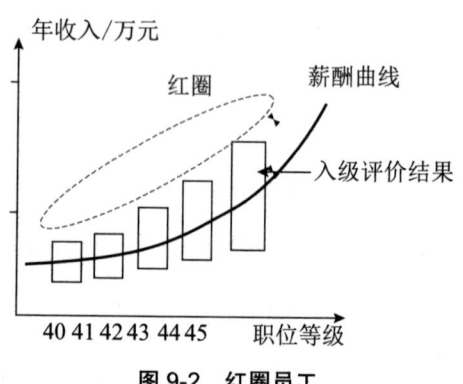

图9-2 红圈员工

第9章 薪酬入级和测算

1. 红圈员工产生的原因

高于薪酬体系的员工，形成的原因比较多，一般有以下几种：

（1）具有特殊能力或技能。

（2）业绩杰出，薪资增长较快。

（3）薪资过高。

（4）年资较长。

（5）挖来的人。

（6）企业重组或职位调整。

2. 红圈员工的处理方法

针对红圈员工产生的不同原因，一般采取以下四种方式进行处理：

（1）对于那些有特殊能力或技能的员工，如专家、咨询顾问等，这类人的薪酬以薪酬特区的方式给予保留，就是这些人的薪酬维持现状，把他们的薪酬纳入薪酬特区进行管理。

（2）针对一些有能力的、有潜力的员工，可以晋升他们的职级，这样这些员工的薪酬基本上也能够做到不降低而纳入薪酬体系。

（3）针对那些能力一般，达不到职级晋升要求的员工，可以不涨工资，或者有意识地降低工资的增长幅度，随着时间的推移，在下次薪酬调整时再慢慢地将其纳入企业的薪酬体系。

（4）针对能力一般的员工，可以采取简单粗暴的方式，直接降到薪酬体系的下限，这种方式一般情况下要慎用，因为这种方式可能会造成员工的不满，导致员工离职。

前两种方式适合那些有能力的员工，属于正向激励，后两种方式针对那些能力差、态度不是很积极的员工，属于负向激励。正向激励的方式比较容易操作，一般员工不会不满意，但采取负向激励的方式后，员工可能会不满意，甚至出现比较明显的对抗，这就需要在政策落地的时候采取有效的沟通方式。

> **总结：**
> - 员工入级是薪酬体系设计最难的步骤。
> - 能不降员工工资尽量不降。

9.2 薪酬测算

山东德胜皮业的薪酬咨询方案出来以后，我们对全体员工进行方案的宣讲。企业年终业绩奖金总额的方案：如果当年利润达到上一年利润的80%，以企业报表利润的10%作为年终奖金总额；如果当年利润低于上一年利润的80%，则不发奖金。每年也可根据实际情况进行调整。

当跟员工宣讲完之后，下面一名员工举手提问道："企业利润会对我们公布吗？"这句话把我给问住了。我认为一家好的企业是可以告知员工企业利润的。但既然有员工这么问，一定是有他的道理的。我看了看坐在第一排的董事长，董事长也正在看我，但什么也不说。我明白了，那就是不能对员工公布企业利润。

会后，我们探讨了公布利润的可行性。大家一致的疑问是：即使公布了企业利润，员工会认同公布的利润吗？毕竟企业没有必要为这一点事情请外部审计机构做审计，再说，即使请外部企业做审计，员工们能相信吗？

既然员工不相信利润，那就找一个员工相信的数据。于是我们想到了产量。每天、每周、每月都有产量的统计报告，这个是任何人不能作假的，所以我们最终决定用产量作为奖金的发放基数，修改后，企业年终业绩奖金、专项奖金总额的确定：如果年产量达到3000万平方英尺，按照产量的增加额确认奖金总额，奖金额为0.2元/平方英尺，以后每增加500万平方英尺，增加的部分再额外增加0.1元/平方英尺，最多可达到0.6元/平方英尺。以后可根据企业产能情况进行调整。

第9章 薪酬入级和测算

在为员工设计制度的时候，不仅要让员工了解、清楚、明晰制度的所有内容，制度中的所有数据也必须得到员工的认可，否则制度的执行力就会打折扣。

3000万平方英尺是上一年的实际产量，也是一个相对较低的产量。设计3000万平方英尺标准的目的是在一般情况下让员工们都能拿到年终奖。但是当领导们看到提成标准时，有人提出了疑问，现在生产1平方英尺牛皮，企业还挣不到0.6元，拿什么给员工这么高的提成？

于是根据德胜皮业历史数据，可得到测算结果，见表9-7。

表9-7 测算结果

产量/万平方英尺	2500	3000	3500	4000	4500	5000	5500
销售单价/万元	10.62	10.62	10.62	10.62	10.62	10.62	10.62
销售额/万元	26550	31860	37170	42480	47790	53100	58410
产量增加额/万平方英尺		500	500	500	500	500	500
固定成本/万元	5400	5400	5400	5400	5400	5400	5400
单位变动成本/万元	8.42	8.42	8.42	8.42	8.42	8.42	8.42
总变动成本/万元	21050	25260	29470	33680	37890	42100	46310
不良率/%	0.1	0.1	0.1	0.1	0.1	0.1	0.1
单位不良品成本/万元	0.842	0.842	0.842	0.842	0.842	0.842	0.842
不良品成本/万元	2105	2526	2947	3368	3789	4210	4631
不良品残值/万元	421	505.2	589.4	673.6	757.8	842	926.2
奖金前利润/万元	-1584	-820.8	-57.6	705.6	1468.8	2232	2995.2
奖金单价/万元			0.2	0.3	0.4	0.5	0.6
增加部分奖金/万元		0	100	150	200	250	300
奖金总额/万元		0	100	250	450	700	1000
奖金后利润/万元	-1584	-820.8	-157.6	455.6	1018.8	1532	1995.2

根据历史数据，我进行了产量、奖金、利润之间的模拟。当企业年产量达到3000万平方英尺的时候，企业的亏损额度大约是800万元，当企业年产量达到3500万平方英尺的时候，基本上能达到盈亏平衡，以后随着产量的增加，企业利润会越来越高。按照企业目前的情况，如果产能达到5500万平方英尺，企业利润是2000万元，员工奖金是1000万元。

看到这里，大家乐了，他们告诉我，实际利润应该远远高于这个数据，因为销售单价10.62元是上半年的数据。上半年生产的产品有许多不合格品，这些不合格品处理给客户的价格非常低，如果质量做得好，产品的正常单价一般应该在 13 元左右。

我又按照 13 元的单价重新模拟了一遍，得到新的测算结果，见表 9-8。

表 9-8　新的测算结果

产量 / 万平方英尺	2500	3000	3500	4000	4500	5000	5500
销售单价 / 万元	13	13	13	13	13	13	13
销售额 / 万元	32500	39000	45500	52000	58500	65000	71500
产量增加额 / 万平方英尺		500	500	500	500	500	500
固定成本 / 万元	5400	5400	5400	5400	5400	5400	5400
单位变动成本 / 万元	8.42	8.42	8.42	8.42	8.42	8.42	8.42
总变动成本 / 万元	21050	25260	29470	33680	37890	42100	46310
不良率 /%	0.1	0.1	0.1	0.1	0.1	0.1	0.1
单位不良品成本 / 万元	0.842	0.842	0.842	0.842	0.842	0.842	0.842
不良品成本 / 万元	2105	2526	2947	3368	3789	4210	4631
不良品残值 / 万元	421	505.2	589.4	673.6	757.8	842	926.2
奖金前利润 / 万元	4366	6319.2	8272.4	10225.6	12178.8	14132	16085.2
奖金单价 / 万元			0.2	0.3	0.4	0.5	0.6
增加部分奖金 / 万元		0	100	150	200	250	300
奖金总额 / 万元		0	100	250	450	700	1000
奖金后利润 / 万元	4366	6319.2	8172.4	9975.6	11728.8	13432	15085.2

为什么会有这么大的变化？因为如果一家企业的产品价格能够提升的话，增加的部分几乎是纯利润，因为成本没有增加。

这时，董事长又提了一个问题，如果员工特别努力，但年底由于某种原因产量还是没有达到的话，员工会不会没有积极性了？我说那也简单，我们给员工一个保底的承诺，就是无论企业效益如何，年底给大家一个保底奖金，于是董事长建议加这么一段话：如果年底的奖金总额低于员工一个月工资总额时，按员工一个月工资总额的额度发放奖金。

一年后，企业产品的实际广义不良率降到了 3.75%，我又按照 3.75% 的数据进行新的模拟，一年后的测算结果见表 9-9。

第9章 薪酬入级和测算

表 9-9 一年后的测算结果

产量 / 万平方英尺	2500	3000	3500	4000	4500	5000	5500
销售单价 / 万元	13	13	13	13	13	13	13
销售额 / 万元	32500	39000	45500	52000	58500	65000	71500
产量增加额 / 万平方英尺		500	500	500	500	500	500
固定成本 / 万元	5400	5400	5400	5400	5400	5400	5400
单位变动成本 / 万元	8.42	8.42	8.42	8.42	8.42	8.42	8.42
总变动成本 / 万元	21050	25260	29470	33680	37890	42100	46310
不良率 / %	0.0375	0.0375	0.0375	0.0375	0.0375	0.0375	0.0375
单位不良品成本 / 万元	0.31575	0.31575	0.31575	0.31575	0.31575	0.31575	0.31575
不良品成本 / 万元	789.375	947.25	1105.125	1263	1420.875	1578.75	1736.625
不良品残值 / 万元	157.875	189.45	221.025	252.6	284.175	315.75	347.325
奖金前利润 / 万元	5418.5	7582.2	9745.9	11909.6	14073.3	16237	18400.7
奖金单价 / 万元			0.2	0.3	0.4	0.5	0.6
增加部分奖金 / 万元		0	100	150	200	250	300
奖金总额 / 万元		0	100	250	450	700	1000
奖金后利润 / 万元	5418.5	7582.2	9645.9	11659.6	13623.3	15537	17400.7

所以，当跟领导沟通时，如果提前模拟好了数据，一切尽在掌握之中。

总结：

- 薪酬体系就是定规则。
- 规则、制度应该让员工理解、认可，并且可获得数据。

第 10 章

薪酬绩效心理学

10.1 相对论

先看图 10-1，中间的那个圆，看上去似乎是右边的大、左边的小，但实际上这两个圆一样大。只不过在左边，把这个圆放入一堆较大的圆中，我们就感觉它就变小了；而在右边，把它放入一堆较小的圆中，我们就感觉它变大了。其实圆还是同一个圆，只是它周边圆的变化，让我们感觉到它的大小不一样了。"两小儿辩日"的故事说的就是这个道理。

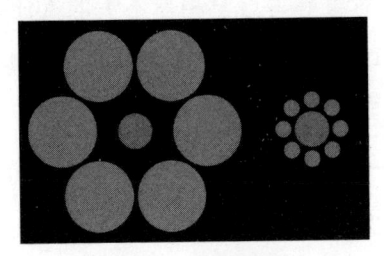

图 10-1 示例图片 1

再看图 10-2，对于左边的两个小人，感觉后面的小人更大些，而对于右边的两个小人，感觉一样大。实际上左边和右边的小人，其大小都是一样的，因为右边没有任何背景，给我们的感觉就是它们一样大，左边的背景是近大远小，所以自然就感觉后面的小人要高大得多。

图 10-2 示例图片 2

这是因为，我们总是靠观察周围的事物以确定彼此的关系。假如你带着朋友一起去相亲，如果你的朋友比你更漂亮或更帅气，估计你成功的概率不大；但是如果你的朋友不如你漂亮或帅气，你成功的概率就大大提高了。

在薪酬中也是如此，一个人薪酬的多少与幸福程度的关联并不像我们想象得那么紧密。正如一个幽默的记者指出的，一个人对工资是否满意，取决于他是否比他的连襟挣得多。因为这是人性最直接的比较方式。

从理论上说，我们应该跟谁比薪酬呢？应该跟与自己的能力和付出比较，延伸一下，应该与同行业其他人比、与同岗位的员工比、与同工种比。但实际上，大家更容易与自己身边的人比，如同事、同学、朋友、亲戚。即使一家企业给付员工的工资明显比竞争对手高，但由于自己拿到的工资比同事低，这个人依然会不满意。即使一个人的收入在社会上已经很高了，但如果他连襟的收入比他高很多，他依然会不满意（他爱人会更不满意）。

人们的另一个比较对象是与自己相差不大的人比。例如，很少有人跟马云比薪酬，因为我们与马云的财富差距太大（除了那些富豪们，因为他们差异不太大）；也很少有人与乞丐比（除非你是一个乞丐）。谁与我们差不多呢？企业中同级别的同事、一个班里刚毕业的同学、最要好的几个朋友。

人性中另一个特点是会无意地忽略比自己收入低的那部分人，更多地关注那些收入比我们高的人，尤其是高得不多的人，这也是推动社会进步的一个动力。因为如果大家都关注收入比自己低的人，人们就会丧失积极性，社会就失去了发展和进步的动力。

人们在与其他人比较的时候，心里面想的和嘴上说的是不一样的。心里理性比较的是全面薪酬，包括工资收入、福利、工作强度、工作时长、工作环境等，但口中感性说的却不是这样的，说的是自己单位不如其他单位的地方，忽略自己单位比其他单位强的地方。所以我们经常会听到两个人这么对话：

路人甲："你们企业的收入真高。"

路人乙："我们收入是高，但是累啊，你们企业的工作多清闲啊，还能早点下班接孩子。"

第 10 章　薪酬绩效心理学

路人甲："我也想去像你们这样收入高的企业，累点也值。"

路人乙："我也想去像你们这样清闲的企业，毕竟能陪家人更重要。"

两人分别之后，依然会在自己相似的环境中工作，从来没有打算更换到对方的工作方式的想法。

这又属于另一个心理学概念：敝帚自珍。

相对论在无形中影响着每个人的判断。

我们来做个测试：你打算买一双鞋，在家门口的一家专卖店里鞋的价格是 500 元，在离家 30 分钟路程的另一家店里，同样一双鞋的价格是 350 元，你是否会为了节省这 150 元选择来回多花费 60 分钟的时间呢？许多人会为了节省 150 元而选择离家较远的店，并且还会跟家人炫耀，自己赚了 150 元。

同样的另一个选择：你打算买件奢侈品牌的西服，在家门口的一家专卖店里卖 2 万元，离家 30 分钟路程的另一家专卖店里的同样一款西服，比家门口的便宜 150 元，你是否会为了节省这 150 元选择来回多花费 60 分钟的时间呢？几乎所有人都选择在家门口的店铺买而不是离家较远的店。

有没有发现问题？同样的 60 分钟对应的是 150 元，第一种情况的 150 元和第二种情况的 150 元是等价的，第一种情况的 60 分钟和第二种情况的 60 分钟也是等价的，但第一种情况大家会"趋之若鹜"，第二种情况大家却"置之不顾"。这就是相对论带来的困惑：我们用相对的看法来做比较，并做出了选择。第一种情况大家想到的是 500 元省了 150 元，性价比高，第二种情况却是 2 万元省了 150 元，没有满足感。

我也经常犯这样的错误。每年的双十一，我都会买很多书，因为双十一当天当当网会搞活动——一般是打五折。在此基础上，当当网还会额外搞一些需要大家参与的游戏，有时候是答题，有时候是浏览当当的广告，只要按照他们的要求进行操作，就能获取一张满 300 元减 100 元的优惠券。每年我都会乐此不疲地参加，因为我是这么算账的：原价 600 元的书籍，打五折后是 300 元，300 元用券再减 100 元，只需要花 200 元。我只花了 200 元就买了价值 600 元的图书，相当于 3.3 折，太划算了。

有一天，我突然发现我好像亏了。因为我要获取这满 300 元减 100 元的优惠券，得连续 10 天，每天耗费半小时参加当当网的活动。这样，我花费的时间成本总共是 5 小时。也就是说，我用了 5 小时的时间，省了 100 元，平均一小时的"劳务费"是 20 元，比北京市最低的时薪还低。尤其是当当网每年双十一还有其他不需要花时间就可以随便领的优惠措施，如满 300 元减 60 元的优惠券，这种只需要动一下手，几秒钟就可以领取。

这么一算，其实我是花了 5 小时节省了 40 元而已，平均一小时的报酬是 8 元。想明白这事以后，我后悔了好多天，尤其是联想到我拒绝了许多家企业的邀请，他们一般希望我去辅导一两个小时，开出的报酬比这个价格多几百倍，却被我拒绝了。所以，我也是一个矛盾的人，为了节省 40 元而花费 5 小时却乐此不疲，但对同样的一小时能赚更多的钱却置之不理。更可怕的是，即使我算明白了这两笔账，但依然不知道下一次发生这种情况我会如何选择？明年当当网搞活动我会不会不浪费时间参加活动，只是选择满 300 元减 60 元的优惠券，我不知道。

说了半天我的故事，我们再来看看你的故事吧。你有没有这种情况：在朋友或者同事的微信群里，因为抢到了 5 元的红包就非常高兴。但是同样，你的企业老板额外给你涨了几百元工资或者发了几千元的奖金，你却闷闷不乐。这都是因为对标的事物不同，所以产生的结果不同。

所以，相对论无形之中影响着每个人的心理，也影响着员工的情绪。当我们明白了相对论的作用机理后，要想方设法地消除相对论对自己、对员工的影响，这样才能让薪酬体系发挥更有效的作用。

10.2 免费的魔力

先看几个小故事吧。

故事1：两张优惠券，你会选择哪个？

假设你要到超市去购物，超市的工作人员在超市的门口发放两张优惠券，你只能选择其中的任意一张，第一张优惠券不需要花费你一分钱，在购物时可以抵扣10元，第二张在购物时可以抵扣20元，但需要你花7元购买。你会选择哪个？如果你选择的是第一张，恭喜你，你的选择符合大多数人的心理习惯。我们重新来分析一下，如果选择了第一张，我们的收益是10元，但如果选择第二张优惠券，我们的收益是13块钱，所以理性的选择是选择第二张，除非你购买的东西在20元以下。

故事2：我自己的故事。

2021年双十一，我在当当网上花费了400元采购了原价1200多元的图书，拿到图书后发现一本书由于保管的问题，书中有霉点，于是我给当当网打电话投诉，他们的客服人员很痛快地答应给我更换一本新书。由于我是钻石会员，他们为了表达歉意，送了我一张20元的无条件代金券（相当于20元的现金），时间期限是一个月。

拿到这张代金券，我非常高兴，于是又到当当网上选购图书。在买书的时候，我发现双十一的优惠活动已经结束了，许多书没有五折的折扣了，当然也没有满300元减若干的优惠券可以领，但这些都不是问题，毕竟我有20元的代金券，我只需要选择一本20元左右的图书就可以了。在当当网上购书低于49元要交6元运费，而这49元是指实际花费的钱，不包含代金券，也就是说只有实际购书金额超过49元才能免运费。

现在我面临着两个选择：一个选择是买20元左右的一本书，花费6元运费；另一个选择是买69元以上的书，这样可以免运费，但需要再花49元以上的现金。最后，我选择了后者，一共买了原价100元的图书，扣除各种优惠券后，最后大约花了60元，相当于打了6折。

其实，在拿到这张 20 元的代金券时，我的最优选择是花费 6 元运费选择一本 20 元左右的书（当然是对自己有用的书）；次优选择是当作什么事情都没有发生过，任由这张代金券过期作废。但我恰恰选择了最不应该的选择——以更高的价格购买了更多的书。

这就是免费的价值。因为我心里想的是：20 元的代金券不能白白浪费，所以要用起来。但在使用的时候，我又想：超过 49 元可免 6 元的运费。于是两个"免费"叠加，我消费的金额就更多了。

故事 3：你的故事。

说完我的故事，依然回来看看你的故事。

你家里的衣柜里有没有买了好几年，到现在从来没有穿过的衣服？有没有连吊牌都没有剪过的衣服？我想肯定是有的，并且，我相信以后你也不可能会穿这些衣服。回想一下，当初为什么要买这些衣服呢？是不是因为与原价相比，当时的折扣价格特别低？

你家里有没有几张从来没用过，甚至没有激活过的信用卡？有没有一些从来没有用过的不值钱的电子产品或者小玩偶？如一个小 U 盘、小音箱、耳机等。

这些要么是当初办信用卡免费赠送的，要么是参加某项活动免费赠送的。你在拿到这些东西之前就知道这些东西不值钱，并且很可能也不会用这些赠送的小玩意，但依然禁不住诱惑，毅然决然地选择了花费一点时间获取了这些没用的东西。而这些东西，如果让你花钱买，哪怕只需要 5 毛钱，你也会丝毫不犹豫地拒绝购买。这就是免费的魔力。

免费是如此有效，以至于我们不由自主地情愿被它所迷惑，即使看清楚了免费的秘密也在所不惜。

免费有如此大的魔力，应用在薪酬管理上，对我们有哪些启发呢？

许多企业会给员工提供一些福利，如员工餐、班车，有的企业还会给员工提供很便宜的住房。不少企业对这些福利会象征性地收一点钱，如一顿饭 5 元、一个月房租 200 元等，这些都违背了免费的原理。正确的方法是这些都应该免费，因为对员工来说，免费的诱惑更大。对于企业来说，象征性地收费对企业的利润影响微乎其微，徒增了管理的麻烦，降低了员工的满意度。所以我们要么应该根据市场价收费（或者比市场价格略低），要么免费。象征性的收费方式恰恰是最差的一种方式。

有的企业给员工提供只能在企业食堂消费的误餐补助。如果处理不当，会造成双重的不满：员工既抱怨误餐补助给得少，又抱怨食堂的饭菜不可口且价格高。合理的做法有两种：一种做法是免费，食堂的饭菜免费，这样的好处是同样质量的伙食，员工的满意度会大幅度提升。因为对于免费的东西，大家的要求相对会低一些，毕竟白吃的饭菜，不能太过挑剔。

第二种做法是把食堂的各项指标做到与市场化差不多的水平，也就是说，食堂的饭菜要在质量、价格、服务、卫生等方面与外部较接近。第二种做法还有一个必要条件，就是员工的收入要足够高或者误餐补助的标准要在食堂买到不错的饭菜。否则，就会导致员工的不满。

有的企业在给员工涨薪时采取普调的方式，区别是干的好的人涨得多一些，干得不好的人涨得少一些，殊不知这种做法也是错误的。换位思考一下，假设你是一名表现很差的员工，当年的绩效成绩很不好，但是年底总结的时候企业给你涨薪了，你会怎么想？是不是觉着企业对你的表现还算满意？因为企业如果对自己的表现不满意的话，为什么要给自己涨工资呢？对于企业来说正确的做法是对表现不好的员工不涨工资，更合适的处理方式是降工资或者换岗位。因为涨1%的本质也是涨工资，与不涨工资是0和1的区别。

10.3 期望理论

电视剧《康熙王朝》中有这么一个桥段，清朝收复台湾以后，一直缺少一员得力的干将去主政台湾。因为当时的台湾属于蛮夷之地，民风彪悍，谁也不愿意去。有一次，康熙在南京巡查的时候，发生了两件事情，第一件事情是南京城一直潜藏着明朝的朱三太子，朱三太子一直想反清复明，是清朝的死敌。

朱三太子在南京城藏匿了七八年，当时南京的主官魏东亭一直没有察觉，直到康熙到南京后才听到消息，但还是让朱三太子跑了。朱三太子跑了，但魏东亭获得了 800 万两白银，他认为这对于一直缺钱的清朝来说，应该是大功一件。第二件事情是为了获得好的政绩，魏东亭把康熙巡查路线的老百姓都搬迁到兵营去住，而让当兵的冒充老百姓。

台湾一直缺少一个康熙信得过而又老成持重的人去镇守，康熙有意让魏东亭去，但又怕他不愿意。于是康熙在离开南京之前，特意借刚才的那两件事情痛骂了魏东亭一顿，然后跟他说回家养老去吧。魏东亭一听，大惊失色，没想到皇帝对自己的处罚这么重，于是痛苦地跟康熙说："我还年轻，除了让我回家养老，干什么都可以啊。"

康熙听魏东亭这么一说，心里松了一口气，说："那就再给你一个选择，我想把台湾和澎湖合成一个县，那里缺少一个老成持重的台澎知县，你要是愿意，就去那里当台澎知县吧。"魏东亭一听，这个选择可比回家养老强多了，于是心甘情愿地去当台澎知县了。

这就是期望理论。

如果一个员工的期望是能获得 1 万元的薪酬，给员工 1.2 万元，员工就会比较满意。但是如果给 1.2 万元的话，企业的人工成本又会大幅度提升。所以这种情况下，依然可以给员工 1 万元，但是把员工的预期降到 8000 元，这样，员工依然会很满意。

有一年，我在给一家企业做第二次咨询的时候，由于该企业的人力成本的预算有所增加，领导想给员工的工资做个普调。于是，该领导跟我说："冯老师，我们今年有钱了，我想给员工普调工资。我也知道，上次您来的时候当了恶人，好多人恨您，这次我让您当好人，我们在员工启动大会上（每个咨询项目启动的时候，为了让大家重视，我们都会开一个员工启动大会），跟所有人说这次要普调 10%，这样大家都高兴，我们的方案实施起来阻力就更小了。"

我跟这个领导说："如果我们告诉员工这次要普调 10% 的话，员工的预期就变成了要涨薪 10%，我们现在做起来容易了，但结果出来后员工倒不一

第 10 章　薪酬绩效心理学

定满意啊。"

于是，在开启动大会的时候，我跟大家说："还记得我上次来是怎么跟大家说的吗？我说要想涨工资，要记住两句话，六个字，这六个字就是'长本事，好好干'。只有自己长了本事，并且努力地工作，工资才有可能涨，否则肯定涨不了。"当我说完这句话以后，我看到大家的表情是不一样的，有人高兴，有人失望。干得好的员工认为自己可能会涨工资，而干得不好的员工知道自己今年肯定涨不了工资了。

结果我们还是按照普调的方式，把企业的薪酬中位值普调了10%，然后根据每个人的情况进行入级。薪酬中位值涨10%，并不意味着所有人的工资都涨10%，有人运气好，可能很接近10%，有人运气稍差，可能离10%稍远一点。有一个员工，平时的表现不是很好，所以很多年都没有涨工资，这次由于是普调，所以也涨了，但运气稍差，只涨了8%。但这个员工很满意，因为我们启动会以后，他的预期是涨不了，但实际上他还涨了8%，所以很高兴。

最高兴的员工是那个有信仰的员工，他的工资涨了18%，为什么涨18%？有两个原因，第一个原因是普调10%，第二个原因是换了工作，年底考核成绩优秀，又调一级。两级叠加最高的涨幅应该是20%，这个员工的运气也不是很好，只涨了18%。但是这个员工非常满意，他知道涨薪结果的第二天特意去到我的办公室，两只手握着我的手说："大师就是大师，我们企业这么困难的情况，您从哪里弄的钱给我们涨工资，还涨了18%这么多，我非常满意。"

他为什么满意？因为他的预期是能涨点就不错了，但没想到涨了这么多。如果我换一种说法，我说："兄弟，对不起，本来你应该涨20%的，但是你运气不好，所以只涨了18%。"我相信这个员工肯定就不满意了。如果我这么说的话，他的预期就变成了至少要涨20%，而我只给他涨了18%，没有达到他的预期，所以他肯定不满意。

在实际工作和生活中，我们要辩证地看待期望理论。

改革开放以来，我们的生活水平提高了许多倍，记得小时候吃肉是逢年过节才能有的福利，现在一天不吃肉都难受；小时候大多数人没有坐过小轿车，现在几乎家家都有私家车。但如果你问大家现在与以前比，哪个时期更幸福，大多数人会觉着以前更幸福。为什么我们的物质、文化生活越来越丰富，却越来越不幸福了呢？

这就是期望和能力的辩证问题。幸福是一种感觉，是一种相对值，不是绝对值。当我们的能力超过我们的期望时，我们就感觉幸福；当我们的能力低于我们的期望时，就感觉不幸福。

如果一个人觉着一个月能吃一次肉就很满足了（期望），最后他真的做到了（能力），他就会很幸福；如果一个人的期望是年薪百万（期望），最后他只赚了80万（能力），他就会不幸福。

一般来说，在一二线大城市工作的人的能力要高于在三四线小城市工作的人，大城市的收入也比小城市要高，但大城市的人的幸福指数显著低于小城市的人，主要是由于大城市人的期望远远高于小城市的人。

一个在小城市生活的人，在当地有一套自己的住房，有一辆价格不高的私家车，一般来说很容易做到，更何况，自己周边的亲戚朋友也大多与自己差不多，所以幸福指数就高。一个在北京生活的人，在北京有一套自己的房子，有一辆不能太便宜的车，一般很难达到，所以幸福指数就低。所以，尽管在一二线大城市工作的人的收入稍高，但其幸福指数要低于小城市的人。

降低员工期望，是员工对薪酬满意的一种途径。降低期望随之也带来了副作用，就是丧失了奋斗精神。期望低，员工相对就比较容易满足，当满足感达到一定程度，养成了习惯，就不愿意奋斗，不想加班。

我见过一个聪明的成都房地产企业的老板成功地解决了这个问题。众所周知，成都是一个慢节奏的城市，大家生活比较安逸，宁愿挣钱少也要享受生活。这家企业由于效益好，大家的收入普遍偏高，时间一久，大家的拼搏奋斗精神就明显下滑了。后来这个老板想到了一个不错的方法，在年会发放奖励的时候，不给现金，直接给奢侈品当礼物，礼物的价值远远高于现金的价值。

试想，你作为一名员工，年终奖企业奖励了你一个价值2万元的PRADA

第 10 章　薪酬绩效心理学

最新款包,接下来你会做什么呢?爱美之心是人之常情,无论是自己用还是送给爱人,一般都会背出去炫耀一番。老板要的就是这个效果。好马配好鞍,好包也得配点什么吧?一个 2 万元的包,不能配 300 元的衣服、200 元的皮带、500 元的皮鞋吧?这样其实是拉低了包的价值,否则别人还以为这包是假的呢。

所以,一般人会选择一身配得上这个包的行头。如果一身都是名牌的话,怎么出行呢?坐地铁好像不太合适,所以至少也得有配得上这身行头的座驾。于是,老板通过每年的这一件件奢侈品,提升了员工的期望,自然就激起了员工的拼搏奋斗精神。

我们再来看看一名女大学生是如何用好期望理论的,以下摘自罗伯特·西奥迪尼撰写的著作《影响力》(内容有删改)。

亲爱的爸爸妈妈:

自从我上了大学以后,我一直疏于给你们写信,对此我很抱歉。现在,我要将一些最新的情况告诉你们。但是,在你们读这封信之前,请先坐好。除非你们已经坐好了,否则不能看这封信,好吗?

嗯,我过得挺好的。有一天,我刚回到宿舍一会儿,宿舍里就着火了。我赶忙从窗户跳出去,结果把头骨摔裂了,而且还被摔成了脑震荡。现在我的伤口愈合得很好,我只在医院里待了两个星期就出院了。现在我几乎能够正常地看东西了,只是每天还有点头痛。幸运的是,宿舍起火以及我跳出窗外的这一切被宿舍旁边一个加油站的小伙子看见了,是他打电话叫来了消防队和救护车。我住院时,他还到医院去看望我。因为宿舍被火烧掉了,我没地方可去,他好心地邀请我住到他的公寓里。其实那只是一间地下室,但被他布置得非常漂亮。他是一个很不错的男孩。我们深深相爱了,并打算结婚,但日期还没定下来。我们之所以没有完婚,是因为我男朋友得了一种小小的传染病,使我们没能通过婚前的血液检查。我因为不小心,也被他传染上了。

好,既然我已经向你们报告了我的最新情况,现在我想告诉你们的是我的宿舍没有着火,我没有得脑震荡,头骨也没有被摔裂,我没有住院、没有怀孕、没有订婚、没有得传染病，我也没有什么男朋友。可是，我的美国历史得了 D，化学得了 F（不及格需重修）。我希望你们能正确地看待这些分数。

爱你们的女儿　莎朗

虽然莎朗历史和化学学得不怎么样，但是她的心理学绝对应该得 A，所以她从事人力资源管理工作是不是很不错！

10.4　破窗理论

有一次，我发现了一个车筐，我第一次看见它的时候，里面只有很少的垃圾，是路过的人随手放进去的。由于主人很久没有骑这辆车，没有及时清理里面的垃圾，里面的垃圾越来越多，一直到这个车筐再也装不下任何东西。车筐前后对比图如图 10-3 所示。

图 10-3　车筐前后对比图

这就是现实版的破窗理论，一幢有少许破窗的建筑，如果那些破的窗户没有及时被修理好，可能将会有破坏者破坏更多的窗户。最终他们甚至会闯入建筑内，如果发现无人居住，也许就会在那里定居。一面墙，如果出现一些涂鸦没有被清洗掉，很快，墙上就布满了乱七八糟的涂鸦；一条人行道，有些许纸屑，不久后就会有更多垃圾，最终人们会理所当然地将垃圾顺手丢弃在地上。

这个现象，就是犯罪心理学中的破窗理论！

破窗理论认为环境中的不良现象如果被放任存在，会诱使人们效仿，甚至变本加厉。

我们在制度刚出台的时候，一定要注意，一是制度如果有问题，我们要及时想办法来弥补，保证制度的可行性；二是制度刚出台的时候，可能会有部分人抱着侥幸心理，或者因为习惯而违反了制度。只要有人违反制度，我们一定要严格按照规章制度进行处罚；否则，违反制度的人就会越来越多，一直到这个制度再也没有违反的必要了，人们才会停下来。

10.5　幸福和痛苦理论

制度制定之后需要对全员进行发布，让所有员工了解企业的薪酬体系设计原则、奖惩激励标准以及发放标准等，只有这样，薪酬制度才能起到引导的作用。

在制度发布时，如何做才能更大程度地实现薪酬的激励作用呢？

你试着回答以下三个问题。

问题一：假设今天你比较不幸，丢了 100 元。但丢钱又分为两种情况，情况一是一次性丢了 100 元；情况二是上午丢了 50 元，下午又丢了 50 元。两种情况必须选择一种，你会选择哪种情况呢？绝大多数人愿意选择第一种情况，就是一次性丢 100 元，而不是分开丢。因为同样是 100 元的损失，丢一次钱比丢两次钱带来的痛苦更小。

问题二：假设今天你比较幸运，捡到了 100 元，但捡到这 100 元又分为两种情况，情况一是今天一次性捡到了 100 元；情况二是分两次捡到，上午捡了 50 元，下午又捡了 50 元。这两种情况你愿意选哪一种呢？绝大多数的人愿意分开捡钱，就是上午捡 50 元，下午又捡 50 元。因为捡两次钱比捡一次钱能给人带来更大的欢乐，尽管都是 100 元。

问题三：假设又有两种情况可以选择，一种情况是上午捡了 100 元，下午不小心丢了 100 元；另一种情况是既没有丢钱，也没有捡钱，什么也没有发生，你愿意选择哪种情况呢？几乎所有人都选择了后面的情况，就是什么都没有发生。

这三个问题就是典型的幸福与痛苦不相等理论，大多数人会认为捡到 100 元带来的幸福小于丢了 100 元所带来的痛苦，所以他们宁愿什么都没有发生。幸福与痛苦理论还说到，如果一次有几件能带来幸福的事情，分开多次发生所带来的幸福感要高于一次发生带来的幸福感；而一次有几件能带来痛苦的事情，一起发生带来的痛苦要低于短期内分成多次发生带来的痛苦。这就是大家在捡钱的时候更愿意分开捡，而在丢钱的时候更愿意一起丢的原因。

所以，在实际的制度发布时，有以下几个窍门：

（1）多个好消息要分开发布。

（2）多个坏消息要一起发布。

（3）一个大的坏消息和一个小的好消息，分开发布。

（4）一个大的好消息和一个小的坏消息，一起发布。

总结：

- 员工对薪酬是否满意，取决于相对公平。
- 期望大于能力的结果是不幸福，能力大于期望的结果就是幸福。
  所以，要想幸福，要么提升能力，要么降低期望。
- 提升员工的期望有助于激发员工斗志。

附录 APPENDIX

薪酬绩效管理水平测试

1. 能力、资历、阅历、业绩等各方面条件都一样的老员工与新员工，老员工的薪酬应该如何确定？（   ）

A. 高一些

B. 低一些

C. 同新员工一样多

2. 做岗位价值评估时，某人如果给自己的岗位打高分，这种情况会不会影响评估结果？（   ）

A. 会

B. 不会

3. 人力资源经理兼任行政部经理，应该如何确定其薪酬？（   ）

A. 取二者薪酬中较高的值

B. 取二者薪酬的平均值

C. 取二者薪酬中较低的值

D. 取二者薪酬的相加值

E. 取二者薪酬中较高的值再多加点

4. 同岗位的一个工作，上海的薪资是 10000 元，沈阳的薪资是 7000 元，若是将沈阳的某个员工调到上海工作，其工资应该定为多少元合适？（   ）

A. 10000

B. 7000

C. 都不对

5. 从企业的角度分析，销售人员的提成是按工资收入、获得利润还是卖出数量计算更为合理一些？（   ）

A. 工资收入

B. 获得利润

C. 卖出数量

D. 都一样

6. 员工到一家企业应聘，最为看重哪种薪酬？（   ）

A. 到手的钱

B. 固定的钱

C. 奖金

D. 工资总额

E. 全面薪酬

7. 绩效考核在年末打分时，新员工和老员工的绩效考核成绩一般是谁高一些呢？（   ）

A. 老员工

B. 新员工

C. 不一定

8. 企业进行绩效考核的目的是什么？（   ）

A. 扣工资

B. 发奖金

C. 激励员工

D. 实现企业目标

9. 什么样的企业适合用战略地图？（   ）

A. 大企业

附 录

B. 小企业

C. 组织绩效

D. 都可以

10. 部门绩效和部门经理的绩效一样吗？（　　）

A. 一样

B. 不一样

C. 不一定

答案：

题号	1	2	3	4	5	6	7	8	9	10
答案	D	B	A	C	D	E	C	D	D	B

说明：

（1）如果你答对了 10 道题，说明你是一名薪酬绩效管理领域的天才。

（2）如果你答对了 8~9 道题，说明你的薪酬绩效管理的知识较为全面。你会很愿意阅读本书，以补充你现有的知识库。

（3）如果你答对了 5~7 道题，说明你很擅长薪酬绩效管理，但还需要继续仔细地学习本书的内容。

（4）如果你答对的题目少于 5 道，我想说的是，千万别让你的领导和下属知道。